U0557965

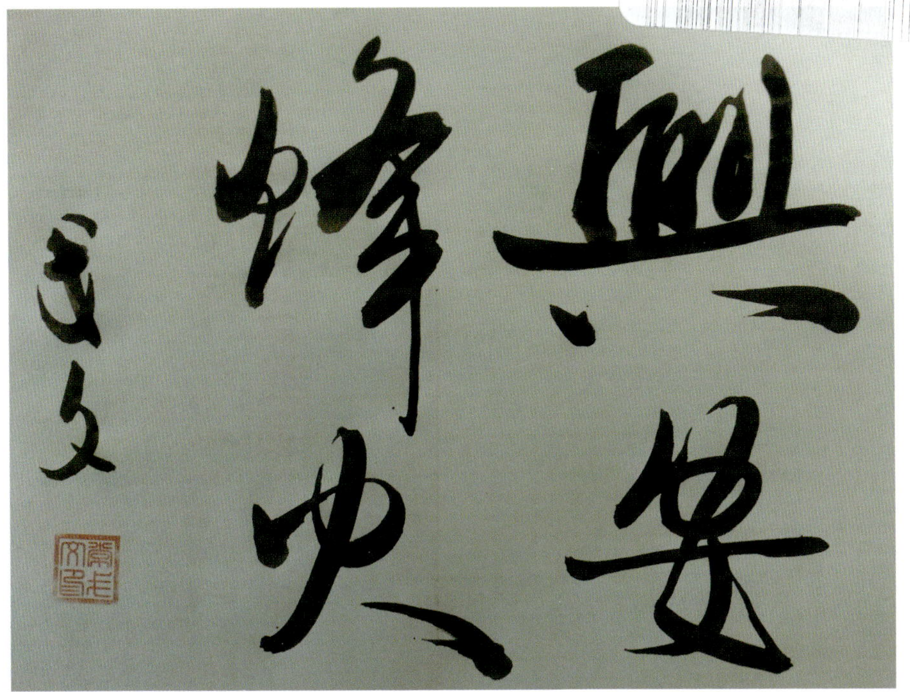

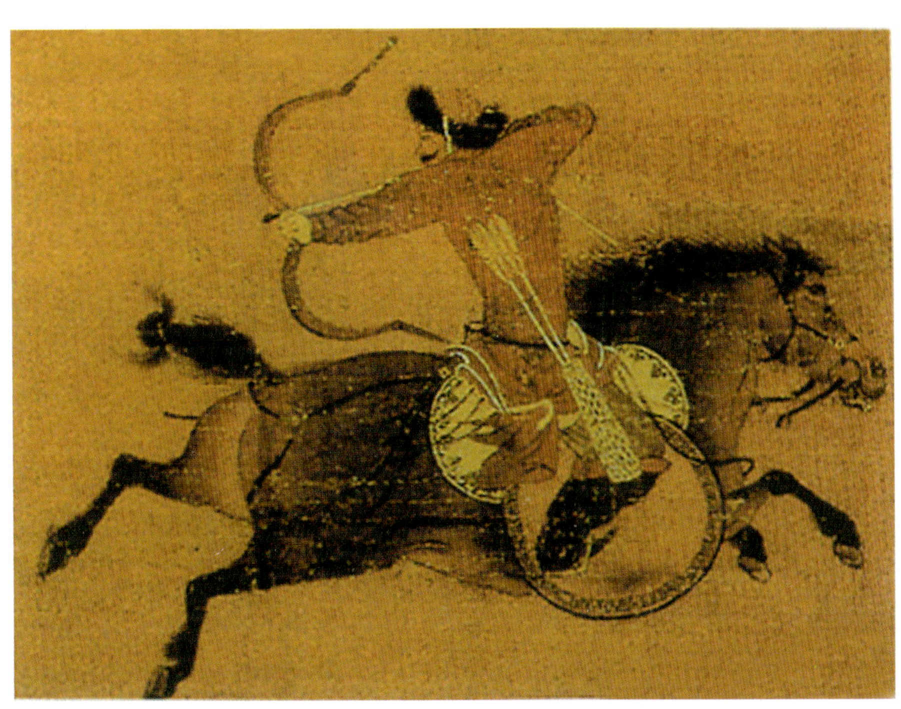

红山风光

老哈河风光

中华祖神

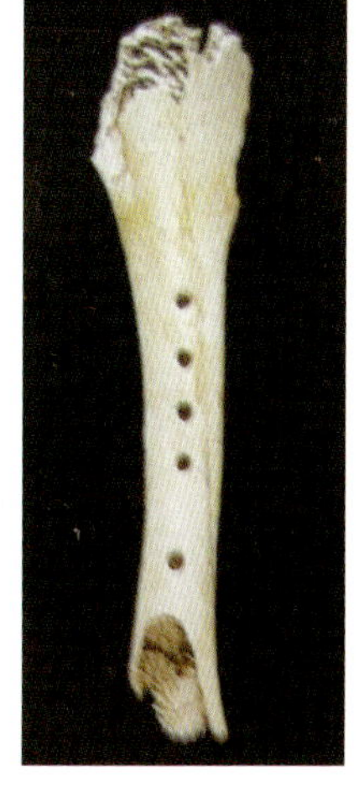

骨笛

兴隆洼遗址

华夏第一村遗址

牛河梁出土玉猪龙

牛河梁出土女神像

红山玉龙

红山玉器太阳神

牛河梁遗址

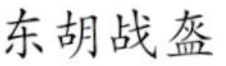

东胡战盔

东胡战靴

东胡文化

玉皇庙山戎遗址

玉皇庙山戎遗址

鲜卑墓出土陶罐

鲜卑族武士像

鲜卑文物 牵马陶俑

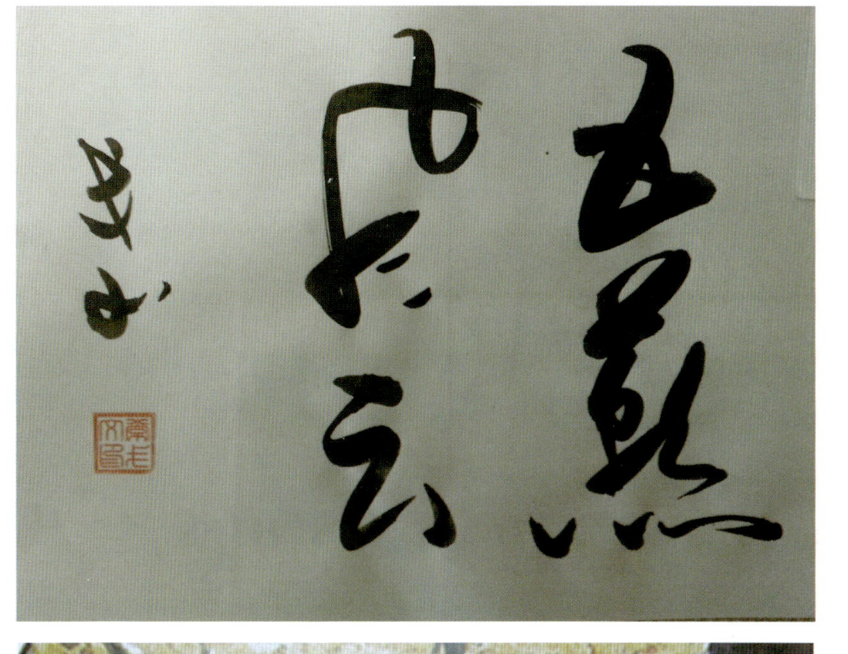

朝阳佑顺寺

青峦岭风光

朝阳凤凰山风光

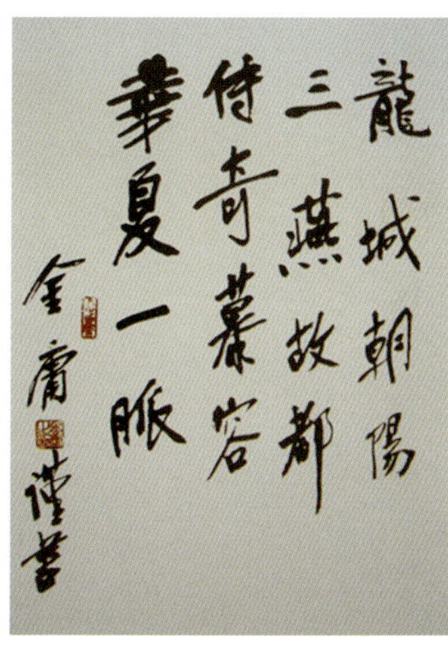

金庸题字

朝阳慕容街夜景

范阳公章 金印

冯素弗墓出土的石砚

冯素弗墓出土的月牙形金牌饰

冯素弗墓出土的佛像山形金珰

冯素弗墓出土玻璃杯

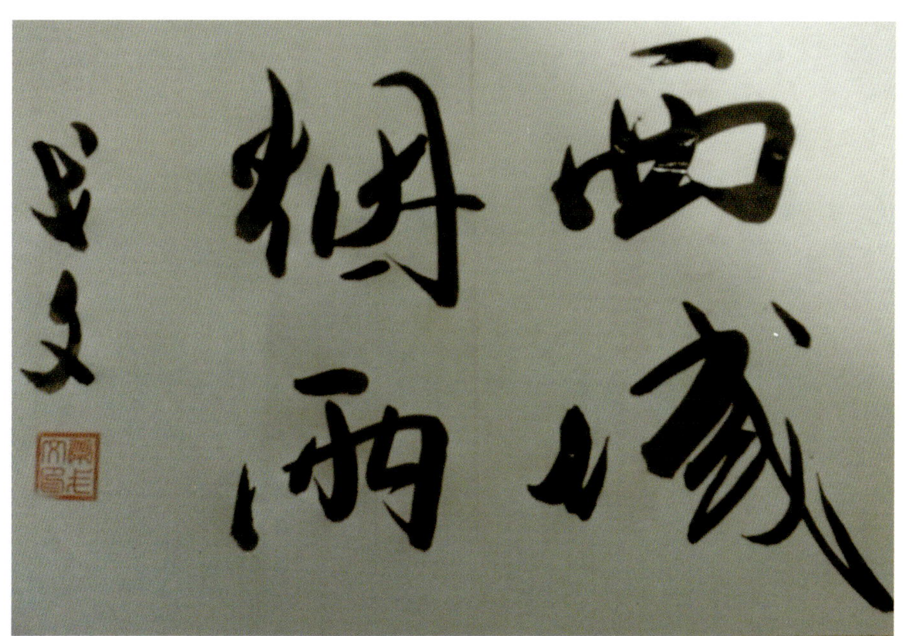

青海骢

吐谷浑伏俟古城

大青山风光

吐谷浑王城

青海塔尔寺

土族女出嫁梳妆

吐谷浑文物

鎏金凤鸟

青海巴音河畔出土的土棺木

都兰古墓中出土的丝织品

棺板画（局部）

鲜卑·慕容那些事

■新　宇　著

图书在版编目（CIP）数据

鲜卑·慕容那些事 / 新宇著. -- 北京 : 中国书籍出版社, 2016.5

ISBN 978-7-5068-5624-9

Ⅰ. ①鲜… Ⅱ. ①新… Ⅲ. ①姓氏－文化史－中国 Ⅳ. ①K820.9

中国版本图书馆CIP数据核字（2016）第125987号

鲜卑·慕容那些事

新 宇 著

策划编辑 王志刚
责任编辑 陈守卫
责任印制 孙马飞 马 芝
版式设计 添翼图文
出版发行 中国书籍出版社
地　　址 北京市丰台区三路居路 97 号（邮编：100073）
电　　话 （010）52257143（总编室）（010）52257140（发行部）
电子邮箱 eo@chinabp.com.cn
经　　销 全国新华书店
印　　刷 北京潮河印刷有限公司
开　　本 710毫米 × 1000 毫米 1/16
字　　数 200千字
印　　张 17
版　　次 2016年 8 月第 1 版 2016年 8 月第 1 次印刷
书　　号 ISBN 978-7-5068-5624-9
定　　价 48.00 元

引　言

老家的山那边一首流传千古的歌：

老慕容，英雄汉，铜头铁腿金心胆，冰身玉骨碧血黄毛蓝色的眼，豪气冲云天。中华大地建五燕，美名万古传！（2001年在辽宁省朝阳市朝阳县塔营子村采访民风得知）

在家乡努鲁儿虎山主峰青峦岭下曾有妇孺皆知的《百家姓》（宋朝）所收录排在436位的一个复姓“慕容”，是鲜卑民族。

他从哪里来？又到哪里去？这个令人羡慕可称赞的部族，史称鲜卑子，他们也是一代英豪枭雄，在公元前后风起云涌、大浪淘沙的年代，于东北奔向中原、西域，先后建立起前燕、后燕、北燕、南燕、西燕、吐谷浑等帝国。

在历史的长河中，他们像流星雨一样，炫耀、展示、释放自己的能量后，消失得无影无踪，千年的辉煌湮灭在茫茫宇宙里，尘埃落定在华夏的大地上，溶入炎黄的母体。在母亲的怀抱中得以升华，让自己的血脉源远流长，永恒天地之间，万世流芳。

伟大的鲜卑，华夏永远爱你！

伟大的鲜卑，慕容炎黄子孙永远思念你！

伟大的鲜卑，慕容中华儿女永远在一起！

目 录

第一篇

道白驳春秋——鲜卑之源

一、鲜卑由来，出自兴安

中华大厦中，说是有慕容。

生在东胡地，居住兴安岭。

公元前11世纪下半叶的某一天，西周王朝第二代当权者成王姬诵，在宫中前庭信步时，忽然想起一件事，周朝建国初封七十多诸侯，才有我们今天人民富足、社会和谐的国况。为进一步促进国家的长治久安，再创辉煌，永葆万世江山，应马上在周族兴起之地岐山开一个盟会，报告一下当前的形势，对下一步的工作进行安排。成王设宴热情地招待了各路诸侯，让各诸侯国汇报一下情况。这么做也使得各诸侯能够相互了解，防止个自为政，相互争斗攻击。

远居在大兴安岭北段（史称鲜卑山）的鲜卑首领接到通知后，立即起程，带着山珍、奇宝、麋鹿等贡品，跋山涉水，不远万里，经过两个多月跋涉赶到了岐山会场。但是，当时鲜卑人不是诸侯国，周朝既没封其为侯，也未与之定立过盟约，属政协人物，只能列席会议。其任务就是同南蛮楚国做后勤工作，听命于一个叫熊绎的直接领导，负责看护祭神用的火堆。

因此，会后会议纪要留下记载，在《国语·晋语八》出现“昔成王盟诸侯于岐阳，楚为荆蛮。置茅蕝，设望表，与鲜卑守燎，故不与盟”的字样。

当时因没留下影像资料，后世的专家学者不能确定“鲜卑”二字是什么意思，于是出现了五花八门的诠释。一种说法是，当时鲜卑人带着奇兽去会晤很是显眼，周朝当地的人不知道是什么，有的人说是“兹白”，而“兹白”这种神兽在后世文献中称“白驳”；另一种按当时陕西地区方言“鲜卑”是“兹白”的谐音，还有的说是白麋鹿，反读音“麋白”，等等。于是就出现了今天不精确的联想，鲜卑：神兽人——兹白——白驳。

关于“白驳”在《山海经·海外北经》《山海经·西山经》《逸周书·王会篇》《管子·小问篇》等文献中均有记载。白驳，形状似马，有一角，长着虎爪，发出的声音如鼓，能飞，食虎豹。

传说中的白驳

在后世鲜卑人的心中，把神兽“白驳”当作自己民族的图腾，认为自己的祖先就是“白驳”，自己就是“白驳”化身。

通过这次盟会，与会者大开眼界，看到并学习到了自己部落没有的文化、先进生产力和周朝的国力，回到家后，马上召开会议，传达会议精神，大力宣传，向“西方”学习，振兴部族，跨世纪向现代化发展，实现小康社会。

这个白驳的民族，经过若干年不懈的努力奋斗，发生了根本性的变化，在东北亚那个白山黑水的角落迸发出超常的能量，意气风发，斗志昂扬，一支劲旅豪迈地从大漠、草原、高山、密林，黑水、白山走出来，面对“西方”的社会，展现出无穷无尽的张力，纵横南北，叱咤风云，驰骋中原，前赴后继，艰苦卓绝，先后建立了四燕、吐谷浑、西秦、南凉、北魏、北周、库莫奚、大辽、蒙古等一连串的政权或者帝国，发生了无数惊心动魄的战争，留下了数不清的美丽动人的典故和传说。

鲜卑族是一个庞大的部落群体，枝枝蔓蔓，很难让今天的人说清道明。根据考古和文史资料，学者概略分两大支派：一支为南部鲜卑，史称东部鲜卑；另一支为西部鲜卑，史称北部鲜卑，即拓跋鲜卑。两部同出大兴安岭，但走向不一样，不亲不近，直到南北朝时开始接触，有人事和经济往来。

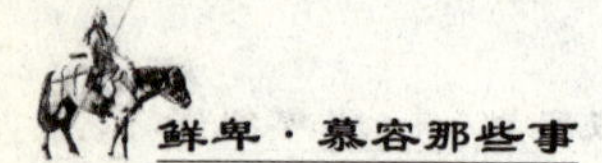

大兴安岭麋鹿

鲜卑来源于东胡，范晔《后汉书》记载："鲜卑者，亦东胡之支也，别依鲜卑山，故因号焉。"东胡是一个部落联盟，主要居住在山戎和土方（屠何）地，山戎在南，屠何在北。《山海经》记载："东胡在大泽东，夷人在东胡东。"《史记》记载："东胡在匈奴东，故曰东胡。"东胡联盟人员构成复杂，大小部落名号不一。如：东胡、乌桓、鲜卑，以及由鲜卑分化出的慕容、宇文、段部、拓跋、乞伏、秃发、吐谷浑，还有库莫奚、契丹、室韦、蒙古等。

虽然东部鲜卑崛起得早，但是匈奴冒顿采取一连串的骄兵之计，经心准备，突然一击，一举击败了东胡。东胡失败后一支退居乌桓山，后称乌桓族；另一支退居鲜卑山，即后来的鲜卑族。据《阿鲁科尔沁旗志》考，乌桓山距天山镇50公里，属大兴安岭西段支脉。这里的乌兰大坝，是乌桓族的发源地。按《蒙古游记》记载，科尔沁右翼中旗西哈勒古河附近的大罕山，与140里外的乌桓山遥遥相望。

魏晋时期，东部慕容鲜卑在五胡诸国中先后建立四燕政权，建都于今辽宁朝阳市。

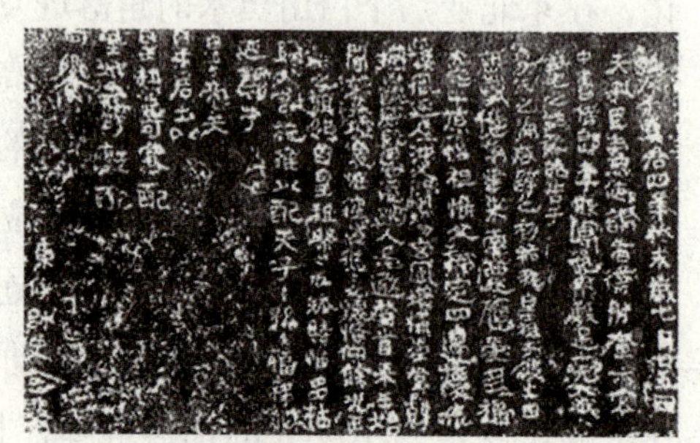
嘎山洞石祝文

拓跋鲜卑也居住在大鲜卑山，经学者考证为今天大兴安岭北段。1980年7月，史家学者在大兴安岭北段东麓阿里河附近的嘎山洞发现了北魏太平四年（公元443年）的石壁存刻石祝文。

拓跋鲜卑自称为黄帝后人，黄帝以土德为王，北方风俗谓土帝王为拓，王后为跋。传到六十七世时，出现了拓跋毛这么个人物。他聪明勇武，受到远近部落的推崇和爱戴，统辖36国，99个大姓，威震北方。

到了拓跋洁汾时，这支鲜卑人政治成熟，研究发展之路，开始向外扩张，自东向西南迁徙，历经八难九阻，千辛万苦，在跋涉中迷失了方向。正在他们徘徊之际，忽然看到一只非牛非马、非鹿非羊的神兽，它引领人们走出迷谷，翻过高山，跨过大河，穿过大漠草地，到了原是匈奴住地的内蒙古托克托地区。

嘎山洞

拓跋力微带领着部族人，经过十几年的征战，东打西拓，北控南争，势力也开始强盛，部族势力得到了空前发展，于公元258年，迁移到今天内蒙古自治区呼市和林格尔县附近（土城子）。其他鲜卑部落也纷纷归顺，组建成一个庞大的集团。公元315年，拓跋部首领拓跋猗卢受晋朝封为代王，建立代国。代国先后存活了60多年，历经10主，后被氐族建立的前秦国所灭。到了公元386年，前秦政权内部大乱，逃亡在外的拓跋珪收集旧部，重新在呼和浩特东南叫牛川的地方建国，大会诸部首领，被部族人民推举为新代王。不久其又重新迁回内蒙古的和林格尔附近，建都在盛乐（和林格尔老城西），改国号为大魏，史称北魏。拓跋珪建国称王后，先后征服了好多部落，消灭了不少敌人。为了进一步加强统治地位，便于管理，公元398年，北魏又迁都平城（今山西省大同市东北方，即大同老城），拓跋珪学习中原文化，改王称帝，死后谥号道武帝。公元439年，北魏灭北凉，统一北方，逐渐成为威震北方地区一个强大的政治军事集团，辖区不断扩大，南达中原，并进入腹地。北魏是鲜卑人在南北朝时期雄居北方的最大最强盛的封建王朝。北魏14帝，统治长达148年，后分裂为东魏、西魏。东魏历1帝，18年；西魏历3帝，23年。后分别被北齐高氏、北周宇文氏所替代。

三鹿纹金牌

二、鲜卑之源，复杂多元

浊浊土河荡黑水。浪花涌出鲜卑。
大漠英豪难觅踪，兴安依旧，残月寒山蓬。
花发羊倌沙窝里，脚下秋月春风。
一杯奶酒万古同；当年兴废事，均埋荒沙中。

考察一个民族，一个群体的源流，在没有来龙去脉的文字、实物和记载的情况下，如同沙里淘金，乱麻抽丝，等找到经纬线头纺成线，再织成作品是一件非常难的事。根据《魏书》司马彪《续汉书》等文献记载，经现代学者考证、综合评估后认为：东胡、山戎是鲜卑之源。史料记载，东胡部族被匈奴击败后，一部或一支退居乌桓山（内蒙古《阿鲁科尔沁旗志》记载，即距天山镇50公里的乌兰大坝山），古称乌丸，后称乌桓族。另一支退居鲜卑山（大兴安岭北段东坡），称鲜卑。数百年后，这些东胡人在山林里复出，改头换面。汉族语言异化误读异解，以山，以水，以神异化出来自己名字，就有了慕容、拓跋、宇文、段氏。

东胡萨满头饰

东胡人有语言无文字，古记数方法多半为“粪蛋”法，羊粪蛋子为“个”位，马粪蛋子为“十”位，牛粪迫子为“百”位，驼粪为“千”位。

这支人在白山黑水间、苍茫的蒙古高原上生生不息，艰苦而卓绝奋斗拼搏，谱写出充满神奇色彩、诗情画意的历史画卷。

在这里，造就出新石器时代中国北方草原游牧文化，形成上中古时期部落游牧文明。在高原大漠草原文化漫长的历史演绎发展进程中，逐渐形成了既有相互联系又有相互区别的三大草原部落系统，即匈奴、东胡和突厥。这三大族群错综复杂地交织在一起，相当一个时期的，相互征伐，你来我往，石落水中，水落石出，逐渐形成了有组织的部族国：山戎、东胡、匈奴、鲜卑、乌桓、突厥、库莫奚、契丹、蒙古等。自夏商周到辽金元明清次第承接，宗脉绎流，时断时续，相继成为中国古代北方草原统治者。

东胡人后裔

现在，很难将一连串的古民族的来龙去脉分辨清楚，原因是正史记载太少，又缺乏实物考古证据。为了探源汲古，理清族脉，分明祖源，找到根由，接下来分别说明：

(一)匈奴系统

匈奴是中国古代北方少数民族中最早统一大漠南北并建立起国家政权的集团。匈牙于公元前3世纪兴起于大漠南北，单于庭建在外蒙古的和林。当时的头领是一个叫头曼的人。传说，在公元前209年，老不死的头曼素尸无为，又不让位，其中一个儿子叫冒顿，组织心腹把他杀了，自立为大单于。传了20任（公元前209年到公元48年）后，分裂为南北集团。北集团又历经5任（公元48—118年），在一个春天，逢侯单于归南汉集团。南匈奴集团（公元48—279年），单于庭建在西河美稷（今内蒙古准格尔旗一带）。呼韩邪于公元48年自立为单于，后经22主，单于庭改设在新兴郡虑虒县（今山西五台县东北），后又经变迁到河套伊盟界内，自诰升爰（去卑子），经6主，到刘卫辰被部下所杀。其第三子刘勃勃出奔，于公元407年在朔方建大夏国，自称大夏天王，后又改名赫连勃勃，并于公元408年称帝，传3世到赫连定，被吐谷浑王慕璝所灭。

战国前后，在大漠南北出现过荤粥、鬼方、猃狁、戎、狄等氏族部落。他们之间与华夏各族之间，不断为土地生存发生战争，有的被消灭，有的被兼并，有的则发展壮大起来了。在相当长一个时期（600余年）匈奴集团首屈一指。

冒顿单于势力不断壮大，掌控着南起阴山，北到贝加尔湖西伯利亚地区，东跨辽河，西逾葱岭广大地区，结束了北方游牧部落长期分裂局面。后来遭到汉朝的沉重打击，再加之所统治部族丁零、乌桓等起来反抗斗争，集团土崩瓦解。但仍有一部分人又登上了历史舞台，曾先后出现赵、大夏、北凉等国。

《汉书·匈奴传》云，“匈奴，行国也，逐水草迁徙，无城郭，然亦各有分地。儿能骑羊，引弓射乌鼠，少长则射狐兔，肉为食。士力能弯弓，尽为甲骑。其俗：宽则随畜牧射猎禽兽为主业，急则人习战攻以侵伐，其天性也。长兵则弓矢，短兵则刀挺，利则进，不利则退。自单于以下，咸食畜肉，衣其皮革，被毡裘”。从上述看，其主要在大漠从事畜牧业。从出土文物佐证，匈奴人有鲜明独特的游牧民族特征，与中原地区有显明的差异，与其他胡文化也有区别，其后裔融合于汉族当中。

（二）突厥系统

突厥民族又是一个兴起在北方大漠南北的古老民族，于6世纪中叶（公元552年）起源于准格尔盆地之北，5世纪中叶（公元542—545年）被柔然族征服。公元552年正月，首领阿史那土门大败柔然，遂自称为可汗，后设东西两个可汗公元583年分裂为东西突厥。东突厥（公元583—630年）伊利可汗至颉利可汗，吐苾，历7主。西突厥（公元552—740年）自室点密至奚利邲咄陆可汗泥熟莫贺设8主，又分裂为南庭和北庭，南庭5主，北庭6主。最后一主为阿史那昕可汗。公元682年，云中郡舍利元英之部酋阿史那骨吐禄，在黑城叛唐重建祚，称后突厥，牙帐建在乌德草建山（今杭爱山之北山，鄂尔浑河上游即郁都军山）。

据《周书·突厥传》记载，突厥大抵与匈奴同俗。“其俗被发左衽，穹庐毡帐，随水草迁徙，以畜牧射猎为事，食肉饮酪，身衣裘褐”。突厥广义包括突厥、铁勒各个部落，据史书记载，突厥原是铁勒一支，即战国秦汉时期的丁零，魏晋南北朝时期敕勒、高车。

大约在公元5世纪中叶，突厥人为柔然部的奴隶，突厥人因不堪负重，被迫迁徙到金山（今阿尔泰山）。因山形如战盔，被外人称为突厥人（阿尔泰语），因有较发达的冶铁技术，也称“煅奴”。

公元546年，伊利可汗打败铁勒，收其众5万余落。公元552年，破柔然，建立政权于鄂尔浑河上游。其疆域东至辽海，西达西海（青海湖），南到阿姆河，北过贝加尔湖西伯利亚广大地区。

公元745年，后突厥被回纥所灭。古突厥人大部分并入回纥，一部分迁到中亚地区，与当地原住民融合，后裔遍布中亚。

（三）东胡系统

夏家店上层文化之出土文物，有自己民族风格，史称东胡文化。东胡文化主要分布在老哈河、西拉木沦河的西辽河上游流域广大地区，并有大量遗存。

东胡是中华民族史上有较大影响的部族之一，其本身是一个部落联盟，涵盖众多部族。发展到春秋战国时期，这个集团逐渐强大起来，常西侵匈奴，索要财物、美人，还经常不断地寇扰边国，是燕、赵北方祸乱之根源。公元前283年前后，曾在东胡当过人质燕昭王派大将秦开，击东胡收复辽西失地。

东胡族系包括的部落和民族很多，由东胡分划出乌桓、鲜卑，再由鲜卑分划出慕容、吐谷浑、宇文、拓跋、乞伏、秃发等各部。此外还有库莫奚、霫、契丹、乌洛侯、室韦、蒙古等。东胡地域广大，西至贝加尔湖以东，南到渤海，东北到外兴安岭。

东胡服饰

东胡语言属于阿尔泰语系，大漠南北很多民族使用过该语系。现在的蒙古语源自东胡语，鲜卑语同蒙古语基本相同。

（四）山戎系统

成语典故有“老马识途”“蚁穴探水”“齐桓公讨山戎”的故事，其都与山戎有关。

对于山戎的说法不一，有先后不同的称谓。东汉服虔说，“山戎，盖今鲜卑来看，先有山戎，后有东胡，或后融合于东胡”。有些专家学者认同“山戎——东胡——鲜卑”的说法。

根据《中国历史地图集》标记看，山戎很早就与中原部落存在密切联系。自周朝建立以来，山戎作为附庸而存在，并活动在周边，只是没有建立国家型的集团。到春秋时期山戎迅速强大起来，开始攻击周边部落，寇击周王朝属国。

山戎最早活动在辽宁西、内蒙古草原的东南部边缘地带，组成强大军事联盟后（西拉木伦河支流的白岔河流域，有著名的岩画走廊，是山戎——东胡人在这里留下的艺术珍品，清楚地描绘了狩猎的热烈场面），逐渐南迁，进入与燕交界的今辽西、锦州、朝阳、承德、赤峰南部老哈河、大小凌河、教来河、西辽河及滦河东南等地区。

经过一时期的发展，山戎开始向奴隶制过渡，经济、军事、政治均得到空前发展，开疆拓土的欲望开始膨胀，于是频频向中原进兵。受害最大的是燕国，山戎有时越过燕国进攻中原国家。公元前714年，进攻郑国；公元前706年，进攻齐国；公元前685年，进攻鲁国，其兵锋进达河南中部、山东半岛等地。

齐桓公当了齐国国君之后，任贤选能，不断进行政治、军事、农业、工商业等改革，国势迅速强盛起来，成为春秋霸国，威震华夏。公元前679年，齐桓公在鄄（今山东省鄄城附近）会盟，挟天子令诸侯，以“尊王攘夷”的口号，称霸中原。

公元前664年山戎大举侵燕，燕庄公向盟主齐国告急。齐桓公亲自挂帅，命管仲、隰朋等谋士随驾出征，率齐国的精锐部队，在无向导内应外援的情况下，翻山越岭，渡河涉泽，千里孤军北伐山戎。

大军刚刚到今唐山的滦河西北就遇到山戎的大部队，两军交战，齐军一战告捷。山戎军北撤，企图联合令支、孤竹共同反击齐军，但齐桓公不给山戎喘息之机，率军一鼓作气穷追，过滦河破令支，败孤竹，斩掉山戎的左膀右臂。齐桓公一直穷追猛打到建平、朝阳、喀左。山戎溃不成军，远遁辽北内蒙古东部大沙窝子里，山戎集团就这样土崩瓦解了。

这次对夷戎的战争，对华夷各国都产生了巨大的影响。山戎败北，令支、孤竹灭亡后，各个北方部族都臣服于齐国，纷纷联盟，明哲保身，不再攻伐。相当长时期内边塞安定，人民和谐。

三、东胡惨败北，退保鲜卑山

东胡大王好无理，欺辱邻朋太过激。
匈奴举骑毡帐破，部族亡命大山里。

齐桓公讨伐山戎后，不管是山戎中的东胡，还是东胡中的山戎，相继又受到了两次沉重打击：一次来自于春秋的燕国，一次来自于匈奴。

燕国是周王朝北方边塞诸侯小国，是周武王之弟召公奭的封地，都城在今北京房山县琉璃河边。昭王前国力弱小，经常受到外敌欺凌。昭王登上王位后，发愤图强，修明政治，发展经济，扩充军备，招贤纳士，于是齐国的邹衍、魏国的乐毅、赵国的剧辛等许多贤良之士投奔燕国。经过二十多年的发展，燕国开始强盛起来，百业欣欣向荣，成为战国七雄之一。

公元前290年，燕国昭王任用秦开为大将，征伐东胡。

秦开是与荆轲共同刺杀秦始皇的秦舞阳的爷爷，曾在东胡部族里当过人质，同东胡人多年交往中，对当地社会民风、民俗、人文等情况非常清楚，特别是对其地理环境，军队布置、设防等重要情况更是一清二楚。秦开久居东胡腹地，性格豁达、豪爽、淳朴，也交了不少朋友，深得胡人领导层的信任。

秦开像

秦开接到“委任状”兵符后，经过一段时间的精心准备，在战略上和战术上精心同伙伴共同“庙算”之后，采取“动于九天”突然袭击的战法。趁东胡族毫无戒备，把他们打得落花流水，“却地千余里”，溃败到西辽河流域。

燕国在击溃东胡的同时，还打败了高句丽（另一种说法是朝鲜侯国），使其东退，扩大疆域3000余里。为稳定统治“置上谷、渔阳、右北平、辽西、辽东郡以拒胡（高句丽、秽貊、东胡）”。同时派出大批官吏、军队进入，还有迁入的平民居住在东北地区的白山黑水之间，从事农牧业生产。

医巫闾山

上谷郡治所在地沮阳（今河北怀来东南）；渔阳郡治所在地今北京市密云西南；右北平郡治所在地无终（今天津蓟县）；辽西郡治所在地为今辽宁义县西南（有一种说法是辽宁绥中县古城寨古城，还有说法是内蒙古奈曼旗沙巴营子古城）。其统治范围，东至医巫闾山东南大凌河与辽东郡相接，西南到今天的河北迁安县一带滦河流域与渔阳一带相连接，西与今天的天津蓟县相邻，北达内蒙古奈曼旗、库伦旗一带的科尔沁沙地南缘地带。

右北平郡设在平刚县，今内蒙古宁城县西南（黑城子古城），统辖范围北到赤峰，西到围场、承德以东地带，东南与辽西郡比邻。

辽东郡治所在辽阳旧城东部，统辖范围，西到辽宁北镇一带医巫闾山南麓，东到朝鲜半岛满潘汗江（大同江西北地），北达西辽河流域，涵盖整个辽东半岛。

秦统一全国后，为彻底消除匈奴对中原的威胁，秦始皇派大将军蒙恬率10万大军北征，打败匈奴，在今河套地区设云中、九原两郡，并移民进行边地屯垦，相当长一个时期经济发展不错。

匈奴单于头曼率兵北徙漠北。秦始皇死后，秦朝纲纪混乱，赵高一帮人杀长子扶苏，立胡亥为帝，各地并起反秦，头曼单于乘机南下。

匈奴头曼单于的妻室，称阏氏，一般有十几位。长子冒顿原为储君，后来头曼因爱妃的枕头风，想另立阏氏少子为储君，在言谈话语间流露出废长立少之意。

冒顿得知后，对父亲恨之入骨。在朋友的策划鼓动下，决定弑父自立。为实现目标，他经心准备，制作了一种鸣镝（响箭），用来训练骑士，命令凡战均以他的鸣镝为令，他所射杀的目标就是军士的射杀目标，违者格杀勿论。

为考验部下，有一次，他下令以鸣镝指示射向自己的宝马。所有的部下都知道，这匹宝马是冒顿心头肉，掌上明珠，恐令不真实，不敢发箭。但冒顿为严明军纪，当场正法了不敢发箭的那些人。经过相当长时期的训练，士兵们有令必行，冒顿心里有了数。

匈奴人除了正常放牧外，在不同的季节定期狩猎，用来提高战斗力，演习士兵骑射技艺，展示将军的马上功夫。借此机会，冒顿心里早就准备好，但却深藏不露，在父亲面前表现顺从，若无其事。头曼一点没有发现儿子有什么异常，也没有起疑心。一天，头曼闲着没事，同妃子们吃喝玩乐后，借酒兴让冒顿安排出猎，并让冒顿担任首领。这下机会终于来了，冒顿高兴地领着骑士们向阴山深处走去，命令士兵按他指令围猎。头曼丝毫没有怀疑冒顿，在他毫无戒备时，突然，冒顿把鸣镝射向了自己的父亲，他的部下毫不犹豫地按鸣镝方向目标万箭齐发，头曼还没等反应过来，就死于乱箭之下。

这是公元前209年秋天的故事，冒顿也顺理成章地当上了单于。

东胡听说冒顿弑父自立，很是瞧不起，非常鄙视他，于是派出使臣下战书，以武力威胁，让新上任的冒顿准备一批好马送过来，特别是他的坐骑千里马。冒顿向众臣问计，诸僚均以为如果这样做是屈节、投降行为，宁可打一仗绝交也不能给。冒顿思考良久说：“目前我们还干不过人家，实力也不如人家，因为这点小事与人家翻脸犯不上。”于是按东胡的要求将宝马拱手相送。

过了一段时间，东胡首领认为冒顿软弱无能可欺，于是又提出了得寸进尺的要求，发出外交指令，请选一批美女送过来，这其中包括冒顿最宠爱的阏氏，不然就向匈奴发兵问罪。冒顿又召集群僚商议，诸大臣觉得实在是太过分了，干脆打一仗，冒顿思忖良久，心平气静地说：不就一位妃子吗？东胡老兄喜欢我就送给他得了，何必干戈相见呀！”于是令人选了一批美女连同阏氏一齐送给东胡老兄。

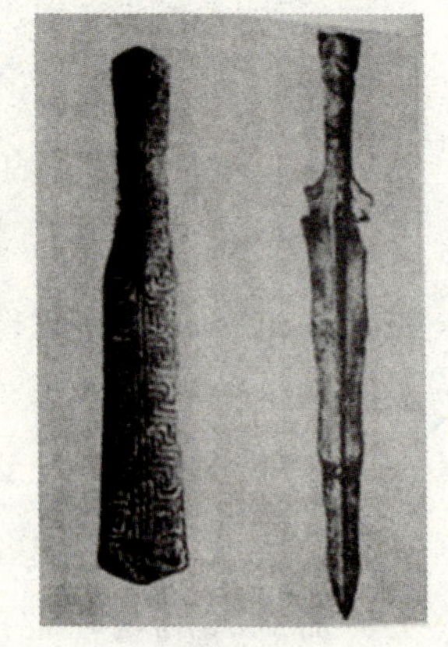
东胡兵器

又过了一年，东胡匈奴两家相安无事。匈奴地处西北，东胡地处东南，两家之间有好大一片空地，方圆千里，权属归匈奴。一次东胡首领在打猎时发现这块土地很富饶，物产丰富，水草茂盛。回王庭后，便派出使节，带上自己亲自签发的外交文书，要求冒顿无条件地把这块土地划归东胡。冒顿召开紧急工作会议，征求意见，研究怎样解决这件事。大多数人说，那片地大而无用，荒无人烟，不涉及匈奴当前的根本利益，不在乎那块破地，给他就算了。冒顿大怒，高声叫道：“土地是国家社稷的根本，孩子老婆可以让人，土地绝不能让人。谁再说这样的话，定杀不饶。”

会后，冒顿把使节好一个招待，好言好语表示一番，并送上大量的礼物，送回使节。他对使节叮耳嘱咐，说研究后马上回复东胡老兄。

冒顿采用一连串的骄兵之计，使东胡放松了警惕，认为匈奴是一只附首贴耳的羔羊，要什么给什么，被财色冲昏了头脑，狂妄自大，也就对匈奴毫无戒备了。公元前206年冬季，冒顿经过一番精心准备，调动举国精锐部队，突然发难，长趋直入，打得东胡措手不及，溃不成军，冒顿一举拿下王庭，消灭了东胡有生力量，绞杀了那个自大的东胡王，掳获大批人畜财产，占领了东胡大部分国土，败军、牧民纷纷向山里逃命。一支人马退居到大兴安岭东段，后改称为鲜卑族；另一支人马退居到大兴安岭西段（今科尔沁乌兰大坝，距内蒙古阿鲁科尔沁旗天山镇50公里），改称乌桓（后分为上谷、渔阳、辽西、辽东、右北平部），后被曹操所灭。

四、徘徊汉边，时服时叛

鲜卑帅子出兴安，扎根辽西近汉边。
立国成王龙城地，腾飞逞雄图中原。

东汉时期，边关战事减少，各民族交往机会增多，互市增多，经济得以发展。汉王朝对外开放，吸收各兄弟民族先进文化，其他民族也采取"汉为狄用"。于是，掀起向汉朝派人留学、主动向汉边迁徙的热潮。

迁徙促进了各民族文化融合，并带来了社会进步，经济向现代化迈进，生产力得到了空前的发展。这对汉民族来说，少数民族内迁也保持了民族内部活力，给这个宠大的民族群体源源不断地输入了新鲜血液，焕发出美丽青春。汉族在少数民族的心中，如日中天，朝气蓬勃，成了屹立东西方的强大民族。

古画中的乌桓人

这种融合互动持续近两百年，其中最主动是乌桓族，先后迁入上谷、渔阳、辽西、辽东、右北平等地。鲜卑也从大兴安岭迁入长城内外、大漠南北。东部鲜卑内迁早于西部鲜卑。

公元180年左右，东汉王朝与匈奴之间发生一连串的大事件，对鲜卑人产生了非常重大的影响。

东汉初年，光武帝刘秀忙于中原战事和剿灭各地割据势力，没有工夫来对付匈奴。匈奴单于利用中原战乱之机，扶植割据势力，建立傀儡政府，分裂东汉王朝，匈奴另立安定三水（今宁夏同心县东）割据势力卢芳为“汉皇帝”，疯狂攻城掠地，企图变中原为匈奴之属地。当时的东汉王朝刚刚建立，江山千疮百孔，百业待兴，对匈奴无可奈何，只能是修长城，固要塞，以防御为主，逢年遇节送些金钱宝物给匈奴，利用美女和亲等办法委曲求安、求稳。

光武帝经过30余年的励精图治，经济得以发展，政权基本稳固，国力大大加强。到了汉明帝时，一改被动防御为主动进攻的战略方针，对匈奴发动了空前猛烈的战争。

公元73年，东汉王朝调动边境野战部队，分四路出塞北征匈奴。其中窦固与耿忠为一路，出酒泉，过敦煌至天山北（今新疆吐鲁番北边），大败呼衍王，匈兵溃不成军，调头西窜。窦耿二将穷追猛打，一直追到新疆巴里坤湖，并占领了伊吾卢城（今新疆哈密西北地带），屯兵设防。其他三路，未战而捷，因为匈奴部队自知打不过汉朝雄师，望风遁回北漠。

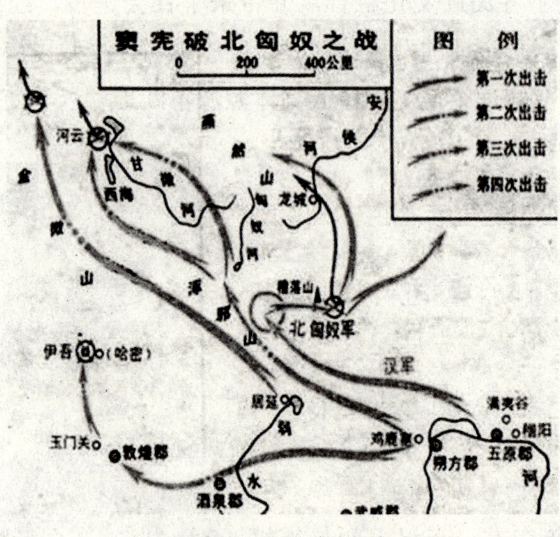

汉和帝时期对匈奴作战图

公元89年，汉和帝又调动边境野战部队，命窦宪、耿秉挂帅，联合南匈奴单于并肩作战，部队出朔方鸡鹿塞（今内蒙古磴口县西北），过阴山，追击北匈奴，在稽落山（今蒙古国西南部）大破匈奴主力，收纳降兵20余万。北单于逃走。这次汉兵出塞3000余里，登燕然山（今蒙古国杭爱山）刻石记功而返。

公元91年，汉和帝又命耿夔、任尚挂帅出征，出居延塞（今内蒙古额济纳旗，清朝时期称土尔扈特旗）西北，大破北匈奴于金微山（今阿尔泰山）。这次汉军出塞5000余里，是北征匈奴最远的一次，也是最后的一次。经过这次沉重的打击，北匈奴单于率部西逃，远走康居（今乌兹别克斯坦一带），后进入欧洲，据说匈牙利人就是这一支匈奴人的后裔。

匈奴故地空虚，于是位于大兴安岭的鲜卑人随之迁入，时间大约是公元89年至91年。未西逃的匈奴人，散落在大漠南北，小部落逐渐融入鲜卑部族中，改头换面，打起了鲜卑的旗号，与鲜卑成为同一个民族。《后汉书》记载：“匈奴余种留者尚有十余万落，皆自号鲜卑，鲜卑由此渐盛。”

从此，鲜卑族（东胡余种曾在这里生活过）历史揭开了新的一页，谱写了辉煌宏伟新的历史篇章。

《紫蒙怀古》

龙城故地今凌川，紫蒙养育慕容燕。
凤山绝顶云接寺，白狼涛滚惊山猿。
三燕龙苑述千古，营州英烈万代传。
青峦岭下寻根远，双塔穿云矗云间。

这时，鲜卑与中原汉王朝的关系是依附关系、主仆关系，没有能力反抗。鲜卑南迁后，接近先进的地区，经过长时间发展经济，实力得到了增强，开始与汉王朝分庭抗礼，不服管理。

（一）公元1世纪80年代之前，双方和平共处。当时是汉王朝建立之初，鲜卑是受汉王朝管辖的边塞部落，但曾与匈奴、乌桓联合“寇扰北边”，这种不友好行为到公元41年有了很大转变，其原因是汉光武帝派

祭肜经略辽东。

祭肜，河南许昌人，父母双亡后，他经常在父母坟前守孝，不肯远走。当地人都同情可怜他，夸赞这个孩子。后来在乡人的引领下，他参加了东汉末年赤眉绿林起义军。祭肜武艺出类拔萃，力气大得惊人，能拉开三四百石的强弓。起义军失败后，归汉光武帝麾下，每战身先士卒，英勇无比，战无不胜，受到汉光武帝的赏识重用。公元45年，鲜卑万余大军进犯辽东，祭肜披甲上阵，仅带千余名士兵迎击，打得鲜卑溃不成军，随后，祭肜穷追猛打，一直把鲜卑人赶回老家才罢休。

此战后，东汉王朝也改变了对鲜卑的政策，除大国武力震慑外，还采取怀柔政策通商，互利通市，努力改善两家关系。祭肜继续“历兵马，广斥堠”，同时采取积极安抚政策，赏赐其钱物，并互派人员学习文化等。

在这各种恩威并重政策的影响下，公元49年，鲜卑大人（鲜卑的首领称为大人）偏何首先归附汉朝。汉王朝封偏何为大都护，使鲜卑真正成为汉王朝的附属国。从此，偏何的一切行动都听命汉王朝指挥，唯汉将祭肜马首事瞻。祭肜也待偏何如兄弟。

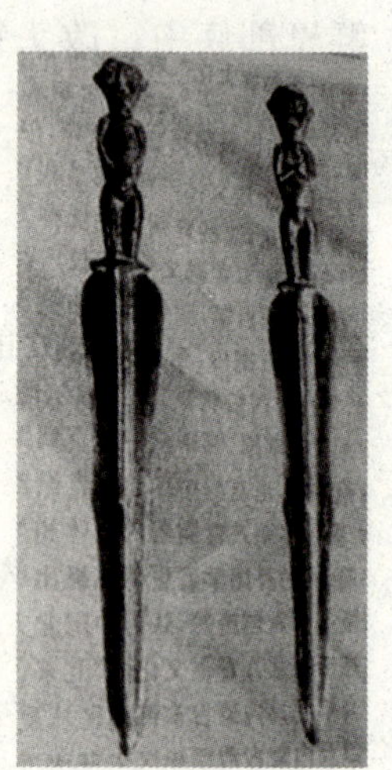
东胡兵器

公元54年，乌桓大人钦志贲多次入侵犯边上谷郡一带，汉边群众深受其害。汉王朝多次征讨未果，于是下诏重金购买钦志贲首级。公元58年，偏何受命征讨钦志贲，一战告捷，杀了钦志贲，得到了皇帝的重赏。从此，塞外乌桓衰败，一厥不振。

偏何归附汉朝后，得到了无数赏赐，其他鲜卑人看到归附汉朝有好处，能得到钱财等赏赐，吃穿不愁，文化生活也好，故纷纷效仿。公元54年夏，东部鲜卑大人仇贲、仇满等“率种人诣阙朝贺，慕义内附”，被汉王朝封为王侯；公元58年，所有的鲜卑大人皆来归附。这些散居在汉朝东北、正北、西北的鲜卑部落，起到了“保边卫塞”的作用。他们的友好行为了得到了汉王朝的定期赏赐。十几年间，汉朝与鲜卑和平共处，友好往来，边疆呈现出欣欣向荣的局面。

公元68年，祭彤辞世，众多鲜卑人到京城去吊唁，还有一些鲜卑人逢年过节到祭彤的坟墓前凭吊拜谒，仰天号泣，久久不忍离去。

（二）自从公元1世纪90年代到2世纪中叶，东汉王朝对鲜卑采取多种措施：一是用武力抑制，二是封官授爵，三是通市贸易，四是命鲜卑大人派人质到内地加以约束控制等。但随着鲜卑社会的进步，经济发展，国力增强，上述办法逐渐失灵，一度出现时服时叛。除常与匈奴、乌桓互相攻击外，鲜卑还攻击汉边，后果十分严重。

鲜卑人在辽西烧塞门，寇百姓，掠夺财物等，给汉王朝带来了很大的震动与不安。

公元120年，辽西鲜卑大人乌伦、其至鞬归附汉朝，乌伦被封为率众王，但不久反叛，自立大人。

公元121至公元125年，在此期间，鲜卑人时而归附时而叛乱，这种行为一直到辽西鲜卑大人乌伦死后，才略缓和一些。

东胡兵器

（三）公元130年以后，鲜卑开始与东汉分庭抗礼，由“父子”变为“兄弟”，这一个时期是鲜卑领袖是檀石槐。檀石槐以军事联盟为纽带，以武力高压统一鲜卑各部，扩大了空前领域，积蓄了雄厚的财力和物力，使鲜卑由一小部落变为强大的帝国，发展进入了新的历史阶段。东汉王朝对此“无可奈何花落去”，窘境丛生，王权士气黯然失色。

五、母误吞冷子，孕生檀石槐

毡帐出虎子，小名檀石槐。
年少显神勇，鲜卑上舞台。

在鲜卑语中“檀石槐”是神奇怪异、无法思议的意思。这个北方民族的英雄，怎么就起了这样一个名字？先看一看关于他出生的传说：

鲜卑的祖先东胡部族被匈奴铁骑击败之后，鲜卑人受到了匈奴贵族长期奴役，每年都要向其主子交纳大量牛羊马匹。如果因年景等原因交不上，就把鲜卑的女人抓去充当牧人、佣人。匈奴根本不把鲜卑人当人看，当作牲畜驱使。不仅如此，在战争中还让鲜卑人充当炮灰，不分老幼男女。青年人冲锋在前，老人妇女在后服务。鲜卑人吃苦在前，享受沾不上边，生存极其艰苦，生命非常低贱，处于水深火热之中。

世道常沧桑，风水轮流转。令人匪夷所思的是，在匈奴军队里有一位叫投鹿侯的士兵，养育出一个令整个北方民族心惊胆战望而生畏的英雄，不亚于后世成吉思汗——鲜卑大人檀石槐（经考古发现也是蒙古族祖先）。

大约在公元147—167年间（东汉桓帝年间），一个叫投鹿侯的鲜卑青年，被迫离开了自己的父母妻子庐帐，同伙伴一起被匈奴人抓去当兵。经过三年刀光剑影、出生入死，幸运的是保住了性命，带着满心欢喜回归日夜思念家。他没日没夜的急行赶路，恨不得身生双翅飞到妻子身边。终于有一天到了家门前，三步并作两步掀起帐帘直入，却被一幕场景弄得目瞪口呆，妻子竟正解开前襟给一个小男孩喂奶。

投鹿侯非常纳闷，自己离家三年，这个孩子是那里来的？他觉得肯定是不家时她在外面搞破鞋怀上的，无名之火顿时生起了三丈，怒羞心头起，连原因都没问，抽刀向妻子砍去。妻子连跑带躲，大声乞求丈夫给自己解释的机会，说明根由和来龙去脉。待投鹿侯消气后，妻子流着眼泪讲述了这个孩子来的经过。

“一个天高气爽的初秋，万里无云，阳光灿烂，我赶着牛羊，骑马带着牧犬在广阔的草地上。走着走着，忽然一道亮闪，跟着就是一声巨雷，一片彩云从我头上悠然自得地飘过来。我抬起头向天空望去，一张嘴，一个大彩冰冷子掉进了我嘴里，觉得又滑又香，还没反应过来，一下子就滑到了肚子里。回到毡帐后，不久就觉得肚子不一样，吐酸水，还没过两个月，肚子一天大于一天，没到十个月就生下这么一个男孩。生儿子那天金光充满帐篷。我看这个孩子不简单，有可能是老天送我们的，来得太神奇了。今后如果我们俩把他养大，这样的孩子一定是一个有能耐的奇人，会给我们带来福气的。”

倔强的投鹿侯认为妻子不但对自己不忠，还编造谎言骗自己，越听越火，越听越气，一把手把孩子抢了过去，远远地扔到了草地上，口中骂道：“养汉生野种，不知害臊！”怒气冲冲回到了毡帐。孩子被抛，吓得哇哇大哭。妻子肝肠欲断。看到丈夫怒不可遏不依不挠凶狠的样子，妻子没敢把孩子抱回来。等到太阳落山后，才偷偷地把孩子抱起送回了娘家，把事情的来龙去脉报告给父母。“这孩子是投胎我们，我们不能不养呀！”请求父母救孩子一条命。

父亲禁不住女儿的哭诉和哀求，就答应了下来。老人觉得女儿说得神怪，百思不得其解。孩子长到六七岁了，该起名了，姥爷就给这孩子起了一个名叫“檀石槐”，鲜卑语意为神奇怪异。

投鹿侯妻子是不是与人私通，檀石槐是谁的种，这是远古的事，谁也无法搞清，只是戏说而已。按生物学角度讲，不管人还是动物只有通过交媾才能繁育后代，一张嘴就怀孕，一闭眼就能生出儿女，鬼都不相信。在古代，婚外性行为而怀孕，为了不出丑，女人找个托词与说法，编给家人与丈夫听，于是出了一连串张嘴吃个鸟蛋、红果、冰雹、祥光等生育出神奇之人等故事。为了纯正血统，北方有不少古代民族，女人生育的第一个孩子，由女巫婆接生后直接掐死或溺死。

檀石槐长到十五六岁时，生得膀大腰圆，体壮如牛，凶猛如虎，聪明过人，胆略超常，骁勇无比。在姥爷的培养教育下，娴于骑术，精于箭法。有一天，一伙百余人的抢匪团伙呼啸而至，不由分说抢走了檀石槐姥爷家的财物和全部牲畜扬长而去。老人嚎啕大哭。在外玩耍回来的小檀石槐归家见到此情景，一个泪珠都未掉，叮嘱老人不要急，二话没说，问清抢匪去向，背箭提刀翻身上马，孤身单骑追去。外祖父怕外甥孙子吃亏，拼命大叫喊他回来。小檀石槐头也没回，挥鞭扬尘而去。

满载而归的强盗们正得意洋洋缓缰慢行，突然在后面追来一个小毛孩子，并大喊大叫，要求把财物牲畜送回去。匪徒一看是一个小毛孩子，大叫："小崽子，想找死呀。"这时小檀石槐直扑过去，拉弓搭箭，连放三箭，射中了三个头目，一刀劈下，又一个头目脑袋瓜落地。这些举动吓得群匪放弃财物和牲畜，落荒而逃，各顾性命，一会儿就不见了踪影。

小檀石槐驱赶牲畜，驮着财物从容归来，倚帐而望的外祖父喜出望外，热泪盈眶。族内亲戚欢呼雀跃，外祖父大声说："好孩子，真行。"

草原上的民族特别崇拜英雄，在当时那个社会，以掠夺为业的民族，勇敢、胆识，马上功夫是评价一个人的重要标准。投鹿侯家出了一个勇武的小英雄，以一当百打败了抢匪的故事，就像沙漠里的龙卷风一样，迅速传遍整个大漠草原的每一个毡帐，每一个角落，家喻户晓，人人皆知。不久鲜卑部族骑士纷纷投奔到檀石槐部落帐下，一个新的国家雏型出现在大漠南北、白山黑水间。

草原牧场

六、联盟抗汉，大展宏图

年少呈英豪，铁骑击汉朝。
荡平东西北，大漠任呼啸。

东汉末年，鲜卑人的毡包在广阔草原上像天上的星星散落在蒙古高原，又如同天上的云，时聚时散，畅快自由地飘移。“天苍苍，野茫茫，风吹草低见牛羊”的牧歌声声、舞步款款的背后，是生产力低下，游牧民族你争我夺，强者凌弱欺寡，弱者无奈自保求安，所以每一个小部落都得寻求大毡帐作依靠。

年轻的檀石槐凭借着自己的聪明睿智、果敢勇武，团结了草原上一大批的英雄好汉，又征服了一大批小部落。檀石槐清楚地认识到，靠自己是不行的，只有把所有的草原部族团结在自己周围，鲜卑人才能有希望，人民生活才会好起来。另外，还必须有自己的游戏规则“法律”，来调整各部族关系和人与人的关系。保证各部族关系平等公正，形成井然有序的社会秩序，才能得到部族人民的信任，“国家”才能长治久安。长此以往，部族人民就会团结在自己的周围，凝聚力、向心力就会提高，才可以征服更多的部落，于是檀石槐向汉朝学习，制定自己的“法律”。

随着时光向前，檀石槐这个草原雄鹰，翅膀越长越硬，飞得又高又远，志向又远又大。为尽快发展壮大自己的力量，率部向汉边迁徙。经过一番妙算筹划，决定在强大的上谷乌桓曾经居住过的地方弹汗山（今山西省阳高白山，待考），像模像样地建立一个庞大的鲜卑王庭。

王庭建立在弹汗山，近汉朝，周围是自己兄弟部落，得地利之福和天时之利，再加之檀石槐内部和顺，得人心得天下，对鲜卑大业开创起到了至关重要的作用。

站稳脚跟之后，檀石槐厉兵秣马，带领着自己的精锐铁骑，四面出击。挥戈北上，一战打败了长期居住在贝加尔湖东南面的丁零部；马鞭东指，以摧枯拉朽之势，击溃大兴安岭南麓松嫩平原“其国殷富”的夫余王族；铁骑西突，把住在伊利河谷和伊塞克湖一带的乌孙王族打得落花流水，抱头西遁。揽缰轻松向南，屡屡骚扰汉边各郡县，不时向汉朝提出些要求，索要点财物。

这时候只有二十几岁的檀石槐，这个草原雄鹰把东胡一支鲜卑人几百年孕育积蓄热能引发释放像原子弹爆炸一样，轰动效应空前绝后，形成了在草原上空一股极大的蘑菇云，荡起极强飓风，所向披靡，攻无不克，战无不胜。只用几年的时间，檀石槐就把所有鲜卑部落统一起来，建立了一个庞大的鲜卑部落军事联盟，飞越大漠草原，登上北方政治舞台，让中原民族刮目相看。

东胡渔具

这个时期正是东汉王朝后期，由于东汉王朝采取了一系列的发展生产、振兴经济的措施，生产力得到迅速发展，先进的农耕技术得了广泛推广，手工业也得到了长足发展。纺织业，特别是民间纺织业得到了普遍进步，出现了“百姓殷富，粟斛三十，牛羊被野”的繁荣景象。

鲜卑本身是一个游牧民族，不会农耕，只是单一畜牧经济，缺少手工业。原始状态畜牧业，虽然有不少资源，但鲜卑人不会开发利用，也缺少大量的生活必需品和各种生产工具、铁器等。汉朝政府虽然在北方开设贸易市场，与鲜卑人交换一些物品，但是，汉朝政府严禁铁器等物品交易，既使有交易量

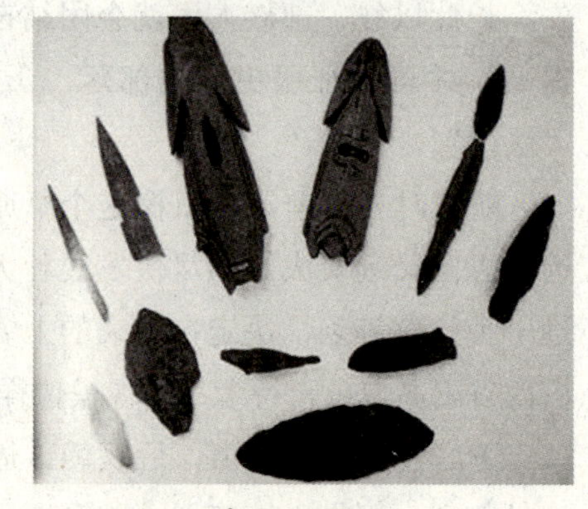
东胡人用具

也不大，远远满足不了鲜卑人的需求。对于一个崇尚武力的鲜卑人在实践中体会到，通过战争，掠夺占有是最方便，最有效的。于是，面对巨大的物质诱惑，鲜卑人开始在边境呼啸而来，席卷而归，飘忽不定，游击而掠。

待鲜卑到檀石槐统治后，这种行为越来越严重，次数也越来越多，规模也越来越大，最后发展到了发动大规模战争程度。公元166年，在檀石槐的倡导下，联合乌桓、南匈奴、羌、氐等民族数万骑兵，大举进攻汉朝北方九郡。

汉王朝非常头痛，拿檀石槐没办法，用武力打不过，只好采取安抚笼络的方法换取安宁。汉王朝派官员谈判，允诺封王，绶官印，嫁公主等。但檀石槐无所谓，表现十分傲漫，不理不采，表态不当汉朝官员，不娶汉朝公主。

檀石槐为了便于统治，把自己的集团分为三大部：右北平至辽东郡为东部，有20余邑，由弥加、阙机、素利、槐头四个大人管理；右北平至上谷为中部有10余邑，由柯最、阙居、慕容三个鲜卑大人掌管；上谷至乌孙西界为西部，为20余邑，由置鞬、落罗、日律、推演、宴荔游五个鲜卑大人管理。这样的联盟只是一种简单的军事联合，各联合单位单独核算，互不干涉，各自为政，没有经济关系，属于“联邦制”，是自治集团。

这种管理模式，使檀石槐军事部落大联盟进入一个新的发展阶段，确定了其在北方的强势地位。他更有力量对汉朝边境进行大规模侵犯、掠夺。檀石槐担任盟长20年左右，对汉边发动战争就达14次之多，掠夺财物人口不计其数，给汉民族带来了深重的灾难。这时鲜卑人的势力空前“东西万四千余里，南北七千余里”。尽占匈奴故地，成为匈奴之后北方蒙古草原又一个强大的少数民族集团。

东胡鲜卑人

公元177年，东汉朝廷派夏育、田宴、臧旻三位将军，各领一万大军，分三路出击鲜卑，这次声势浩大，阵势所向无敌，浩浩荡荡，向西北、东北进发，势在必胜。但是久经沙场的马背民族，根本没把汉军放在眼里。檀石槐得报后，当即下令，命三部大人各率将士，分头迎战。这一战打得汉军七零八落，死伤过半，只有少数逃回汉地。

正当东汉统治集团对檀石槐束手无策之时，公元181年，这个在北方叱咤风云几十年的鲜卑英雄竟然突然病逝。东汉王朝得到消息后，举天同庆，拍手称快。史官把这归结于上天恩赐，并记录在史书上："将天之冥数，以至于是乎。"可见汉王朝的高兴劲无法用语言表达。

关于檀石槐的生平，典藏中只有零星记载，还不够充分准确。据《后汉书》记载，投鹿侯于东汉桓帝初年入伍，檀石槐生于投鹿侯当兵期间，推测大约生于148年—149年，这样的话，檀石槐活了33岁。可是《后汉书》又记载檀石槐活了45岁。两种记载有矛盾，不管怎样，檀石槐是壮年而亡无疑。

萨满巫师服饰

檀石槐去世后，其子和连继续担任盟长，在执政期间断事不公，贪淫暴戾，无所作为，开始走下坡路，不久被部下射杀。檀石槐苦心建立的庞大部落集团和军事联盟分崩离析，树倒猢狲散，又重新分裂成为原来各自独立为政的统治局面。

七、魏武挥鞭，大败乌桓

魏武挥鞭千古颂，击败乌桓笑生风。
神兵来去鬼不知，辽东公孙献人情。

公元207年九月，曹操击败三郡乌桓后，从南线朝阳返回途中，行至今辽宁省绥中界渤海之滨之时，登上了碣石山，俯瞰脚下的大海，迎着萧瑟的秋风，脸上洋溢着胜利的喜悦，遥望着远方，感慨万分，壮怀激烈，随口诵出《观沧海》："东临碣石，以观沧海。水何澹澹，山岛竦峙。树木丛生，百草丰茂。秋风萧瑟，洪波涌起。日月之行，若出其中。星汉灿烂，若出其里。幸甚至哉，歌以咏志。"曹操把征乌桓这场战争看得非常重，回许昌后，诗兴犹存，又填写了一首《龟虽寿》，诗中"老骥伏枥，志在千里，烈士暮年，壮心不已"成为千古流传之名句。

据《三国志》记载，建安十二年（公元207年）八月，曹操领军出塞击乌桓于白狼山（今凌源太阳山），俘其众二十万徙内地。

说鲜卑不能不说乌桓，因为他们是兄弟，通过了解乌桓有助于对鲜卑的诸多问题进行分析了解。

乌桓与鲜卑是兄弟关系，同属东胡系人。在东胡被匈奴击败后，同退居大鲜卑山（大兴安岭），鲜卑隐居东北段，乌桓隐居西北段，两个部同一个族系分地而居。当匈奴战败退还漠西北时，兄弟俩同时南迁到辽东西、冀东北的长城内外。在与各势力的角逐中，两者常站在一个立场上，共同斗争，一致对外。乌桓被曹操消灭后，许多部众流入融合在鲜卑部落中，成为鲜卑人。乌桓又称"乌丸"，在东胡强盛时期，居住在大兴安岭西北。据《魏书》记载，"乌桓流放之叛雍狂地"在丁零西南、乌孙北，据专家学者考证为克鲁伦河北岸，后来逐渐向东南、西南迁徙。秦汉时期，匈奴击败东胡后，乌桓也跟着败退到大兴安岭大山中，躲避战乱，保证部族人民安全，并定居在那里，分布在以今赤峰市阿鲁科尔沁旗和巴林左旗交界北乌兰大坝南西拉木伦河北，从此以山为号，称古丸、乌丸、乌桓，成为一个新的民族，在魏晋南北朝登上历史舞台。

宁城县黑城子古城遗址

有学者认为，乌桓鲜卑语是赤色的意思，乌桓山为“赤山”，赤山何在？说法不一。辽代乌州赤山、契丹赤山为克鲁伦河北肯特山，根据赤峰市学者考古发现，赤山位于大兴安岭南端浅山区，今阿鲁科尔沁旗与巴林左旗西北50公里处乌丸山（今乌兰大坝），这也与两旗志书记载相符。

汉武帝元狩四年（公元前119年），骠骑将军霍去病闪击匈奴左贤王地，迁乌桓于上谷（今河北怀来西南）、渔阳（今北京市密云西南）、右北平（今一说为河北平泉，另一说为赤峰市宁城县西南黑城子古城）、辽西（今辽宁义县西南、北票市东）、辽东（今辽宁辽阳市城区）五郡。还有一部分乌桓人散落老哈河、滦河、西拉木伦河以南和大小凌河流域等广大地区。

这时乌桓与汉王朝保持松散的从属关系，乌桓大人仍保持着自己的统治权力，但也未能够完全摆脱匈奴的控制，并向匈奴单于纳“皮布税”。其时而助汉攻匈奴，时而协同匈奴掳掠汉民。

这就形成了乌桓、汉、匈奴复杂的“三角关系”，汉昭帝始元六年（公元前81年）以后，乌桓逐渐强盛起来，其首领下令把匈奴单于坟挖开扬骨（在宁城西北地区），报被冒顿所破之怨恨。为此，匈奴单于发二万骑兵东征，大破乌桓。昭帝元凤三年（公元前78年）汉大将军霍光派度辽将军范明友出兵辽东击匈奴，未找到匈奴兵作罢。以“兵不空出”为由，遂乘乌桓不备之机，斩杀其兵将6000余人而归。汉宣帝神爵四年（公元前

58年）乌桓乘匈奴贵族内讧之际，出骑兵袭击匈奴东边（锡林浩特为姑夕王之地），掠夺不少财物而归。西汉政府下令，不让乌桓向匈奴交纳“皮布税”，乌桓也拒绝交纳，遭到了匈奴残酷镇压。王莽辅政时，匈奴按旧例派使者到乌桓首都索取税，同时还有一批贩卖的人口、牲畜。一些头头也跟着来到了乌桓地区，连观光带做点买卖。乌桓大人拒绝交纳并向使者说：“奉天子诏条，不当予匈奴税。”匈奴使者大怒，把乌桓大人给绑了起来，头朝下吊在树上。同时匈奴派左贤王骑兵进行残酷镇压，杀死许多乌桓官兵平民，并掠夺不少财物和近千名青壮劳力、手艺人、妇女等。

王莽篡位改国号后，屡征乌桓人充当炮灰戍边，乌桓人不服蒙古高原水土，又害怕久屯不归，请求返乡。王莽新朝不准，一些反抗者尽遭杀害，迫使一部分乌桓部落的人反投靠匈奴，并屡与匈奴反戈扰边，特别是代郡，深受其害。

汉光武帝建武二十一年（公元45年），武帝派遣伏波将军马援挂帅，率三万骑兵，出五阮关（河北易县西北紫荆关）奇袭乌桓。乌桓大人提前得知密报逃走。马援追击到关外数百里，斩百余首级而还。

次年（公元46年），乌桓趁匈奴内乱及遭蝗灾饥荒之际，猛击漠南匈奴王汗地，迫使匈奴北徙千里“漠南空地”。从此，乌桓完全摆脱匈奴控制。

乌桓大人击败匈奴后，光武帝赐给乌桓大人好多财物，利用各种手段收买笼络乌桓人。建武二十四年（公元48年），乌桓派使者到雒阳，申请为汉朝蕃臣属国。

第二年（公元49年），辽西乌桓大人郝旦亲率臣僚、部落首领922人到雒阳献贡，带去大批山珍、皮货、牲畜送给光武帝。汉朝上下齐欢迎。光武帝亲自召见，隆重接待，并派大臣引领其到皇都周围参观、考察、学习，对其大加封赏。双方达成不少意向，汉朝同意乌桓向汉边靠拢内迁，进行文化交流、互市。自此，两国多年边塞之禁被打破，于是又在汉边设立了“辽东、辽西、右北平、渔阳、上谷、代郡、雁门、太原、朔方”九个边贸地，还有几个小关口也对乌桓开放。

鲜卑在乌桓内迁后，也随之南下，到了乌桓故地。留在塞外的乌桓人依附了鲜卑，但因地缘关系，附叛无常。如渔阳乌桓归附鲜卑后，于永平年间复叛。

光武帝在册封乌桓渠帅的同时，采纳班彪的谏议，复设护乌桓校尉，管理乌桓鲜卑的赏赐发放、质子人员和经济贸易（互市）三大事务。自建武末，历明、章、和三帝（公元58—105年）边塞无事，各项工作和谐，两国人民安居乐业，富足安康。

东汉灵帝（公元168—189年）初，乌桓形成了几个政治集团：上谷乌桓大人难楼有众9000余落（帐）自立为王；辽西乌桓大人丘力居有众5000余落（帐），自立为王；辽东乌桓大人苏仆延有众1000余落（帐）自立为峭王；右北平乌桓大人乌延有众8000余落（帐）自立为汗鲁王。在诸部乌桓大人中，辽西最强。公元190—193年间丘力居死，儿子楼班年少，侄子蹋顿能力强，文韬武略都不错，代立为大人，总领辽东、辽西、右北平三郡乌桓，这就是史书记载的“三郡乌桓”。

这些乌桓大人虎居汉朝东北边塞，经常参与东汉末年军阀之间的争斗战争，成为汉王朝的边境祸害、社会不稳定的因素，并且成为汉朝地主武装集团竭力争取对象。

汉献帝初平四年（公元193年），三郡乌桓乘汉朝天下大乱之际，齐力联合发兵，破幽州，掠夺汉民万余人和大量财物。当时正是公孙瓒与袁绍争夺河北地区霸主地位时，三郡乌桓出兵增援袁军，共同消灭了公孙氏。袁绍为了笼络三郡乌桓，拜蹋顿为大单于，又把自己的女儿嫁给了他。在中原割据战争中，乌桓人成为袁氏集团支持者。

公元200年，曹操在官渡之战中全歼袁军主力后，随后在公元205年击败袁尚，斩杀了袁谭。袁尚、袁熙不甘心失败，带十万兵众逃到三郡乌桓之地，准备盘踞辽西，意欲东山在起。曹操认真分析形势，清楚看清袁氏二子用意，提出亲自率军东征。在会上，许多谋臣、将领表示不支持，原因是袁氏变为流寇不足为患，乌桓人素来贪而无信，不可能为袁氏所利用。其最担心主帅远征，南边的刘表集团令刘备袭击许县，这时谋臣郭嘉力排众议，以独道见解说服大家，提出：如果击刘表，北方会空虚，袁氏必联合乌桓全力进攻北方，刚刚平定下来的局面会重新动荡。至于刘表，只会空谈。另外，刘表自知才能不如刘备，不会让刘备带兵出征，担心大权旁落。聪明的曹操采纳了郭嘉的意见。

曹操于公元207年春挥军北进，五月到易县时，郭嘉对曹操提出建议，兵贵神速，千里击敌，如果行动太慢，会被敌方探子发现，延误战机，应把重装留下，轻装日夜兼程，打他一个出奇不意。曹操采纳了郭嘉之计。

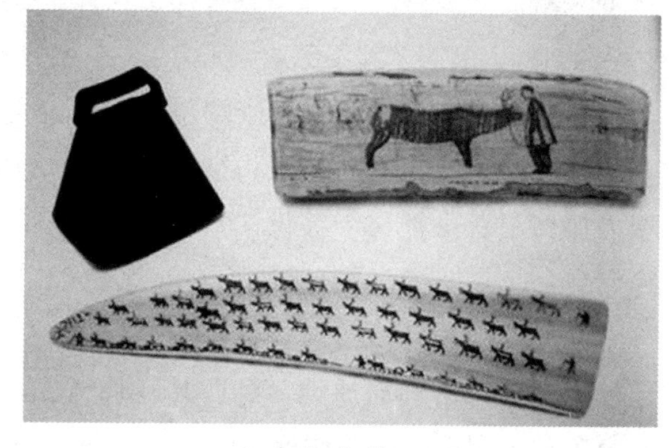

东胡文物

行军到蓟县时，正值雨季，道路泥泞，行军极其艰难。在曹操为难着急的时候，当地的名流人物田畴献计说："咱们走这条路年久失修，水坑河沟太多，特别一到秋季积水太多，车不能行，舟不能浮。不如走古道，出卢龙塞（今喜峰口的辽冷口），经平冈（辽宁凌源西南、宁城西）可达柳城西（今辽宁省朝阳市西），不过已有两百多年无人走了（今天的110国道），找几个乡人带路可行，距离要比其它路近了好多。"

为了迷惑乌桓侦察兵，曹操派人做个牌子立在路旁，上书"方今夏暑，道路不通，且候秋冬，乃复进军"。乌桓路探回报给大人，乌桓大人信以为真。

曹军在向导的带领下，很快行到距乌桓都城柳城不到二百里地方，被三郡乌桓联兵发现。乌桓首领蹋顿与楼班、能臣抵之以及袁氏兄弟仓促调集部队应战。

八月初，两军会战于白狼山（今辽宁省朝阳市喀喇沁旗左翼蒙古族自治县大城子镇东10公里一带）。当时曹军为轻骑，乌桓铁骑人多势众，曹操将士左右有惧色。曹操和谋士们登高观察敌情，见敌阵不整，散漫无形，命久战沙场的猛将张辽为先锋，自己断后，居高临下向乌桓军发起猛烈进攻。经过一天的激战，乌桓联军被打得溃不成军，开始向今朝阳方向败逃。曹操指挥全军乘胜追击猛打，不给乌桓半点喘息机会，斩杀了单于蹋顿和各部族首领十几位，攻入柳城，城内20万胡汉兵民投降曹操。

袁尚、袁熙看到大势已去，带领部下同辽东单于苏仆延投奔辽东公孙氏集团。诸将建议曹操伐辽东，而曹操拍着胸脯对众将说："我正好用公孙康之手杀袁尚、袁熙，就不劳众位兄弟了。"九月初，曹操率大军南还。

果不出曹操所料，公孙康刚与袁氏兄弟见面，就下令把袁氏兄弟和苏仆延一同杀掉，派人把人头交给了曹操，附书信表示归顺。有人问丞相为什么，曹操神秘一笑说："公孙氏一向惧怕袁氏。如果我们攻打，他们会合起来抵抗；我们不打，他们会自残。"

自此以后，乌桓势渐衰落，辽东、辽西、右北平三郡乌桓被曹操内迁外，其他部落尚居原地，到西晋，长城外大部分旧部归附融入鲜卑的慕容氏、宇文氏、段氏统治集团。

八、小种兴起，统一南漠

西天已归檀石槐，小种又起轲比能。
业绩不亚当年主，驰骋大漠五十年。
曹魏头痛难敌手，派出刺客杀英顽。
边关稍安无多载，铁戈金马又犯关。

檀石槐的鲜卑军事联盟分裂后，到魏文帝初年，大漠之南云中郡，（内蒙古自治区托克托县以东），有鲜卑人的三个集团：一个是檀石槐后裔步度根集团，拥有部众12万余人，占据云中、雁门一带广大地区；二是出自小种鲜卑的轲比能集团，拥有部众10万余骑，盘踞在今山西高阳（今高柳）以东代郡（今和林格尔）、上谷（今怀来）边塞内外的广大地区；三是原属于东部大人弥加、索利、厥机等所率领的若干小集团，分布在辽西（今辽宁朝阳）、右北平（河北唐山）、渔阳（今北京密云西南）。此外，在西北、东北还有一部分鲜卑小部落。

上述三大部落，轲比能集团最为强盛。

根据陈寿所著《三国志》记载，轲比能确实是当时的英雄人物，举足轻重。

轲比能曾经充当大首领步度根的左膀右臂，设计杀死了鲜卑部落中小有势力的扶罗韩首领。扶罗韩是步度根的亲戚，由于争夺地盘，与步度根产生仇隙，在一次部族大会上，按着步度根的想法和打算，轲比能突然动手当场杀了毫无准备的扶罗韩，并把其部众收为己有，包括扶罗韩的弱小儿子泄归泥。收敌子为部下在汉族中是大事，但在北方少数民族中不足为奇。

轲比能有很多优点：一是雄健果敢；二是在部族内部处理事务大公无私；三是自己廉洁清政，不贪财，只贪色。在战争中抢来的人口、财物，

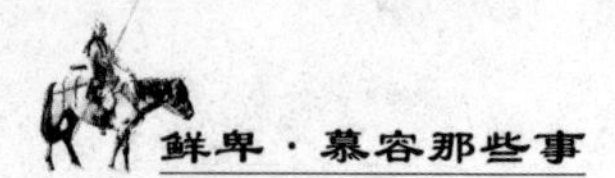

全部分给下属各部，按劳按功进行分配，自己一点也不多占。文献记载“终无所积，故得众死力”。由于轲比能有这样的人格魅力，不仅鲜卑人团结在他的周围，就连靠边境外的汉人也前去投奔。文献记载“中国人多之叛归之，教作兵器铠楯，颇学文字”。由于中原战乱，农民纷纷起义，失败后逃之鲜卑地区，轲比能是来者不拒，全部收拢。他挑选了一些有文化有技术的人才当老师，让鲜卑人学习汉文化，并建立各种行之有效的制度；还让有技术的手工业者，制造生产工具、兵器、马具等。

经过几年的学习和大搞军事、经济建设，这个民族的实力得到了空前发展，羽翼丰满起来，于是对生活富足、文化五彩缤纷的中原投入渴望的目光。他开始治理内部，“勒御部众，拟则中国，出入弋猎，建立旌麾，以鼓节为进退”。经过几年的军事训练，军势力量非常强大。一开始，他对曹魏集团还心存畏惧，还亲自带兵帮助曹操平定内乱。其带3000骑兵随曹操下属的乌桓校尉兵团前往河间镇压田银、苏伯起义军。随着北方战事的平定，曹操开始集中兵力渡江作战，把精力集中在统一南方政权之中。这时，轲比能认为机会到了，公元218年，被曹操集团迁到中原的乌桓人开始作乱。轲比能也与他们遥相呼应“助为寇害”。曹操闻报后当即下令：“以鄢陵侯鄣为骁骑将，北征大破之，比能走出塞。”这一战打得轲比能心服口服，没有了脾气，再也不敢有异心了。

鲜卑诸部在东汉末到曹魏期间，既有朝贡、互市、授册封等友好和平往来，也不时存在着矛盾冲突，扰边掠边，兵戎相见。在东汉建安年间，曹操平定幽州后，鲜卑的轲比能、步度根、索利、弥加、厥机等100余名大小头目随乌桓校尉阎柔拜见曹丞相，贡献了不少当地的土特产，请求互市贸易。曹操按着部落划地而治，对他们皆上表皇帝封为王。公元220年，魏文帝曹丕继续执行曹操时期政策，在轲比能、步度根、索利、弥加等献马朝贡时，封轲比能为附义王；封步度根、索利、弥加为归义王。

轲比能不甘心受封，而志在统一鲜卑，剪灭各部。公元224年，轲比能把步度根打得落花流水，步度根领着部众跑到太原、雁门一带避难。公元225年，轲比能又进攻索利，从而挑起了索利、步度根、轲比能三大部落之间的一场混战。

在轲比能、索利、步度根三部混战时，泄归泥在步度根引诱下，反叛逃离轲比能部落，并带走几千部众。轲比能要魏主解决，可是曹魏置之不理。

公元228—233年间，轲比能统一了漠南西部地区，据《三国志·魏书》记载“云中、五原以东抵辽水，皆为鲜卑庭”。

轲比能对曹魏王朝多次表示忠心。一次，他上表辅国将军鲜于辅说：“我夷猎色不知礼义，兄弟子孙受天子印绶，牛马尚知美水草，况我有人心邪！”这些天花乱坠，美妙可心的话，有人说是迷惑，有人说是诚服。当轲比能翅膀硬了，这些话可就不算数了，成了外交语言。

轲比能的驸马郁筑鞬横行霸道，不把上级看在眼里，随意杀害地方政府派去的官员。公元228年，曹魏乌桓校尉田豫以地方行政长官的身份惩罚郁筑鞬，轲比能知道此事，派兵围攻田豫。后来，经由上谷太守阎志充当和事佬调解了此事

索利是轲比能的大敌，归附中央政府后，曹魏马上赐爵封王。激怒了轲比能，气愤不已。

轲比能在被激怒的情况下，与步度根联合发动了再一次叛乱。尽管两者之间有矛盾，有冲突，经常大打出手，大小摩擦不断，但是，在公元233年索利死后，在共同利益驱使下，两个部落还是走到了一块。公元233年，轲比能联合步度根发动大叛乱，边境动荡，一连杀了两个边防将领和众多官员，曹魏朝野震动。

东胡用具

曹魏从根本利益出发，不希望北方鲜卑部落强大，团结在一起，相继采取不少办法，刚柔并济，让其分地划分部落而治。除离间各部落之间的关系外，曹魏还采取了一些硬性争伐等。皇初末年南牵招为雁门太守时，利用轲比能与步度根之间矛盾，命步度根出击轲比能，杀其弟直罗侯，又联络河西鲜卑附头（即蒲头）等10余落迁上馆城屯兵，牵制轲比能。当轲比能、步度根再次联合反叛犯边时，曹叡派骁骑将军秦朗为帅，领兵出战，一举击溃两部联军，泄归泥归顺魏国，并被魏明帝封为归义王。

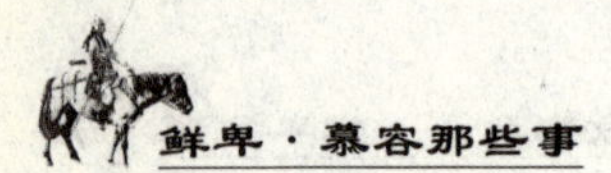

轲比能是一个手段残忍、极其狠毒的人，不成功便成仁，借兵败后退之际，诱杀了同盟者步度根。

魏明帝曹叡为了防患于未然，消除后患，防止东山再起，用春秋战国刺杀的手段，于公元235年，指示幽州刺史王雄完成这次任务。王雄派勇士韩龙出塞将轲比能刺杀，更立其弟为单于。对曹魏而言，用恐怖手段比劳民伤财出兵强。从此后，北疆好长一段时期平安无事，边境太平。

东胡用具

轲比能死后，鲜卑部落又出现“落离散，互相侵伐，强者远离，弱者请服”。由是曹魏边陲安定，漠南少事。这种情况下，魏明帝为边境安全，派大将邓艾“招鲜卑数万”，纳入魏军，安置在雍州、凉州，作为防备蜀汉的有生力量。

从此以后，轲比能治下的鲜卑的辉煌时期一去不复返了。又经过了四五十年的嬗变，新的几支鲜卑部族登上历史舞台，表演场景更宏大，画面惊心动魄，杀声阵阵，旌旗招展。

九、东部鲜卑，重振雄风

天下再无轲比能，众家部落鸟兽散。
东北鲜卑三分地，慕容服晋阳光灿。

西晋末年，中原战乱，烽烟四起，北方游牧民族乘虚而入。虽然有铁壁般的万里长城，还有连绵起伏的千里阴山，但也无法挡住马背民族的南下洪流。鲜卑人、匈奴人、氐人，羯人、羌人，在利益的驱使下，纷纷越过大漠、草原、高山，入主中原，形成了“五胡乱中华”的混乱局面。腐朽没落的西晋司马氏集团，气数将尽，经不住这强大的风浪冲击，仓皇逃到江南，苟安半壁江山。从此，中原大地与两辽、大漠紧紧地连在一起，成为“五胡”铁骑逐鹿之场所。

轲比能惨死后，东部鲜卑分为宇文部、段部、慕容部。这三个集团，起初之时，最强大的是段部，其次是宇文部，又弱又小的是慕容部。我们所要讲述的诸燕政权和吐谷浑政权，恰好是以这最弱小的慕容部为主建立起来的，开创了那个时代新纪元。

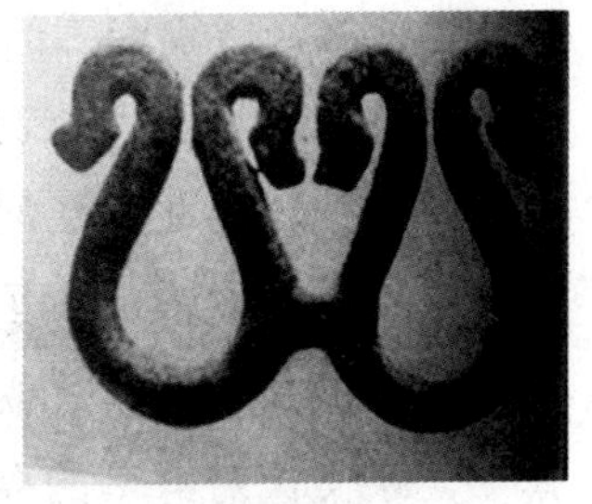
东胡文物

在强者为王的冷兵器时代，弱小的慕容氏成为王者，成了大气候。在北方的草原、大漠、黑水白山之间汉人、乌桓人、鲜卑人、匈奴人、夫余人、高句丽人、挹娄人等交插杂居，生产劳动方式不同，各有各的生活方式。在此情况下，段氏鲜卑的首领“专尚武勇”；宇文鲜卑首领老守家园，不求上进，保持传统的老方式；慕容氏面对眼前新形势，应势而动，积极学习汉文化，变邑落制为郡县制，变部落军事组织为诸军营户制，变部落土地为百亩授田制，变家族式统治为连户能者为长制度，变单纯游牧业为充分重视农业。就这样，慕容部的经济、政治、文化、军事等得到了空前发展，最终由弱变强，战胜了段部和宇文部。

东部鲜卑自轲比能死后，宇文部最先兴盛起来。宇文在百家姓61位复姓中排第26位。他们自己认为祖先是炎帝的部下，因曾经协助神农尝过百草有功，炎帝给这个部族命名为“药草”。鲜卑语读音为“俟汾”，外族称“俟汾氏”。后来他们的同族邻居若洛氏改成“慕容氏”，这个名字起得很响亮，美丽又动听，令他们很是羡慕，于是就找了一个有文化的汉族先生，征求意见。先生认为该部出自炎帝，血统要比慕容还高贵，应该换一个响呱呱的名。一开始起叫“天王”“第一王”，可是太直白了，还怕晋王朝忌讳。于是把“天”改成为“宇”，把王字换成了“文”字，组成“宇文”。

后来，北周皇帝宇文泰，为给自己的脸上贴金，吹嘘上天给他的祖先三枚玉玺，才姓“宇文”的。

经有关专家考证，宇文氏世系出自匈奴。其始祖葛乌菟是匈奴苗裔，原游牧在阴山黄河之间。据《周书·文帝纪》记载，葛乌菟“雄武多算略，鲜卑慕之。奉以为主，遂成为十二部落，世为大人”。说明其与鲜卑杂居，所领十二部受匈奴统辖。

约公元1世纪，在匈奴西迁南下时，留下十万多部众游牧在北方大漠草原、燕山南北、辽河东西，后大部分归附于辽东。经一段时间与周边民族磨合交融，形成了一个独特的部落，既与原匈奴、鲜卑、汉族有相同之处，又有相异之貌。这部分人游牧到辽河上游定居后，“自号鲜卑”。宇文氏对鲜卑的存在是认同的，在长期的交融过程中，生活习俗逐渐和鲜卑一致。

宇文鼎盛时期的领地，西起濡东（今滦河东），东至柳城（今朝阳），北至老哈河、西拉木伦河流域（即西辽河上游地区，也就是今承德、围场以东，内蒙古赤峰市敖汉旗、喀拉沁旗、松山区、翁牛特旗、阿鲁科尔沁旗、巴林左、巴林右旗、林西县及通辽开鲁县）。初建牙帐于紫蒙川（今朝阳市西北），后被慕容部击败，一部分归慕容部，一部分流窜于英金河流域燕山、七老图山及大兴安岭尾段南坡和西拉木伦河流域、松漠之中，改头换面演变成了契丹人和库莫奚人，并建国长达280余年。还有一部臣属北魏拓跋鲜卑。北魏末年，宇文势盛，部族首领宇文泰专政西魏，其子宇文觉取代西魏，建立北周。

段氏亦是东部鲜卑一支，其民族成份复杂。东汉末年，由辽东西迁，分布在今锦州一带。在三国曹魏到晋初时势力最强，公元4世纪发展成为东部鲜卑最强的部族。西至渔阳（今北京密云西南），东至辽河，北到宇文、慕容边界。

据说段氏始祖社会地位较低。有一个叫日陆眷的鲜卑人，长得身材魁伟，但命运不济，兵荒马乱年代被卖到渔阳乌桓大人库辱官家当家奴。时年渔阳大灾，日陆眷随主人到了辽西一带做买卖。他学有长进，攻于心计，见识高远，经过几年打拼，交了不少好哥们。后来他独树大旗，另起炉灶，招降纳叛，吸收辽西各地的鲜卑人、匈奴人、乌桓人、汉人等，形成了自己势力，组建起了段氏鲜卑集团。

其形成较晚，实际是纠集各地流民而形成的势力。当时因为中原战乱，汉人流亡到辽西的甚多。在这股新兴势力中，虽然段氏占比例较大，但还是鲜卑人占大多数，故效仿邻部鲜卑以部落为部。

日陆眷死后，其弟乞珍代立。乞珍死后，子务目尘接班。段部起初的治所阳乐（今辽宁省义县西南），三国曹魏时期移至河北卢龙县东，以令支（今河北迁安西）为中心，拥兵5万骑，统治胡汉三万余家，称臣西晋。

段部在与中原、东北的军事斗争中颇有建树。公元4世纪20年代，段部在大凌河流域修筑很多城堡，与慕容部进行多年拉锯战，组织联军大战慕容部，长时期未分胜负。公元356年，被前燕慕容氏所灭，共历4世，11主，约100年左右，其后大部分融入中原，另一部分成为前燕子民。

科尔沁沙地南缘大青沟风光

慕容部是鲜卑部族中重要的一支。文献记载“慕容廆……其先有熊氏之苗裔，世居北夷，邑于紫蒙之野”。按此说法其是黄帝的子孙。

慕容鲜卑也是檀石槐联盟成员，檀石槐死后，部落瓦解，慕容部加入辽东鲜卑集团。

鲜卑走出大鲜卑山，不断向西南迁徙，分布于西辽河上游地区和科尔沁沙地南缘。在向四周发展过程中，与汉、夫余、匈奴、高句丽等民族不断融合。

慕容之姓在百家姓里排在复姓第28位，其来源一种说法是来自鲜卑姓。“慕容”氏本姓“若洛”，在鲜卑语中为“富有”“繁荣”之意，变为汉语为慕容语音。又一说法是来自头饰“步摇冠”。燕国时东北民族多戴名为“步摇冠”的头饰，慕容部头领莫护跋非常喜欢，宫人多佩戴，大伙经常呼叫“步摇”，其后音讹化为“慕容”。但日本学者白鸟库吉从语音考证，认为“慕容”与“步摇”相差较远。第三种说法是部落首领莫护跋仰慕汉文化，听从幕僚之建议，以“慕二仪之德，继三光之容”为出处，将“慕容”定为姓氏。

鲜卑文物

曹魏时期，莫护跋率领部众曾经到达过渤海之滨的辽西地区，但初以游牧为业，哪里水草好就到哪里去，飘忽不定，来去匆匆，到处流浪。

在莫护跋带领部众游牧的时候，看到汉王朝和邻族的发展，常想找一个靠山来壮大自己势力。公元238年，曹魏派司马懿讨伐辽东公孙渊，莫护跋这时有了表现的机会。三国时期，辽东地区存在一个公孙政权，创立者是公孙度，死后由其子公孙康、公孙恭嗣位。公元228年公孙康儿子公孙渊杀掉叔父公孙恭自立，自称太守。

公孙渊表面臣服曹魏，但在背地里积极备战，拉拢东北少数民族，以图摆脱魏国控制，时间一长被识破。公元237年魏明帝出兵攻打公孙渊无功而返。公孙渊明目张胆地自立为燕王。

诸葛亮病死在五丈原后，魏蜀战争告一段落。魏国把第一名帅司马懿调回，派他带领大军再次征讨辽东公孙渊。司马大部队水陆并进，挥师辽东，直取公孙渊老巢。

魏国令莫护跋带领所部人马，从陆路攻击，同时还命令高句丽部队出征。魏军没费吹灰之力打破了辽东城池，公孙渊向东南突围被杀于沈阳太子河（梁水）。这次作战，莫护跋冲锋在前，作战积极勇敢，得司马氏的赏识。另外，司马懿为了对自己今后夺权有帮助，对其用心笼络，于是竭力向魏明帝推荐，加封莫护跋为率义王。

从此，慕容氏视司马氏为宗主。公元238年，莫护跋率部众从彰武北叫大栅栏（今大青沟南）的地方迁往棘城（今辽宁省朝阳市北票章吉营乡三官营子遗址）。据文献记载：为了搞好关系，莫护跋带领1000余亲信，带着马2000匹、牛羊5000只、貉皮1000张、虎熊豹等兽皮1000张、名贵药材、土特产品（小米、大黄米）40驮，向魏明帝和宗主司马家族进献，受到隆重欢迎。

公元241年，莫护跋病逝，其子木延接任。上任后就奉魏国的调遣，辅助魏大将毌丘俭东征高句丽。因作战有功，受到了魏的封赏。曹魏消灭了公孙氏，占领了辽东以后，在东北设平州，下辖辽东、昌黎、玄菟、带方、乐浪五郡，置东夷校尉于襄平（今辽阳市西）。由于曹魏统治中心在中原，对辽东经营管理差一些，为此，高句丽借机扩大在辽东的利益，不时抢占土地，掠夺资源。魏受不了了，朝野惊骇，急派幽州刺史毌丘俭带军讨伐。

公元244年，毌丘俭领兵数万，在玄菟郡誓师（今抚顺市劳动公园），令木延随军出征。

毌丘俭包围了高句丽国都丸都山城，采用“束马悬车”的偷袭办法，攻破山城。高句丽战败，元气大伤，自此臣服。

魏王朝对毌丘俭大加封赏。因功封侯者达百余人。慕容鲜卑首领木延被封为大都督、左贤王。

木延死后，由其子涉归承袭。在战争中，涉归因帮助魏王朝保全柳城（朝阳市西南柳城镇），被封为鲜卑单于。

涉归当政后于公元281年带领部众迁到辽北彰武（今彰武县北大青沟南边，即科尔沁沙地南缘）。十月，又带领部众越边游牧到昌黎。公元公元283年，涉归战死，按部族的规则，涉归死后，应由其子慕容廆接替首领的位子。但涉归的弟弟、慕容廆的亲叔慕容耐认为廆年龄小，不能胜任为由，自己当上了首领。为了防止侄儿上台，他准备杀掉慕容廆无奈风声走漏。在万分危急的情况下，慕容廆潜逃到辽东郡一个叫徐郁的汉族朋友家里躲起来，才免遭迫害。不到一年的时间，内部同族把慕容耐杀掉，又把慕容廆从辽东接了回来，在部众的拥戴下登上了首领位子。

东胡文物

公元289年，慕容廆率部众迁徙于徙何青山（今辽宁省朝阳市东95公里处，锦州东、义县西）。

公元294年，慕容部重返大棘城（今北票章吉营子乡三官营子遗址），开基立业，主宰辽西。

第二篇

看辽西慕容崛起五燕烟云

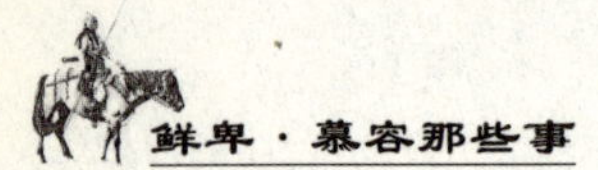

一、奕洛𫍽横空捭西又击东

慕容奕洛𫍽，出生沙地缘；
年少熟刀马，登位不怕天。
报仇不随愿，挥骑掠汉边。
荡平夫余国，遭到天朝谴。

公元1年的某一天傍晚时分，在内蒙古东部鲜卑山南坡北边，科尔沁左翼中旗西哈古勒河附近的高山下，一派人欢马叫、气象万千的场景。西下的夕阳，放出万道光芒，晚霞贯长天。地下星罗棋布的毡帐，炊烟轻漫，围在部落周围。

就在这时，一个奇迹出现了，霞光四射天空，从天外轻轻飘来一片雪白耀眼的云彩，人们情不自禁地抬头仰望，只见在云头上贮立着一位武士，牵着一匹银色的白马。武士身着放金光的铠甲，手提亮银枪，马背佩戴金鞍银缰，仰天长啸之后轻缓缓地落在鲜卑山一处高峰。不一会儿功夫，武士骑着白马自山顶飞驰而下，到了部落跟前。刹时间，男女老少欢声雷动，以为天神下凡，前呼后拥把武士拉入毡帐，奉为慕容氏的首领。

这段故事是说慕容廆十一世祖乾罗的神话。曾在《魏书》《书钞》《太平御览》等文献中都有过记载，“乾罗忽夕，著金银襦铠，乘白马金银鞍勒，自天而坠，鲜卑神之，推为君长”。

乾罗十一世孙慕容廆（奕洛𫍽）是继檀石槐、轲比能之后，鲜卑的又一个英雄人物。如果说檀石槐、轲比能是鲜卑的古代草原雄王，那慕容廆就是一个随潮流乘势而上，站在潮头前沿的时代英雄，演绎出波澜壮阔的历史画面。

慕容廆在东北纵横捭阖、东争西闯四十余年，以辽西朝阳地带为根据地，以无坚不摧的慕容铁骑的军事实力为基础，以中原汉民族精神物质的文明为发展动力，在短短的几十年中，把弱小的慕容鲜卑迅速发展成为雄居东北的重要军事割据势力，为前燕政权的建立奠定了坚实的基础。同时，也促进了鲜卑与汉族的关系和谐，为稳定东北地区西南部的社会秩序，开发和建设辽西地区，作出了突出的贡献。

慕容廆是前首领涉归嫡生儿子，从小生活在一个令人仰慕、受人尊敬的首领之家。12岁时已是身材高大，气宇轩昂，豪气凛然的东北虎子。有一次父亲领着他到幽州都督安北将军张华家里作客。张将军文武兼备，又是一个懂得相术之人。他看到这个小虎羔子一样的鲜卑青年，脸上英气勃发，体魄魁伟，行动稳健，语言铿锵有力，处事不卑不亢，不由赞叹说："真将门虎子，年少有为，君至长必为命世之器，匡难济时者也。"分手时以礼品相赠，出门时拉着慕容廆的手，依依不舍，并把头上的围巾摘下来围在慕容廆的脖子上。

慕容廆所处的年代正是中国历史上的西晋时期。司马氏集团剪灭魏、蜀、吴三国集团后，建立起来一个新的封建王朝，结束了国家长期四分五裂的局面。晋朝出台并实施一系列适应集团发展，顺应潮流的重大举措，短时期内出现了国家安定、经济发展、人民幸福的大好局面。

中国的历史复杂多变，沧海桑田。但经常重复这样一条定律：每当中央政局稳定和谐时，周边的少数民族政权、部落统治者也跟着和平。在中原经济影响下受益，有时得以长足发展，强大起来就对抗中原，然后遭到打击；中原政局动荡时，实力较强的少数民族统领者往往开始图谋扩张地盘，眼馋中原的大好河山。在一个安定团结和平共处的大环境下，慕容廆刚被推举为首领，对国内外政治形势不清，目光还不够远大、开阔。他上任的第一件事就针对宇文部族对父亲的多次欺侮、攻击、掠夺财物等不友好行为进行报复，决意发兵报仇雪恨。为此，他写给西晋王朝一封表文，请求同意他的意见，批准这份文件。但西晋朝廷不同意，下发通知给他，要求他们只能友好相处，不能阋墙。晋朝这种以和为贵是对的，也在情理之中。可慕容廆认为不给面子，对此，也是耿耿于怀，怒火攻心，认为晋朝皇帝袒护宇文部，心中也就把晋朝列为敌对势力。他背叛了祖训和祖宗一直对中原王朝忠顺友好的传承，亲率铁骑经常窜入辽西腹地，烧杀掠抢，无恶不作，为所欲为。

晋朝正当中兴，对于一个属族的胡来是绝对不会容忍的，急令幽州部队，与慕容廆军对阵于淝如（今河北省卢龙县北），展开一场大战。结果慕容廆大军中计被围大山中，被打得落花流水、丢盔解甲。慕容廆仅带百余名士兵，杀出一条血路才逃回老巢。

西晋王朝的第一次沉重打击，并没有使这个血气方刚的小伙子清醒过来，反而不思悔改，更加仇视晋庭，更加变本加厉。经常率兵对昌黎（今朝阳）等辽西地区进行掠夺骚扰，后来又带兵去打东部地域宽阔广大的夫余国。

夫余国的都城在今天的吉林省吉林市团山子地区。汉魏时期，夫余国的中心在今天松花江流域的平原地带。其疆域南与高句丽接壤，东与挹娄（即今天的三江平原一带）接边，北达弱水（今第二松花江和黑龙江中下游的平原地带），西与燕秦汉长城以北地区比邻（今辽宁省新宾县以北，今浑河、辉发河上游分水岭一带）。

公元2世纪，索离国庶出王子东明渡大水南逃，建立夫余国。西汉太初元年，司马迁著《史记》将夫余记在《货殖列传》之中，这是“夫余”第一次出现在文献中。慕容廆攻击夫余，给这个国家带来了严重破坏。

公元285年，西晋太康六年，慕容廆亲自带兵攻打夫余，由于晋平州东夷校尉鲜于婴未出兵相救，夫余王城被攻破，夫余王自杀，王公大臣逃亡沃沮（今延边、晖春一带）。慕容廆对夫余国进行了地毯式扫荡掠抢，掠走五万余人和大量财物。将认为有用俘虏的安置在今朝阳以北敖汉、建平、凌源一带，其余卖与中原地区为奴隶。

西晋武帝司马炎得到这一消息后，非常震怒气恼。夫余王国一直对晋王朝忠心耿耿，贡物不绝，关系是一直友好密切。遭到慕容氏灭绝性的侵犯时候，作为宗王一点也没帮上忙，司马炎面子上有些挂不住火，内心也觉得不够意思。晋武帝下诏书说：“夫余王世守忠孝，为恶虏所灭，甚愍念之。若其遗类，足以复国者，当为之方计，使得存立。”

西晋武帝经过反思，为确保东北地区稳定安全，彻底追查援救夫余不利导致夫余国灭亡的责任，严厉问责东夷校尉鲜于婴，将其就地革职法办。

晋武帝权衡利弊，调任何龛为东夷校尉。何龛上任后，到处寻找夫余王依虑的后人和逃亡的王公大臣。最终，在图门江边上的珲春地区找到依虑的儿子依罗。何龛派都护贾沈护送夫余王子依罗返回故土，在半路上遭到慕容廆派去的大将孙丁重兵拦截，西晋都护贾沈率兵迎头痛击，打得孙丁大败而逃，退回老巢。依罗在何龛的帮助下，收拾旧部，重振河山，在废墟上重新建立国家，史称“夫余复国”。

夫余人口因战锐减，武帝司马炎下令，司冀二州“禁市夫余人口”，并且将许多卖在中原的人赎回去。这样一来，夫余国逐渐恢复过来。夫余国有了西晋这个靠山，慕容廆也没敢再犯。

二、雄居东北，附晋称王

坐地成佛金不换，痛改前非变新颜。
抱定乌柱认真主，远交近攻得妙传。

西汉时期，东北诸郡县隶属幽州。东汉末年公孙度割据东北地区时，开始控领辽东、玄菟和乐浪郡，自己称平州牧、辽东侯又自辽东分置辽西、中辽二郡。到其子公孙恭时，又增设带方郡。曹魏消灭了公孙政权后，在东北一度仍置平州，五郡分别是辽东、昌黎、玄菟、乐浪、带方五郡，后废。

西晋在东北设平州刺史，掌控军事者为东夷校尉，机构所在地为襄平（今辽宁省辽阳城区）。平州刺史与东夷校尉是有区别的，平州刺史负责管理各少数民族及汉人属部事务；东夷校尉管理整个东北军事工作。两者一人，实质某种意义为“东北王”。

平州自古以来就对中原王朝意义重大，中原各个王朝统治者都非常重视。清朝史学家金毓黻这样论述“晋之初……夫辽东郡为东北隅中心，自燕两汉已然，东控朝鲜，北拒肃慎、夫余，西制东胡，实为中国左臂。故辽东郡存，则东北诸夷不敢生异心，辽东太守得人财可威慑东夷，以极一方之保障”。

慕容鲜卑部，开始只是平州地盘上的最弱的势力，低于其他部族。与晋朝更不在一个水平线上。

慕容廆当政后，凭着初生牛犊不怕虎的精神和斗志，掳掠汉边，攻击宇文部和夫余国，而后又与晋朝发生两次较大军事冲突等一连串不友好行为，均惨遭失败，损兵折将，影响了他在部众中的威望，给慕容集团内部蒙上一层抹不掉的阴影。

慕容廆是一个聪明的人，经过几次战争，随着年龄的增长，他心平气静地坐下来，与各部长老认真总结经验教训，征求各方面意见，查找失败的原因，得出重要一条，就是自己与自己的集团，无论从人力、物力、财力都不能与晋朝这个大集团相提并论，对抗就是没有好果子吃，只能附首亲近，处理好各方面的关系，才能给自己集团带来长足的发展，自己在部族内部才能有威望，首领的位子才能坐久。

就如何处理好与晋王朝的关系问题，慕容廆召开了由部落长老、下属、部众参加的专门会议，并把晋朝的使节请来，他就今后如何工作作了长篇发言。主要内容：我们世代受晋朝帮助、支持、恩惠，不能忘记。我们的祖先世世代代忠实服从于中央王朝调遣，服从管辖，我们才有了今天，今后我们应更要团结在司马炎为首的中央周围，振兴我们的部族，再也不做坑害百姓和相邻部族兄弟的蠢事了，也请部族兄弟谅解。

思路理清后，慕容廆马上开始行动。公元289年四月，慕容廆派人带大批贵重礼物，面见晋朝皇帝。把事先写好的汇报文书呈上，表示归顺，俯首称臣，永结秦晋之好。晋武帝看后，认为慕容廆是诚心诚意，大为高兴，权衡利弊，当即下诏封慕容廆为鲜卑都督，负责管理东北地区的各鲜卑部族的一切事务。

在取得上层统治者的谅解加官进爵后，慕容廆马上转过头来去拉拢、摆平与辖地平州各机关的关系。

一天，慕容廆带好礼物和随从，去晋见东夷校尉何龛。为表示自己真诚附汉王朝，他特意制作一套汉族文人的普通文化服装穿上，准备行士大夫礼仪。何龛听报，一向不知礼节、桀骜不驯的慕容廆打扮规规矩矩地前来拜见，不知道他又搞什么鬼把戏，顿起惊异，为谨慎起见，马上命左右增加卫兵，严加警戒。慕容廆一行刚到校尉衙门口，一看戒备森严如临大敌一般，立即退了回去，找了个方便的地方脱下礼服，更换上提前准备好的甲胄，威风凛凛地走进衙门大厅。事后有人问慕容廆为什么中途换衣服？他说："既然主人对慕容人不信任，不礼貌，不当朋友看，咱何必热脸要贴人家冷屁股呀！"这事后来传到了何龛的耳朵时，觉得自己过于敏感，有失大将的风度，很是惭愧。另外也对慕容廆懂汉礼，进退有度，机敏过人的作法很是佩服。

慕容廆突出的功绩表现在为晋王朝大力维护辽西、平州的社会和谐稳定上。

公元301—302年两年间，辽西地区大雨连绵，百年少见，庄稼颗粒不收，牲畜死亡过半，乞讨到处可见，饿殍遍地。这种情况下，慕容廆不等不靠，积极投身到救灾中去，把自己的粮仓打开，设粥棚，赈济贫苦百姓。前后两年，救活的灾民数以千计。不但当地百姓感恩戴德，也深受晋王朝的称赞，并通报嘉奖，又援助了一些物资。

辽西、辽北地区其他一些鲜卑部落历史上就盛行抢掳之风，特别是势力较强的段部和宇文部，借灾难之际，有组织地疯狂掳抢，给整个社会带来了很大的危害。慕容廆不辱使命，上报朝廷后，积极行动起来，当仁不让，全身心履责，下文书，下通告，下布告好言相劝，尽力安抚，不从者以武力打击。

公元302年秋，宇文部的屈云对辽西西北部进行了明目张胆地抢掠；另一部素延也带部众疯狂抢掠其他鲜卑同族，慕容廆先礼后兵，在劝说无果的情况下，动用武装部队狠狠地教训了他们一下。这下也惹恼了宇文部的首领，调集10万人马，直逼大棘城下，扬言踏平棘城，非杀死慕容廆不可，为死去的兄弟报仇。面对凶凶的来犯者，整个部落为之震惊，心存畏惧，以为大难临头。而慕容廆却不以为然，面带微笑站在城楼上，从容镇定，胸有成竹地对同僚们说："你们看素延那点出息，带来一些乌合之众，再多也没有什么可怕的，不必惊慌，跟我冲杀就是了。”说完，披甲提刀上马，率先像猛虎一样冲入敌阵。其部将紧跟其后，喊杀声震天，如虎入羊群。素延的军队第一次遇到这样的阵张，没打几下，掉头就逃，争相逃命，慕容廆追击100余里，快要到宇文部的老窝了。斩俘万余人。从此，哪个部落也不敢胡作非为了，辽西地区相当长一段时期非常安稳。

司马氏集团政权是篡夺来的，鉴于曹魏亡国的教训，晋武帝生前大封同姓王，给予军权，政权相当稳固。武帝死后，白痴的儿子司马衷当政以后，酿成西晋历史上著名的长达16年之久的“八王之乱”。中原战火连天，生灵涂炭，东北地区也卷入了混乱的旋涡之中。

晋王朝安排在平州的地方官员中分两派势力，一派以辽东太守庞本为首，依附北方军阀王浚。王浚历任幽州刺史、乌丸校尉、大都督、督幽冀诸军事等要职，是西晋镇守北方的大将。另一派是以东夷校尉李臻为首，忠于晋王室。

王浚早有篡晋帝位之心，公元309年，李臻根据中央密令派自己的儿子李成带兵攻打王浚，不料王浚的爪牙辽东太守庞本乘后方空虚，出兵杀掉李臻，半路设埋伏又杀了李成。李臻当政期间，对百姓好，与东北各少数民族的关系处理得也非常不错，所以，人缘相当好，也交了一些好朋友。他被杀后边塞的素连喜和木丸津以及西部的鲜卑不干了，以为李臻报仇为名，攻掠郡县，杀官灭吏，刹时辽东大乱。新任太守袁谦率兵讨伐，却是逢战必败。新任东夷校尉封科主和，两者互不买账，各干各的。

这时的慕容廆坐山观虎斗，静观其变，看鹿死谁手。他的儿子慕容翰对他说：“父亲要想治理一方诸侯，成就大事业，我看必须是名正言顺，遵正王室，打着中原王朝旗帜，自古以来，成功的王朝都是这样做的。不说远的，曹操就是这样干的。当前正是机会，木丸津、素连喜作乱，而平州官员又无力平定，我们正可击之，可一举两得：一者可收获他们的地盘和部众；再者又能得一个忠义之名，会得到晋王朝的封官加爵，何乐而不为？”这话一下子说到了父亲的心

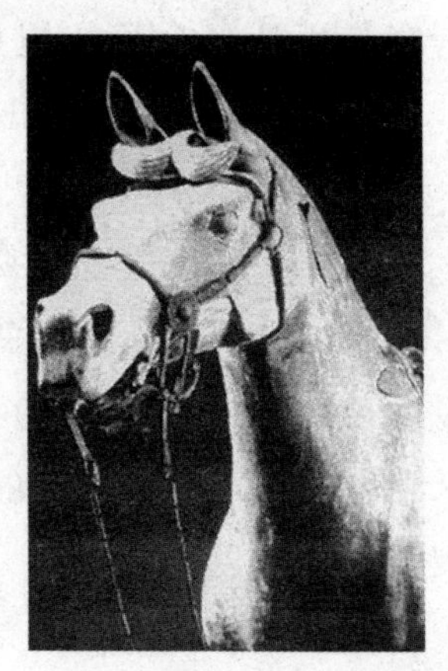
燕国战马

坎上，慕容廆大笑说：“孩子，言之有理。”几年的忧虑未解，这下他可算是如梦初醒。并确定了“遵晋兼弱，成就霸业”的方针。

慕容廆经过精心的准备，乘素、木两个集团狂妄沉醉胜利之时，出其不意，攻其不备，没费吹灰之力，全歼两个部族，把他们的地盘圈到了自己名下，把他们的部众迁到大棘城附近，辽东社会秩序井然。自此，慕容廆名声大振，晋王朝通令嘉奖，同时也成为各个部族势力争取的对象。

公元311年，大野心家王浚封慕容廆为散骑常侍冠军将、前锋大都官、大单于等，慕容廆断然拒绝。不久，晋王朝下令封慕容廆为镇军将军和昌黎、辽东两国公。他欣然受之。一个接受，一个拒受，表明了态度。

西晋灭亡后，司马懿的曾孙镇守建康（今南京）的琅邪王司马睿在江南力图重振晋室。按说之，此时的晋朝对东北鞭长莫及，可是慕容廆不那样认为，觉得晋朝那杆大旗倒不了，还会重新在中原上空飘起来。他认为司马睿是块好料，听从幕僚鲁昌的建议后，派人到江南拍一个马屁，在北方同180余人联名上书，请求司马睿即帝位。

当时由于晋怀帝还活着，司马睿未敢貌然行事，但对慕容廆心怀感激。公元317年，晋怀帝一死，司马睿登基即位。当然，他没有忘记这个夷族劝进者，马上到平州下诏书，封慕容廆为持节、散骑常侍、都督、龙骧将军、大单于、昌黎公等一大串显赫官爵。这些吓人的官衔，让慕容廆感觉压得慌，他以德薄才浅为由婉言一一辞掉了。

北方另一个割政权后赵石勒得知慕容部势力不小，也想拉拢过来，于是封慕容廆为辽东王、鲜卑大单于。他觉得东晋王朝远隔千里，不足为惧。近邻后赵力量强大，着实可怕。有一次，晋朝和后赵使者同时来棘城，慕容廆机灵一动，计上心来，他把两个使者安排在一个宴会上，双方一见大惊，弄得莫名其妙，不知慕容廆干什么，有违常理。宴会开始，后赵使者大话连篇，高傲无礼地说，请慕容大单于将东晋使者押送到后赵国，来表示对后赵国归顺之诚心，不然发兵荡平辽东。慕容廆看到人都到齐了，先嘱咐晋朝使者放心，不会出乱子的，然后站起身对后赵使者严厉地说：“吾本晋臣，岂有执天使以奉羯酋之理！”然后下令让部下把后赵使者捆绑成串送给晋使，请把他们带回建康，作为见面礼，以示忠心。

慕容廆不受晋封，是因为他羽翼还不够硬朗，得到晋王朝重视要比虚衔好。虚衔多少会遭妒，会被攻击。虽然邻居强大，不过暂时不会威胁到慕容部生存。

送走晋朝使者，他仰望长空大笑。这一招，兵书上就叫“远交近攻”，他十分得意打马回城。

三、广揽人才，中为吾用

开明政通是招牌，晋边人民纷至来。

举才量德前无古，从此慕容上舞台。

慕容廆在很短的时间取得了非同小可的业绩，对内积极采取选拔重要人才的举措，广招人才，特别是中原汉地文化知识分子。

慕容廆十分仰慕汉民族先进生产力和先进文化、科学技术，他为了实现中为己用，全面提高本民族文化科技素质，凡流亡辽西的中原人才全部留下，还派人到晋朝学习文化和制造技术。

当时，正逢晋庭“八王之乱”时期，中原战火连天，十室九空，人民饥寒交迫，乞讨之人到处可见，白骨遍野，哭叫声遍地能闻。一些幸存者四处逃亡，为躲避战乱，到处寻找一个地好人稀能糊口地方安顿下，保求活命。这样西晋末年出现了一个特殊现象，中原人口大迁徙。据调查，20%的人口迁往三北大地，辽西为首选。有史书记载“辽东辽西之地幸无兵乱，群视为桃源乐土，趋之若鹜，如水就下”。

向北逃亡的中原难民首先经过河北幽州地区。当时最高的行政长官是王浚。他认为难民给本地区带来额外的负担，派部队驱赶追杀，迫使经过此地的人不敢停留，直过山海关、古北口等要塞，到达辽西的鲜卑段部地区。尚武逞能的段氏集团，认为这些人没有用，占地盘，破坏草原山林，闲吃闲喝，所以一个不留，全部赶走。流民只好东奔到愿意收留并妥善安排他们的平州刺史崔毖和慕容集团的地盘。

比较而言，大部分流民愿意投奔慕容廆而不愿意投崔毖，主要认为崔毖汉家知识分子味太浓，自视清高，把自己当作救世主的样子。他虽位居高官，但小家子气，不大方，总指望流民主动求他。而慕容廆是来者不拒，一律收留。一般流民送钱送物，给吃给用，并安置地方定居过日子；对文人雅士、技术人才、工匠则以礼相待。不愿意留下的动员返乡送给路费盘缠；愿意留下来的量才适用，安排到各部门工作，充分发挥其作用。流民扶老携幼，举家全迁，像儿女投奔慈父一样归属慕容集团，络绎不绝，成千上万，难计其数。

慕容廆出征

另外，对本民族和夷族其他部落的流民叛逃者，慕容廆也是一视同仁。如渤海国蓨县人高瞻，率领乡亲父老几千户避难，先投王浚、崔毖不行，无可奈何的情况下，最后投奔在慕容廆门下安居定业。又如，东莱（今山东）太守鞠彭为避仇带领一千多户横渡渤海，几经周折投靠了慕容廆，也得到了非常好的安置。慕容廆还从中挑选一批人才，安排到重要部门工作。

久而久之，慕容氏集团控制的地盘、人口快速增长，流民数超过了当地的鲜卑族十余倍，达30余万人。辽东一带的人口增长15倍还多，棘城周边过去只有1万多人，到4世纪常住人口发展到20余万。

为了防止流入人口过多造成不利影响，并确保流民安居乐业，慕容廆模仿学习晋王朝的做法，设立侨乡，指定负责人，集中管理。冀州来的设称冀阳郡；豫州来的设称成周郡；青州来的设称营丘郡，并州来的设称唐国郡；朝鲜半岛、乐浪、带方来的设称乐浪郡。各侨乡委任同民族的地方豪强进行管理，如乐浪郡首任用当地汉人强族张统为太守。

史书当时是这样记载的“时二京倾复，幽州沦陷，廆刑政修明，虚怀引纳，流亡士庶多襁负归之，廆乃立郡以统流人……”。

特别值得称道的是，慕容氏集团招徕流民，不是强迫他们当奴隶，也不是鲜卑化汉人，而是发展汉族原有的封建的生产方式，并鼓励鲜卑人学习和吸收汉民族的先进经验，尽快提高本民族的各方面素质，加快各种农业生产工具、军事武器装备的改进。同时，还加强汉文化的引进，有力地推动了辽西地区社会经济文化的发展。对流入到本地区的高级知识分子、高级工匠、官吏、军士人才，慕容廆视如珍宝，积极网罗搜集，委以重任，一些有政治抱负的士大夫，在中原不能发挥作用，在这里却是如鱼得水。裴嶷，清正廉洁，富有谋略和才干，曾担任昌黎太守。他哥哥裴武担任玄菟太守。裴武死去，裴嶷同裴武的儿子裴开护送灵柩回归中原故乡，路过慕容廆的地界时，敬贤的慕容廆设摆路祭：摆好供品，写祭文宣读，随将送葬人员招待一番，离开时又送些资财和物品。当他们走到辽西与冀东交界时，逢雨季道路不通，无法走下去，裴嶷毅然回去投了慕容廆。其侄子说：“故乡在南，为什么北走？如果要寄居异乡，段氏强大，慕容弱小，为什么要到慕容那里去呢？”裴嶷对侄子说：“明摆着的道理，你看那段氏，只会舞刀弄棒，哪里知道文化的价值？哪一个是深谋大略、远见卓识的人？你看慕容廆就不同了，他深明大义，懂政治，有建立霸业的远大志向。路过时，你已经看到了，经济发达，人民安居乐业，知礼法。我们到他们那里去，既可保障家小生活安康，又可得以重新成就一番事业。”

另处，还有游邃兄弟，小有名气。王浚写信叫他出山，给他个官当当。他们权衡利弊，不但没去，反而投到了慕容廆的帐下。还有一个叫皇甫岌的博学之士，很有名气，平州刺史崔毖托人劝说，捎去亲笔信，让他作自己的长史，可皇甫岌就是不去。而慕容廆就是托人捎了个口信，皇甫岌就带着兄弟皇甫真一同去了。

慕容廆重用汉人，没有丝毫怀疑，而是放手大胆任用，在思想上，鲜卑与汉人同是兄弟，没有民族之分，所以也没有隔阂；在行动上，也没有什么羁绊。慕容廆在作战时擒了汉人将军高瞻后，想叫他出山担任将军，高瞻是汉人的名门望族，影响很大，不肯就职。于是慕容廆就亲去问候，带着礼品，徒步登门，用手拉住高瞻的手，拍着他的心口，深情地说："你的病就在这里，不在别处，现在晋朝皇室衰退，我们应共救国难，为皇室分忧解困，我们的志向是一样的，应志同道合。你不要看不起我们夷族，华夷本是同根生，只是出生地不同而已！"

慕容廆是个人才，能挖掘并抓住每个人的优点加以利用，充分发挥他们的聪明才智。

河东人裴嶷、代郡人鲁昌、庐江人黄泓、北平人阳耽等人深谋远虑，有孔明之才。慕容廆把他们当谋士，任命军师。

平原人宋该、安定人皇甫岌、兰陵人缪恺、昌黎人刘斌等文才出众，饱学四书五经，让他们掌管文化事业，充任要职。

广平人游邃、北海人逄羡、北平人西方虔、西河人宋奭和封抽等人忠义厚道，在上层社会有政治影响，于是安排他们当辅政大臣。

慕容廆集团的管理层人员来自五湖四海，高级文官八成为汉人，高中级武官中汉人占四成。每逢大事，共同商议，充分利用他们的智慧作出正确的战略性判断，作出行之有效的英明决策。

在政治建设上，裴嶷帮助制定出升降考核制度，吸引士大夫投身到政治活动中去，并通过考核晋升拴住人心，让其履责尽力。

在军事战略方面，裴嶷为慕容廆制定出先蚕食拉拢打击周围小部落，形成统一合力，然后再逐鹿中原的战略战术方针。裴嶷认为各周围的部落势单力薄，兵力也不足为患，可以一口口把他们吃掉，然后一点一点壮大实力，国力强了，剪灭邻国逐鹿中原就有资本了。就是这个人，在高句丽、段部、宇文部联合向慕容进攻时，出了个挑拨离间的计谋，让三部无功而返。

在文化方面，刘赞帮助慕容廆开办学校，负责教授官宦子弟，学习四书五经等汉地文化知识，慕容廆让自己的儿女到学校读书，还动员鲜卑首领的孩子到学校里读书。慕容廆亲自到学校听老师讲课，高兴时自己也讲上一段。他还亲自编写《家令》千余字的教课书，供学生学习。史书上有这样的记载，"平原刘赞儒学该通，引为东庠祭酒，其世子皝率领国胄来修受业焉。廆鉴政之暇，亲临听之，于是路有颂声，礼让兴矣”。

壁画“二牛抬杠”图

从上述看，慕容廆是鲜卑族有史以来难得的出类拔萃的人才，他引进吸收利用中原文化，成为后世典范。他从不同角度，通过“中为鲜用”来移风易俗，在极短的时间里从游牧原始社会进入到封建社会。慕容廆从一个野蛮血腥、桀骜不驯的部落首领转变为有见识、有才干的鲜汉兼备民族领导干部，最后成为深晓儒学、熟谙封建理论、颇有才干的复杂民族地区的统治者。

他的统治原则有四：一是断案审慎。他说：“断案判刑是人命关天的大事，不能不慎。”二是致力农业。他说：“农业生产是人民的根本，不能不重视。”三是敬重贤人。他说：“贤人君子，是国家的基石，不能不敬重。”四是严戒酒色、小人。他说：“喜欢美酒女色的人是阿谀奉承的人，是德行最大的敌人，不可以不警惕。”

他这四条原则在汉人眼里不怎样高明，语出孔老先师。古代的士大夫、文人也作过精辟的论述和阐理。但对于少数民族夷狄人来说是前无古人的。

四、智胜联军，虎踞东北

智散联军灭宇狂，一心想当东北王。
老天难遂心中愿，阖然辞世上天堂。

由于慕容廆采取一系列的正确路线、方针，政治、经济、文化、军事实力得到空前发展，成为平州地区最有实力的集团。事物的发展有利就有弊，人怕出名猪怕壮。平州的最高长官不干了，周围的同族部落眼睛通红，心里不舒服，说三道四，慕容廆面临一场狂风暴雨。

第一个来问罪的是平州刺史崔毖。他认为自己是冀州名门望族，坐镇东北多年，你“鲜卑白狄”慕容廆应该尊重我，不应该把投靠我们的人都拉过去，这以下反上不成体统。他下令要人，并指示说：你本是一个狄夷之人，有什么能力治理来自上国的汉族士庶呢？这让慕容廆非常气愤，指着崔毖使者大骂一顿，让使者给崔毖捎信。信里义正严辞地说：“我鲜卑族自曾祖莫护跋时就受到过晋室的册封，保护边疆抚慰百姓的责任与你没有什么差别。同时绝不会把投奔我来的汉族兄弟交给你崔毖”。并告诫使者：“君当修刑明政，礼儒敬贤，自有士民托庇。”使者灰溜溜地回去了。

崔毖听到回报七窍生烟，大骂不止，总感觉到慕容部是威胁。他挖空心思想出一条诡计，借担任东夷校尉的职权，进行秘密联络，挑动高句丽、段部、宇文部组成联军攻打慕容部，并答应他们事成后可把慕容部土地和子民分给他们各三分之一。

三部联军中，高句丽不是鲜卑，属于夫余分支，执政者是十五代王——美川王乙弗。这个人是一个有作为的国王，上任不久，力图扩大国土。据全富轼著《三国史》中记载，“曾率兵三万南侵玄菟郡”，

“遣将袭辽东安平”，“侵乐浪郡”，“数寇辽东边地”，还“攻破过玄菟郡”。说起来是东北地区两只虎，一只是兴安虎，一只是长白虎。一地不容二虎，早晚得打一仗。崔毖派人密谋攻取慕容时，机敏过人的美川王认为机会来了，千载难逢，让鲜卑人鹬蚌相争，自己作渔翁，何乐而不为！于是爽快地答应出兵。

公元319年秋，三部联军气势汹汹，合兵30万，包围了慕容部都城棘城。

当时慕容廆手中兵力不足四万人，加上临时征募的还不到六万人，硬打是不行的。长史裴嶷有谋略，文武兼备，建议集中兵力守棘城，另外动员群众坚壁清野。并让慕容远带五千精兵向崔毖诈降，作为内应。

面对来势凶凶的敌人，慕容廆部将要求鱼死网破，对敌猛打。汉族谋士鲁昌，鉴于战国时期多国联军攻秦之事，认为联军为利益而来。是临时纠集在一起的乌合之众，没有统一意志，个揣心腹事，各打个的小算盘，没有统一元帅指挥。所以，应“避其锐气，击敌惰归”，抓住其各部的弱点，个个击破。他对下属说，目前他们是军事初合，其锋甚锐，不可与战，当固守以自挫。慕容部按兵不动，任凭联军怎样叫骂，装作若无其事的样子，在城楼上闲庭信步。不过几天，联军内部开始急躁起来，互相猜疑。有的认为是崔毖把他们骗来的，有的说鲜卑内部斗争和高句丽无关。因语言不通，高句丽人疑心最重，将帅认为不应掺和鲜卑之间的事。

正当三部狐疑之际，慕容廆听从鲁昌的计策，派人带上酒肉，去犒赏宇文的军队。这样一来，弄得高句丽和段部莫名其妙，丈二和尚摸不着头脑，认为宇文和慕容在玩猫腻。高句丽认为孤军在人家地盘，日久天长，会劳民伤财，于是连个招呼也没跟崔毖打，相互也没串联，就把部队偷偷撤回老家去了。

悉独官率大军十余万，扎营于今辽宁北票西北四十余里的宝格老一带。慕容廆派人到徒何（今锦州）把他儿子慕容翰调回来。翰对其父亲说：“悉独官倾全部族兵马，拼死来战。我们不能硬拼，只可智取。城中守兵待机出击。我带兵秘密设伏城东北，等他们没有精神、无心作战时，抓住他们的要害，迅雷不及掩耳之势夹击，打他个措手不及。”慕容廆点头称是。

悉独官得知慕容翰在城外住扎，可能背后有麻烦，决定先吃掉他。于是调骑兵数千袭击慕容翰。慕容翰听到报告后，派人伪装成段部联络小分队，对来将说："我们是段部的情报人员，大部队已准备好，待你到，我们共同消灭他们。"悉独官派去的将领，听后高兴得不得了，未加分析，也没有怀疑，说请前边带路，不多时被带进了慕容翰的伏击圈口袋里，被一举全歼。

慕容翰乘胜挥戈反击，同时通知城里也出兵夹击。悉独官还在帐中花天酒地做乐，听逃回的败兵说：攻击慕容翰的部队被全歼，慕容廆大部队已攻到帐前，慕容翰部队已把后路切断，上马仓促组织迎战，还不等出营门，大火已蔓延全部营帐，部众乱作一团，无力回击，将士纷纷放下武器举手投降。最后，悉独官同十几个卫兵杀出一条血路，逃回老巢。

三部联军失败后，这场战争始作俑者崔毖怕真相暴露，派使者带着他的侄子崔焘到慕容廆处庆贺大捷。凑巧的是，高句丽段部、宇文部也派使者去求和，异口同声说，我们原不想干，是崔毖指使我们这样做，我们不得不这样做。真相大白后，慕容廆怒斥崔焘，并让他给他叔叔捎个信，出路只有两条：投降或逃跑回老家。

崔焘带着使者刚到家，慕容廆大军也跟着到襄平城外。崔毖知道打不过，如丧家之犬带着全家老小连夜仓惶投奔高句丽王国政治避难去了。慕容皝带着大兵一路追杀，一直打到高句丽都城丸都山城，把丸都山城团团围住。十万士兵高声叫骂："晋贼崔毖！"声如排天巨浪滚滚入城，如高天霹雷在丸都城头炸响。崔毖一伤二羞三害怕，居然活活被吓死了。高句丽国王乙弗不敢继续对抗，卖个人情，把崔毖的家小和尸体送给慕容皝，又送些金银财宝赔罪。后来慕容廆把崔毖的尸首装棺入殓，连同战利品和高句丽馈赠品分文没留全部献给了东晋元帝。

从此之后，平州辽西没有同慕容廆肩膀头儿一般高的人了，事实上成为独霸辽西辽东的王了。过去晋朝封给他一些官衔，他都以德薄才浅为由辞掉，如今翅膀硬了，又向晋朝伸手要名份"燕王"了。但晋朝内部不希望慕容廆在东北独霸一方，没有封他为燕王。

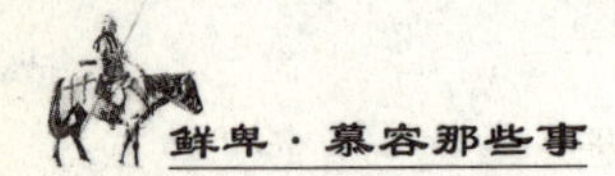

慕容廆为了得到燕王之名分，颇费不少脑筋，下了一番功夫，给晋朝管人事大臣和皇帝王公贵戚送了不少金银礼物。公元331年，慕容廆上表东晋王朝，同时给陶侃（侍中太尉）写了一封私信，给老陶戴高帽子。信中说如果是东晋要出兵扫清中原之寇，我立马出兵。我虽然位卑，但没有忘国，只要将军下令，本人亲带慕容铁骑指日随军出发。一串耿耿誓言，谁都可以看出是官样文章，中心意思是：目前国家处于多事之秋，我慕容廆从小就跟随朝廷，对皇上忠心耿耿，屡建奇功，炳彪千秋的业绩是有目共瞩的。我立志保证东北安定，为皇上出力，但现在我位卑爵轻，重望难负。现在东北各部烽烟四起，遭乱得很，正是用人之际，应给我一个燕王当当，我就名正言顺地统辖管理各部族，可师出有名去平定各地叛乱，打击匪寇，调停各部争端等，再为国家立新功。

上述密信的谜底是“封我为燕王”。

陶侃与皇帝密议后，给慕容廆回了信，说：“我本人同意你的想法，不能马上决定，待时机一到，我马上报告给皇帝，这是大事，封王得开一个大会，会后才能下诏书。”明白人一看就是缓兵之计。

封？还是不封？正当晋王朝皇帝挠头的时候，使节快马来报，辽东公慕容廆阖然升天了。这个叱咤东北的风云人物，生于269年，辞世于333年，当政50余年，享年65岁。遗憾的是没当上梦寐以求的燕王，但是，他为儿子建国称帝铺平一条宽阔的道路。

慕容廆是鲜卑一个具有开拓精神的民族精英和领袖，有着历朝开国明君的风范。当时，他的文治、武功、韬略，在东北大地上无人可比。

应该说，慕容廆是鲜卑人所建诸燕王朝第一代无冕君主，第一个燕王。

慕容廆去世后，葬青山。晋谥襄王，眺封燕王追谥武宣王，僭称尊武宣帝，庙号高祖。

五、为坐江山手足相残

兄弟为权相阋墙，刀光剑影耀战场。
弟死兄逃天无情，自古帝王都这样。

慕容廆50岁的时候，同大臣商议，定次子慕容皝为接班人。慕容廆一死，37岁的慕容皝以平北将军的身份作了平州刺史，统领各部。

史书记载，慕容皝刚毅果敢，知天文，晓地理，崇尚汉文化，十分像他的父亲，文武兼备。

刚刚拿到权柄的慕容皝知道，台上有三个人过去一直跟他搞对立，将来会威胁他执政。第一是他哥哥慕容翰，排行老大，在家族中非常有人格魅力，作战勇敢，足智多谋，出征身先士卒，冲锋在前，所向披靡，每战必胜，深受父亲喜爱。但是，他出身卑贱，是慕容皝的小妈所生，故没有当上继承人；第二是他一母所生的大弟慕容仁；第三位是一母所生的小弟慕容昭。两个弟弟父亲在世时百般宠爱，水平也与自己相差无几。父亲分给他们每人一定的军队和不小的地盘。

慕容翰深知兄弟慕容皝心胸狭窄，在以往的工作中，对他们兄弟一直耿耿于怀，登台掌权后，不会有他们的好果子吃。父亲在时他不敢妄为，上了台不等哪天就会对他们下黑手，小命难保。越想越怕，三十计走为上策，偷偷带上家小逃到段部避难，寻求保护。

慕容翰的出逃，让慕容仁和慕容昭更加惶惶不得终日。慕容仁偷偷给慕容昭写信说："我们一向恃才傲物，靠父亲宠爱居功，目空一切，常对二哥不礼貌，胡乱数落他、刁难他。二哥是一个心胸狭窄的人，刚强严肃，不苟言笑，手下的人都惧怕他。何况我们多次得罪于他，我觉得他是绝不会放过我们的。"慕容昭回信说："我们兄弟三人都是嫡出，家产地土都应有我们俩的一份，也有权当继承人。但他当权后，什么也没有我们的，我们当前应先下手为强，防止遭殃。建议我们要里应外合，举兵合击，我当内应，夺取王位。事成之后，你坐江山，给我辽东即可。大丈夫做事不成功便成仁而已，无非一死，绝不像大哥那样逃到敌国苟且偷生，有辱祖宗英名。

内探把侦察到的情况汇报给慕容皝，皝立即下令秘密抢先下手杀掉在棘城的小弟慕容昭，并派兵截击慕容仁，刚开到辽宁省盘山绕阳河时，两军相遇。仁得知事机泄漏，迅速把部队撤向平郭（今辽宁省盖县南熊岳），拉开了架式，与二哥分庭抗礼，准备与他拼个你死我活、鱼死网破。

慕容皝刚上台兄长和亲弟弟就逃的逃，造反的造反，亲兄弟这样做，慕容皝气不打一处来。公元333年底，慕容皝派广武将军高翊带5000精兵与庶弟建武将军慕容幼、慕容雅，广威将军慕容军，宁远将军慕容汗等征讨叛贼慕容仁。两军战于汶城（今辽宁省营口东南），开战头天，打得非常激烈。由于慕容皝孤军作战，远道而来，不熟悉地形等原因，被慕容仁打得落花流水，无法收拾。

这一战让慕容仁名声远播，一下子传遍了辽河以东的广大地区。他下令把慕容皝安排给东夷校尉封抽，将护军乙逸、辽东相韩桥、玄菟郡太守高羽等一大批官吏全部撵回了棘城。他以真正的王位继承者的身份，自封为车骑将军、平州刺史、辽东公。

如此一来，慕容皝立刻处于四面楚歌之中。东有叛弟，西南有段部，北有宇文。各部希望慕容内部斗得越乱越好，坐山观虎斗，一旦有机会就出手攻之。另外，慕容翰在段部，随时都可能借兵来犯。

既然慕容皝是慕容廆看好的接班人，自然绝非等闲之辈，针对当前形势，召开了紧急会议，认真分析，总结经验教训，决定了“分清轻重缓急，抓住重点，各个击破”的战略。

他认为，从政治上看，自己名正言顺，可以取得晋王朝的支持；从军事上看，先打慕容仁，战争效果不会太好，短时间也不会结束，其他部落有可能借机发难。如果先攻打西北之敌，凭慕容仁的实力和为人会顾及兄弟同胞关系，暂时不会抄我们的后路。于是他决定先解决西北，再反戈一击。

公元334年，慕容皝亲自率兵击白狼城（今朝阳市凌源县东），大败鲜卑首领木堤。又击平刚（今内蒙古赤峰宁城县附近），打败乌桓首领悉罗侯。在徒何（今辽宁锦州东一带）又打败了段辽部队。在柳城（今朝阳南）又打败了段兰部队。

不到一年的时间，慕容皝在军事上取得了阶段性的胜利，政治上也取得了晋王朝的认可。他们认为慕容皝可以挑起管理辽东的担子，不亚于他父亲，于是，在公元334年八月派大使到棘城，封慕容皝为镇军大将军、平州刺史、大单于、辽东公、持节、都督幽平二州诸军事。

慕容皝抽出手后，集中优势兵力挥师南征，一战攻克襄平（今辽阳）。尔后，居就、新昌等不战而降。为防止其弟死灰复燃，留下后患，慕容皝把弟弟任命的大小官员全部杀掉，家小充军，一些大姓迁到棘城周围。

这一战，没有奈何慕容仁，只是让他损失了点地盘和人，未伤筋动骨，双方又形成了僵持局面。慕容皝派人侦察发现，慕容仁陆路防范非常严密，防御工事相当坚固；而水路因是渤海湾，天然屏障，毫无戒备。众议后，决定从海上出兵攻打，但是有些人反对说，海上浪大风急，太危险。皝对群将说："过去渤海湾一个冰凌都没有，我发现自从慕容仁反叛后，海边一到冬天就结冰，这是老天给我们的良机，我们何乐而不为呢？"

公元336年，慕容皝率领大军从锦州踏冰而进，急行二百里到营口（历献口）登陆，辎重在后，轻骑疾进，直驱平郭城。到了城下，被慕容仁的哨兵发现，急报主帅。而慕容仁不以为然地说，小股部队，偏师轻进。两军一对阵，慕容仁才知是大敌当前。慕容皝第一个派慕容军出战，慕容仁部队大为震惊，军心动摇。两军对垒，慕容皝挥师猛攻，摧枯拉朽，慕容仁在乱军中被射杀。

庶兄慕容翰，本人是个宅心仁厚、善良无争的人，没有夺权争位想法，只是怕被杀。部将刘佩、高羽对他说："如今燕王要害你，你为什么不自立为王呢？"他对大家说："我们哪能同室操戈呀！曾受老父重托，不敢不尽力，防遭天遣。辅佐二弟本来就是我们的分内责任，即使

鎏金铜包木芯马蹬（冯素弗墓出土）

是他要害我，我也不能害他，谁让我是长兄呀！”

段部与慕容部是世仇。但段兴对慕容翰十分赏识，交往也是推心置腹，曾结为生死之交，称兄道弟。

慕容部发生内乱时，段兰认为有利可图，正是天赐的机会，于是段兴派弟弟段兰同慕容翰一同去攻打，连战连捷，一举就打到棘城。慕容翰对段兰说，穷寇无追。段兰心一软，收兵回国，从此，丧失掉了消灭慕容部族的绝好机会。

辽东战争胜利后，慕容皝联合后赵向段部开战。段部手下纷纷投降，只有慕容翰为报知遇之恩，死守孤城，掩护部众突围，最后一个投降了死敌宇文部。

宇文部对慕容翰非常反感，因其随父攻打过宇文部，准备除掉他。于是他学战国时的孙膑装疯，在闹市乞讨度日。经过一段时间，人们都以为他真的疯了，再也没人理会他。他趁机四处游走，暗暗地把宇文部的山川地形、军事工事记了下来。

这事传到了他的二弟耳中，于是派人去见慕容翰，他看到本部的人后，不说什么，只是打手语点头，说自己未疯。使者传意说可以回家，你二弟不会害你，并留下剑让他用。一天，他趁夜色偷了一匹战马出逃，半路被哨卡截住。慕容翰说：“我要回家，放我过去，不要硬逼我，我不疯，武功还在，只是我今天不想杀人。不信，请你们出三个人，你们的战盔上有毛翎，我连三箭一一射下，如有一个射不下，我束手就擒。”说着，三箭射出，三个毛翎应声落地，吓得士兵纷纷让路。

慕容翰回来后，带自己的人帮助慕容皝打败了高句丽。部将好友对他说：“现在表面上王子对你很器重，但内心却是很是讨厌。另外，你的那些兄弟不尊重你，部族内部认为你叛国者，不知今后你有如何打算？”

他说：“我能以我的名誉换来我们慕容家族的江山永固，鲜卑人的统一振兴繁荣就足矣，个人的荣辱又算什么呢？以这把年纪，死也其所！”在与宇文部的交战中，两个好友部将战死，自己重伤。

北方平定后，古人说：“飞鸟尽，良弓藏，敌国灭，功臣亡。”慕容皝又开始猜疑起长兄来了。认为其三叛其主，三国均亡。跟随他的人也都死去，都是不得善终。百官和普通百姓也看不起他，认为他出生时的年月犯铁扫帚星，到哪哪不好，不伤即死，总而言之是一个不吉利的人。一些无聊的人日夜监视他，说三道四。同僚兄弟远离他，不把他当成大哥看，都与他主动划清了界限。

没有人理解慕容翰，他晚年连伤带病生活十分凄苦，有时骑着马到外面山上去打打猎。这时，城里有人说他要造反潜逃，这话传到了二弟的耳朵里，“欲杀之罪，何患无词”。慕容皝借助流言，送去了毒酒三杯。慕容翰老泪横流说：“我这个人里通外国，背宗离祖，罪该如此。没死在沙场，死在弟弟怀中，足矣！最遗憾的是违背父愿没有帮助二弟完成统一大业，扫荡群雄，再振鲜卑雄风，唉！”随后，端起酒杯一饮而尽……

据说，慕容翰死去的消息传出后，有如明朝袁崇焕之死，万众食其肉，饮其血。

还听说送毒酒的人是他的老部下。

六、称霸东北，南征高丽

慕容邻居高句丽，双方争战势不休；
丸都山城暂攻破，慕容胜果终东流。

在东部鲜卑的发展史上，有与东南一隅的高句丽说不尽道不完的恩恩怨怨。两者之间的势力不相上下、旗鼓相当，关系时好时坏、时战时和。地盘今天属你，明天归他，疆界不清，整整相互纠缠了一百多年。

高句丽建国于公元前37年（汉元帝建昭三年），差不多与鲜卑人同时在东北亚地区兴盛起来。夫余国国王的一个妃子庶出之子朱蒙（开国君，东明圣王，也称邹牟），因怕受到迫害逃亡到秽貊之地（今长白山、辽宁本溪五女山一带），征服当地的部落后，建立一个小国。后经几代王孙的不懈努力，苦心经营，终成为辽南一个强国。

高句丽辖区最大时，覆盖朝鲜半岛大部、吉林西北、辽宁东南部。都城在丸都山城（今吉林省集安市区）。

高句丽在慕容皝当政前国土不大，与鲜卑接壤位置在今太子河上游，辽宁桓仁、新宾等地区。清朝的历史学者金毓黻这样说："自永嘉之乱，平州刺史护东夷校尉，威信逐渐失坠，无复有制统东夷之能力。慕容氏即崛起于辽西，而高句丽伸张力于辽左，终以同处一隅，国境比邻。利害时有冲突，初慕容氏国势方张，士马精强，高句丽度其非敌，常畏而服之。迨慕容氏国不兢，无暇顾及辽左，而高句丽亦反客为主，侵据其它。"

晋高句丽率善佰长章

东晋的统治中心在江南，对东北各少数民族怀柔放任，只要进贡，就封你个官当当。公元321年，晋封慕容廆持节都督幽、平二州东夷诸军事，平州牧，辽东郡公等，其正式取得辽西、辽东、玄菟、乐浪、带方五郡权力。

这期间，高句丽也非常听话，派人去进贡。晋朝也对高句丽进行了封官进爵。从出土文物铜印上看有“晋高句丽率善仟长”“晋高句丽率善佰长”“晋高句丽率善邑长”文字。有文献记载，高句丽第二十代的长寿王到第二十八代宝藏王，九位王被册封达27次之多。公元413年，长寿王即位，晋安帝封其持节都营州诸军事、征东将军、高句丽王、乐浪公等。另外，宋武帝、北魏、北齐都有封爵。

慕容廆当政时，长寿王以辽西朝阳为根据地，操控辽东，积极向东南推进，造成两大势力拉锯战。

公元293年8月，首先是慕容廆率大军向高句丽发难。烽上王欲往新城躲避，刚走到鹄林时，被廆探知，引兵追上想活捉他，幸好新城宰高奴子率兵前来拼命死力救出烽上王，未被俘。

公元296年8月，慕容廆二次发难进攻高句丽，深入到腹地（今吉林集安古城），留下一个古今传颂“高句丽古墓仙乐退鲜卑兵”的神奇传说。是真是假今人不知，只是《三国志》中有记载：

慕容廆攻破了高句丽丸都山城，前锋大将慕容国建议，为了减少伤亡，挖掘烽上王父亲西川王的陵墓，挟胁烽上王投降。慕容廆同意，用箭把书信发射到了高丽营。

烽上王看到信后，十分难看，觉得是太丢面子的事，于是向国相仓助问计。仓助说：“如果我们投降什么都保不了，连江山后代都是人家的，又何况是一个王坟，老天会保佑王坟的，不用我们管，让他们自管去挖。”

慕容国带2000士兵开始挖掘，由于王陵构造结实、封闭严密，谁也找不到墓门。指挥无奈，采取从中间豁开法挖掘，上去一个士兵暴毙倒地，上去两个倒一双，成百上去倒一片。士兵开始私下议论纷纷，说西川王发怒了，挖人家坟本来就不是好事，属于缺德行为。刚刚挪动几块石条，一千人都暴亡，这难道是触动了神灵？

慕容廆听报，觉得这事有些蹊跷，死了那么多士兵不想挖了。可前锋大将慕容国气不过，不信邪非挖不可。于是又派了1000精兵，士兵们把墓团团围了起来，低头不语，没有一个人动手，任凭指挥官鞭抽棒打，无济于事。最后，慕容国下了死命令，结果还是上去一个，死一个，上去百人，死百个。就在这时，坟里传出了悠扬的高句丽礼乐曲《阿里郎》，并且是用古老的乐器演奏的，声音由远而近，由小到大，由地下到地上，旋律悠长古远，音色悦耳动听。全体官兵听后，站在那是一动不动，像呆子似的沉醉其中。慕容国率众当即回营。

高句丽处于弱势被打的情况一直到十五代王，美川王即位后，上任伊始就任用贤良实施改革，大力发展生产。其采取臣附西晋的外交政策，恢复了国力，这种被动挨打的局面才有所改变。

公元322年慕容廆死，其次子慕容皝登位后，建立前燕国，听部众和庶长兄慕容翰建议，发兵高句丽王国。

高句丽地处半岛和内陆结合带，南北两条路。南路高山大岭，长白山处朝鲜半岛中间，道路狭险难行；北路是松辽平原地带，地势平坦，便于行军。

慕容翰分析判断，高句丽美川王会按常理判断，认为必是北路攻击他，所以兵力部署重北轻南。我们可以利用对方判断失误，调集精兵强将，用三国邓艾袭蜀国之法，少量兵马在北佯攻，来吸引对方主力部队。从南路进攻，出其所不意，攻其所不备，一举拿下丸都山城。但南路必须迅速穿插，深入敌后，刀刺心脏，使之四肢无力反击，就可胜券在握。

公元342年11月，慕容皝派长史五寓大将军率1500余人，旌旗招展，鼓声喧天，从北道一路杀来；然后自己领兵4万余人，命慕容翰、慕容霸为先锋，偃旗息鼓，马摘金铃，悄悄地翻山越岭从南路而来。高句丽探报北路大军已行在路上，南边无军情。

故国原王命令英勇善战的亲弟弟率领5万精兵，死守北关驿马山城，自己带领一些老弱残兵看守城池和南道。

先锋慕容翰走到王八脖子岭时，正遇故国原王带领的部队，两军打起来，正打得不分胜负、难解难分之时，大部队赶到，混战中高句丽两名久经沙场的老将阿佛和度加被长史韩寿射杀，接着鲜卑军没费吹灰之力拿下了丸都山城。

故国原王一看大势已去，带领宫妃儿女随从逃到一个叫断熊谷的地方停了下来，慕容追兵在追赶中，俘虏了故国原王的母亲和王妃。

丸都山城已破，故国原王已无反扑之力，慕容皝派人招降他，并以其母亲、王妃作要挟，但故国原王拒不投降，慕容皝只好班师回国。左长史韩寿建议：丸都山城不可留，必须毁掉。他们潜在山林里，我们走后必重新集聚在一起，死灰复燃，还是后患。慕容皝当即下令把国库打开，将稀世金银财宝洗劫一空。鲜卑军找到故国原王父亲坟，挖出尸体装棺连同他母亲、王妃带走当“人质”。没来得及逃的工商百工以及百姓全部带回，安排到棘城以北的敖汉、建平、凌源、奈曼等地作为子民。最后，一把火把这座美丽古城烧掉了，今集安市西北尚存其遗址。

好在是故国原王之弟尚保存下一些兵力，故国原王重整旧部，重建家园，积极筹集贡品，于公元343年，派他弟弟带着数以千计的珍宝、虎皮、人参、鹿茸等地方土特产品和金银向慕容皝纳贡称臣，希望网开一面，把母亲、王妃和父亲尸首带回高句丽，慕容皝只答应了他把他父亲尸首带回的请求。

公元355年，慕容皝病逝后其二子慕容儁继承皇帝位。由于高句丽还算听话，背后也未做手脚，经常送来一些贡品。为保持两国友好关系，体现大度，不计前嫌，派遣殿中将军刀龛亲领人马护送故国原王母亲周氏和王妃回高句丽。《通鉴》记载：“永和十一年十二月，高句丽王钊遣史诣燕，纳质修贡，经请其母。燕王儁许之，遣殿中将军刀龛送钊母周氏归其国，以钊为征东大将营州刺使，封乐浪公，王如故。”

鎏金铜节约

后期，鲜卑慕容氏王朝国力渐衰，高句丽又反手扩展自己的地盘。到十七代王小林兽王和十八代王故国壤王的时候，国力增强。公元385年，故国壤王带兵4万袭辽东。后燕慕容垂命带方郡王佐镇守龙城，急派司马郝景救援辽东。立足未稳，就被高句丽军击败。紧接着被高句丽攻克了辽阳、玄菟二城。

到了十九代好太王时期，燕军与高句丽军战事更多，边境争战不断，有大有小。大的就有五次。

公元399年正月，好太王五年，好太王派使者向后燕上贡，慕容盛以高句丽礼数不周为由，命慕容熙为先锋，发兵3万袭高句丽，攻陷新城、南苏二城，拓地700里，徙5000户而返。

公元403年好太王派兵侵掠后燕辽东。

公元404年至405年后燕先后两次攻击高句丽，均未果。

从上述不难看出，后燕实力大不如以前，虽然几次主动出击，但辽东地域和辽阳城始终控制在高句丽手中。从405年以后，再也不见燕军与高句丽有过战争的记载。

七、一统东北，立国前燕

尊晋挥师平四强，一统东北自称王。
自感名低不随愿，请求晋帝封其王。
建都龙城登高堂，终成五燕第一强。
两代梦想得实现，慕容霸主硬弓皇。

慕容廆时期，鲜卑慕容氏逐渐统一各部族，也得到了晋王朝的认可，平州的军政大权掌握在他手中。只不过是慕容氏集团当时处于初始阶段，还没有把东北各少数民族彻底征服，没对各部族实施真正的全权管理。在这个阶段中，一些部落时服时叛，关系是时远时近，时好时坏，基本是松散状态。

慕容皝（字元真，乳名万年，廆三子）当政后，才完成了联合的各部落使命，把东北宇文部、西边段部、东部夫余国以及高句丽等各大势力彻底征服，完成了他父亲慕容廆未完成的宏愿。

北边的鲜卑宇文部，是慕容部世代的死对头、劲敌。两个部族长期争战不断。当年，宇文莫槐自恃部众强盛，派弟弟屈云攻打慕容廆部族，但不料不胜反败。公元302年，屈云所部的素恕延又带兵攻打慕容廆部，在棘城外，两军展开大战,宇文部大败，被慕容廆大军追击百余里，俘虏斩杀万余人，宇文部遭受到了重大损失。

公元325年，在后赵的怂恿下，宇文乞得龟命令其兄悉拔堆带兵屯于绕乐水（今西拉木伦河中游南岸赤峰翁牛特旗北部），袭击慕容氏于柏林。慕容廆得知后，集中优势兵力，把悉拔堆的打得落花流水，落荒而逃。慕容军队穷追不舍，“过其国三百里而返”。

公元345年，慕容皝为彻底打败宇文部，消除北边忧患。亲自带兵挥师北伐，大战宇文部主力，一举彻底击败宇文部。宇文部一部分逃亡科尔沁沙腹地（今翁牛特老哈河与西拉木伦河交汇处西辽河上游一带，集聚地为碎叶山，后变为契丹立国发源地）；一部分逃亡到英金河流域七老图山中，演化为奚族，后立国。宇文逸豆归远逃北漠后又返回投靠高句丽。慕容皝把俘虏来的5000人全部安排到昌黎。同时为安定北部，修筑了榆阴、安晋二城，长期驻守大军。宇文氏族众大部分都融合于慕容部之中。

四神纹覆斗式础石

与慕容部并存战争相持最久的是西边段部鲜卑部落。

段部人一向以骁勇善战而著名。先后得到王浚、刘琨、石勤等支持，是慕容部最为危险的对手。由于地处渤海之北，燕山南，接近冀中平原为冀东广大地区，段部鲜卑经常参与中原地区的争斗，因为尚武，内部也经常发生争夺领导权的残酷斗争，内耗过大。由于文化、经济发展不快，后来无法与慕容部抗衡。

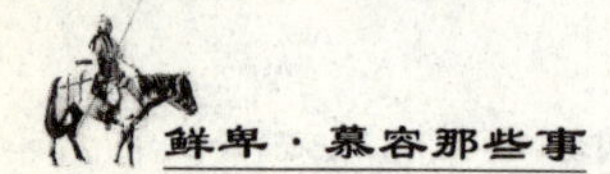

公元312年，慕容廆派去长子慕容翰带兵进攻段部，没费多大力气夺取徒何（今锦州市）和新城两地，并长期驻军两地。扎营在锦州北壁青山，作为前沿防御阵地。

公元323年，慕容廆乘段部段末波刚刚当上接班人，脚跟未稳、基石未牢之际，派大部队奇袭令支（今河北迁安西南）地区，掠夺大量人马、珠宝、财物，使段部元气大伤。

段部鉴于前些年的经验教训，休养生息，发展经济，开展军备，积蓄能量，以图与慕容氏再度争锋。公元334年，段部派大将带兵进攻徒何、柳城，均未有战果。段部增兵在牛尾谷，与慕容皝再度大战，这仗，把慕容部队打得大败，丢盔解甲逃回龙城。

慕容皝刚当政后，段部在宇文部配合下，联军攻击慕容部。慕容皝在柳城附近（今辽宁喀左东北部松岭中段小凌河流域）马兜山设伏，派饵兵引进，把联军打得落花流水，几乎全军覆没。另外，在段部乙连城东（凌源东喀左西北）筑城屯兵，不断袭扰段部东北边境。

釉陶羊尊

为了彻底解脱西部段氏之忧，慕容皝采取三国诸葛亮联吴抗曹之计，联合后赵，夹击段部，于是派大将宋回带上大量礼物金银珠宝、土特产品献于后赵，表明臣服之意。请求共伐段部，胜利后地盘归后赵，慕容部寸地不取。后赵天王石虎相信了慕容皝之言，于公元338年向段辽大举发兵，牵制了段氏的大量兵力。慕容皝未按约定会师，乘段部东北部空虚，抢先攻占令支城（今河北省迁安县西）及东北一带诸城。段部无奈带残部逃亡到密云大山之中去了。年底，人心离散，段氏投奔了慕容皝，主体逐渐融入其中。

后赵非常震怒，利益一点没捞着，认为慕容皝不讲信用，反过来支持段辽弟段兰攻打慕容部。公元343年，段兰率5000精兵攻下令支城，但是公元350年，赵氏集团内部叛离，又赶上冉魏政权不容少数民族，大开杀界，对段部也不相让，段部无奈被迫离开辽西，迁往河南广固一带。此后，当慕容集团南下中原后，段氏余脉全部归附融入其中。

公元346年，慕容皝派骑兵17000余人，突袭夫余王都城，俘虏夫余王玄，打开国库，把金银财宝洗劫一空，并掳掠5万余口人。封夫余王玄为镇国将军，把夫余王族女子嫁给慕容王族作妻妾，把慕容王族公主嫁给了夫余王，把夫余王城从吉林省吉林市西南迁到吉林省农安县西南，把夫余牢牢地控制在自己手中。

公元337年十月，慕容皝在未经晋王朝批准认可的情况下，自封为燕王，立妻子段氏为王后，立次子慕容儁为太子。大封属下封奕等百余人为列卿、将帅、属国将军、都督等，史称“前燕”。

东晋王朝把慕容皝的所作所为看得清清楚楚，然而鞭长莫及马腹，认他所为。公元333年，晋封慕容皝为平北将军，行平州刺史。公元334年，拜“镇国大将军、平州刺史、大单于、辽东公持节、都督、承制”，就是不封燕王。于是慕容皝就亲自写信给晋朝廷，但迟迟不复。慕容皝总觉得名不正则言不顺，今后的事难以作为，就动用威胁手段。公元340年晋成帝司马衍在舅舅中书令庾亮死后，任用其兄弟庾冰、庾翼相继为相。慕容皝认为：“这样的人都能出将入相，我管理边疆，东征西讨，要个燕王不行吗？”干脆派长史刘祥拜见晋成帝并带书信汇报材料。

信中慕容皝信誓旦旦表示愿为国分忧，请求批准他出兵，平定中原等。并提出庾亮当政时给朝廷带来很大危害，不要再让老庾家人当丞相了，特别是庾冰、庾翼二位。这样有失公心，不利于国家的长治久安，北方会出现大乱子。我是实言相告，不是危言耸听，完全是为了您考虑等。潜台词为“封我为燕王”。

同时，他又让刘祥带上礼品和书信，威胁庾冰说：你们庾氏两代为相，是皇亲国戚，工作做好就罢了，做不好就会像汉朝窦宪、梁冀一样的下场，身败名裂。又说，现中原多难，你争我夺，家家流血，户户不安，人人都有仇恨和怨情，个个都想报仇雪恨，国将不国。不能整日尽谈不着边际政治，逍遥自在，应为国为民做点实事，办点好事。我慕容皝虽然才德不高，望难称众，但所管的地方是和谐社会，目前我三分之一时间田牧，三分之二时间打击流寇，平乱。我的军队战斗力非常强，粮草充足，膘肥马壮，敌人也非常怕我，提起我就心发颤。目前我地广人稠，资源丰富。明人不说暗话，请二位保举我作“燕王”，今后必有重谢等。

庾冰和成帝互相交换看了信件，互叹一口气说，这黄头鲜卑太难对付了，强兵悍将，难以指挥，不是好玩的东西，为确保东北安定，双方相安无事，庾冰请求封他个王也不妨事。

于是，晋朝成帝下诏封慕容皝为“燕王”，正式承认他在东北的统治权，也圆了他及他父亲多年的梦。

公元341年，慕容皝派阳裕等大臣筹建新王城，地点为柳城之北（今朝阳西柳城镇）、龙山之西（凤凰山西）、青峦岭之南（今鲁儿努虎山）、仿中原样式，大兴土木，立宗庙，造中宫，修学校，筑城池，命名为龙城（今辽宁朝阳市龙城区）。

很快，龙城竣工，慕容皝大摆筵席庆功。首都从棘城迁到了龙城。晋朝和众多部落首领前来恭贺。

当年慕容廆尊晋要王，乞求多年到死未成。而到了后来慕容皝当政是霸王硬上弓，生打硬要，晋乖乖地把王冠双手送来。

八、力推改革，战胜后赵

汉化胡人英明子，力推改革无古人。
间战羯人拱向北，五燕问鼎唯尔尊。

西晋末年，中原连年混战，北方匈奴贵族借机发展自己的势力。刘渊在北方建立割据政权汉国。

公元316年，刘渊养子刘曜攻入长安，西晋灭亡。第二年，司马睿在建康（今南京）即晋王位，次年称帝，史称东晋。从此北方脱离了晋王朝的控制，陷入了长期分裂“五胡乱华”的动乱局面。

从西晋灭亡到北魏再度统一黄河流域的一百二十余年间，匈奴、羯、鲜卑、氐、羌等少数民族和汉族相继在长江以北和巴蜀地区、大漠南北、长城内外、东北和西域，建立起十六个国家，史称“五胡十六国”。而当时的政权其实远非十六个，北方长期处于动荡分裂局面。

当慕容皝踌躇满志，通过北争、东讨、西伐把各个部族消灭，统一东北后，还有一个势力最强、令慕容皝特别顾忌的政权——后赵。

后赵建立者是羯人石勒。公元319年，石勒自称为赵王，立都襄国（今河北邢台），史称后赵。石勒死后，其子石弘继位。公元335年，石勒侄子、石弘堂兄石虎杀掉石弘，自立为王，把都城迁至邺城（今河北临彰县）。

慕容皝想当东北王，后赵非常不服。早先后赵曾利用段部与慕容部间接较量过。公元338年，慕容皝屈服后赵，弄手段利用后赵军牵制段部主力部队。说好的事，战利品归慕容，地归后赵，但慕容皝不讲信誉，独吞了战果。后赵石虎恼羞成怒，亲自带兵14万人包围慕容首都棘城。

就军事而言，慕容部不是后赵的对手，力量相差悬殊。后赵14万大

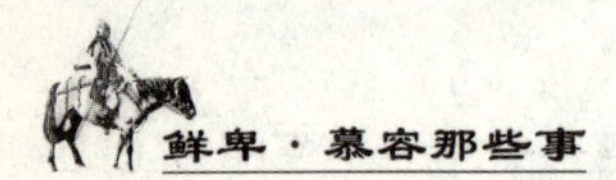

军一到，辽西、辽东有36城打开城门投降。前燕上下人心浮动，惊恐万分，慌慌不得终日。

当后赵以绝对优势兵力把棘城严严实实包围后，形势十分危急，一向以智勇双全、骁勇善战著称的慕容皝也心里没了底，举止有点发慌，想杀出一条血路，避其锋芒。这时以慕舆根为首的一部分将领站出来说："我们不能坐以待毙"，请求决一死战。"不能让这些人耀武扬威，给他们点威风看一看。如果在这敌强我弱的情况下，突围而出他们尽收我们土地和国民，后果更是不堪设想，尽失江山和祖宗的基业……"。军师封奕发言说："后赵气势汹汹围城，摆出大架势，是想把我们吓跑，不战而屈人之兵。这是圈套，我们不能钻，应誓死守卫城池。如果万一不行，再撤也不晚。"玄菟郡太守刘佩自告奋勇带领敢死队奇袭后赵兵营，获得了胜利，这一举动也长了燕国上下的士气。这个过程中，有一则传说：说是慕容皝父亲死后留下一匹精白骏马，非常英俊，精神有力，不亚于关云长的赤兔马。慕容皝想骑着它出逃时，这匹马是悲鸣不止，又踢又咬，不让慕容皝近身，死活拉不出马厩，慕容皝沉思一会儿说这是祖先告诫我，不能走呀！

铜鹿形饰

慕容皝打消了出逃的打算，但对能否战胜后赵心里没有多大把握。征求军师封奕的意见。封奕说："从当前的形势看，敌强我弱，敌人气势凌人，有可能给我们带来非常不利和难以意料的灾祸。但是他们倾全国之兵千里来犯，只要我们死守，坚持不懈进行心理战，时间一长，不战自乱。"

慕容皝的情绪逐渐平静下来，决心死守孤城，誓死与棘城共存亡。组织百姓与官兵共同上城巡逻。

石虎不见慕容皝有出降的意向，恼羞成怒，下令全军猛烈攻城。士兵如群蚁上树一样登城，皝亲自率将士督战，一连十几次的阻击，使后赵攻城未果。一个月过去了，城久攻不下，石虎心想国内空虚，不觉厌战，日久天长又恐国内有变，只好决定撤兵。

慕容皝趁后赵撤兵之机，遣其子虎将慕容恪率3000铁骑猛袭其尾部，后赵军归心似箭，无心恋战，大败，死残逃亡3万余人。前燕收复36座城，而且又把疆域向西推进一块。两者之间由弱转化为强，由守势转化为攻势。后赵无奈只好派大将李农死守令支城。后赵几次袭击前燕边关，均闹得损兵折将，无果而收。为躲避前燕的攻击，辽西所辖民众全部迁到冀南。

对于骨鲠在喉的前燕，石虎费尽心思，绞尽脑汁，筹划出一套新的战略部署，派大将曹伏率青州2000水兵，屯驻于辽东半岛的沿海岛域之中；派大将王典带部队1万人马屯田于鸭绿江口东海之滨接近高句丽一带；又在青州造战舰千艘，供渡海使用。把靠近辽西、右北平、渔阳等地万余户居民全部内迁，坚壁青野。从东、南、西北三个方向实施战略合围，给前燕造成很大军事压力。

为了一举战胜前燕，为上次死去的将士报仇雪耻。后赵石虎大肆扩军，凡五口人之家出三口当兵，加上原有兵力号称百万。这样强迫征兵造成后赵内部政局不稳，百姓叫苦连天。慕容皝发现这种阵张，不能让他成气候，决定出兵，打乱其战略步伐，主动出击，击其所不意，避开重兵把守滦河以西，从冀州北出兵奇袭。

公元343年，慕容皝亲率2万精兵，直捣蓟城（今北京西南），渡过武遂津，到达高阳。石虎万万也没有想到慕容皝来这手，前燕部队突然出现，后赵乱作一团，士兵们如鸟兽散，各顾性命，四散而去，哪有心抗击。此战前燕军还掳掠后赵人口3万余户，完全彻底打乱了石虎战略部署，使几年的努力化为泡影。

慕容皝在战争获得节节胜利的同时，进行积极政治、经济、文化改革，为国家长治久安打下良好的基础。

慕容皝把政治中心迁到龙城后，各地少数民族和关内汉人流民风潮涌动，入关高达10万户、40万人口，这么一个狭窄之地，来了这么多人，不但土地不够用，耕畜也严重缺乏，如果不能尽快解决，就会出现问题。

大臣封裕就农业问题提出建议，说农业问题集中在土地上，自古以来，帝王都非常重视，这是治理国家的首要大事，不能让王公贵族盘剥农民，要轻薄税负。负担过重，影响农民种地积极性，社会发展就会缓慢，赋税重等于竭泽而渔，农民就逃亡。提出请求皇上颁发新的土地命令和税收政策，革新生产经营方式。

慕容皝毕竟是文武兼备的英明之主，看了封裕的建议书，非常感慨发自内心地说："农业问题是国之大事，死生之道，存亡之基呀。君主没有百姓不能立国，百姓没有土地不能生存，农业是国之根本，不可不重视呀！"根据封裕的建议，重新颁布了三条政令。收回所有王公贵族的狩猎场，土地一律向农牧民开放，准许无地者开垦耕牧。

对老弱贫病者赐给耕牛一头，土地三亩。废除老税法，仿效中原按人头担税，轻税薄赋，减半征收各种税费。使用官牛的公私六四分成，不用官牛的五五分成。

同时各地官员必须重视农牧业生产，发展粮食生产。官员要经常下乡工作，提醒农牧民不误农时，积极组织百姓兴修水利，开挖渠道，增加水利设施，扩大农田灌溉面积，增加国家粮食储备，他也以身作则，经常到第一线指挥。

在政治方面，他励精图治，有功彰奖，有过严罚。充分发挥汉人官吏主先锋作用，虚心听取他们建议意见，努力吸取中原政治文明的建设成果，立一根"纳谏之木"，鼓励人多提建议，同时也经常派干部下乡洞察民情。

鎏金铜镳

在文化方面兴儒学典，狠抓教育。他在父亲的熏陶下，精通儒家精典，喜爱文学，常通宵达旦阅读汉家史著等文献，无所不览，成立图书馆，收集汉家古今书籍，文史资料。又进一步扩大发展由父亲慕容廆创建"东庠"。他还经常给学生们上课，讲授文化科学知识，一直坚持到晚年。严格考试制度，不合格者不得做官。他有亲门弟子7000余人，还亲自为学校撰写课本《太上章》，取代了原来不适用的《急救章》，还写了《内诫》十五篇作为学校学生必学教材。研究学习儒家理论不亚于汉学家，他成了鲜卑民族前无古人的大学问家。政务之余，与右左汉学臣子研究讨论探究汉学知识，写出论文达四十余篇。

前燕在慕容皝的英明领导下，对外“夷汉惊怵”；俯内“政治清明”，“经济发展，国富民强，人民乐业”，在东北威望空前，他已变成了一个真正的东北王。

自古以来，一旦一个诸侯、王、可汗翅子一硬势力强大，就会对他原来的主子说“不”，不服天朝管了，慕容皝也不例外。公元345年，慕容皝不再使用东晋年号，自称十二年（以334年慕容皝统领慕容部为元年）。

公元347年的一天，他非常高兴，带上儿孙们出猎青峦岭下一个叫狼山的地方，驰骋高山峻岭间，引弓放箭在行云流水中，使飞禽走兽惊慌四散，如画卷舒展一样，慕容皝心旷神怡，乐不拢嘴。忽然，一个大草坑飞出一个大鸟，顿时，马失前蹄，重重把他摔于马下。众人七手八脚把他救回龙城皇宫。这个文武双全的鲜卑之主，经医治无效，撒手人寰，离开了生他养他的白山黑水、大漠草原。

慕容皝享年52岁，在位15年，葬于龙山，谥文明王，慕容儁称帝后，追尊为文明皇帝，庙号太祖。

九、进军灭赵，称霸中原

借机开战到中原，举兵灭赵夺魏权。

迁都蓟城图华夏，自称大燕顶皇天。

慕容皝的突然驾鹤西天，为防止兄弟内乱，生前就早已把接班人确定好。慕容皝六个儿子，个个都是“五胡十六国”时代呼风唤雨的英雄人物。除次子慕容儁为前燕皇帝外，四子慕容恪被誉为十六国第一名将；五子慕容霸（后改名慕容垂）是后燕开国皇帝；小儿子慕容德是南燕的开国皇帝。

慕容儁（字宣英，乳名贺赖跋）上任后，立即把前燕情况报告给晋朝皇帝，晋皇室有人不知是高兴还是惋惜，英雄人物离去，很快派来使者前来吊唁，同时宣布任命书，拜慕容儁为使持节、侍中大都督、都河北诸军事、幽冀并平四州牧、大将军、单于、燕王等，职务府位与其父相当。

经过慕容廆、慕容皝父子二人励精图治，基本完成对东北的政治军事统一。但是，后赵这个死对头留给了刚当任的慕容儁。不过他是一个很有福气的人，公元349年四月，他刚一上台，后赵石虎就去世，年仅10岁的太子石世即位，不能理事，朝政由刘太后把持操纵。从此，统治集团内部围绕着权力展开你死我活的斗争。经过一番争斗，大将军冉闵在大司马李农支持下，夺取政权称帝，改国号为魏，史称“冉魏”。后赵之遗裔新兴王石祗，也在混乱中胜出称帝，盘踞在襄国。两个政权互不相让，都想消灭对方。不久冉闵率十万步骑围攻襄国，差不多围了半年。石祗受不了，去掉帝号，改称赵王，派太尉张举向大燕慕容儁求救，许诺将后赵传国玉玺送交燕国，俯首称臣。

慕容儁将后赵问题提交大臣们，征求意见。平狄将军慕容霸说："恶贼石虎已去世，内部正相互鱼肉，我们可借他们争斗作个渔翁。然后，铁骑军戈一挥，必获胜利。"北平太守孙兴等也建议趁火打劫。千载难逢，机不可失。但慕容儁认为，后赵刚遭大丧，此时伐赵，不合礼仪，下不了决心。在外作战的司令慕容霸得知此情况，快马返回，再次对兄长说："机不可失呀，万一石氏出个英雄，就不好办了，还恐怕成为我们的后患。"

慕容儁还是犹豫不决，难下决心。找来将军封奕、从事中郎黄弘等商议。封奕说："用兵之道，敌强智取，敌弱则用势攻，持强凌弱，以大吞小，要学饿虎扑羊、饿狼吃猪一样。中原的民众处在水深火热之中，期望和平，希望救他们出水火。皇上如果南征，不但能胜利，而且顺民心，乘民意，石室氏必将大乱不能自理，我顺手牵羊助之。黄弘说："封将军言之有理，老夫夜观天文，岁星正在北方毕星处，近来太白金星特别亮，'扫帚星'尾扫中原地区，这一征兆预示着天下易主，中原将大乱。北方国主天下，秉北斗。如君临中原必胜，以应天命，迅速出师。"慕舆根等一伙将领也随声附和，慕容儁高兴地说："就依众爱卿所说。"当即下令，以慕容恪为辅国将军，以慕容评为辅弼将军，左长史阳骛为辅义将军，谓之"三辅"；以慕容霸为前锋都督、建锋将军。选精兵20万，备好粮秣器械后，兵发中原。

公元350年二月，慕容霸带精兵两万从南道出徒何（今锦州），慕舆根率兵两万从西道出征，燕王慕容儁率中军群将自中道出卢龙塞（今河北省承德喜峰口）。

慕容霸出山海关直捣三径（今河北省滦县北），后赵争车将军邓恒还没与燕军正式接触，就一把火烧了仓库，弃安乐城逃到了蓟城（今北京西南）。慕容霸轻而易举地收安乐、北平二城，获取大量粮草，与慕容儁会师于临渠（今北京密云东）。

三月，燕军挥师无终（今天津东）。守将王午与安乐逃将邓恒一溜烟逃到了鲁口（今河北绕阳），只留一个叫王佗的部将守城。不久慕容儁铁骑不费吹灰之力拿下城池，杀了王佗。为恫吓后赵其他守城将官，准备坑杀所有官兵。慕容霸劝道：赵主统治残暴，我们兴师讨伐应救民

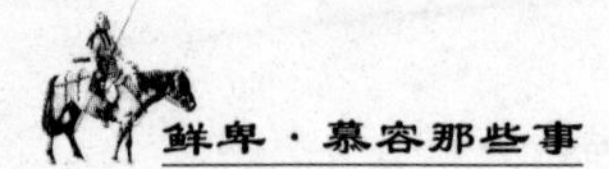

于水火，百姓会感激。如果坑降卒，传出去不好。另外，下个城一定会拼死守卫，不好攻。慕容儁点头称是，就把所有的降卒放回家了。全城百姓感激流涕，高呼“万岁”。

燕军占领了蓟城后，看到地势不错，经与众大臣将领商议，为谋划入主中原建立今后燕国帝制宏伟大业，把都城从龙城迁到蓟城。

冉闵得知慕容儁出兵救赵，遣使常炜前到蓟城劝慕容儁罢兵。这个常炜非常了得，临危不惧，能言善辩，不辱使命，不亚于苏秦、张仪、诸葛孔明先生，演绎出十六国时期一段佳话。

慕容儁派大臣封裕接见了常炜。宾主落座，封裕诘问：“你们皇帝是冉闵吗？他是后赵石虎之养子，为何负恩作逆？竟然有违常理，建大魏称皇帝，天地难容。另外，对其养父兄弟背恩弃德！”常炜说：“汤放桀成就了商之事业；武王伐纣兴起了周天下；曹阿瞒生于长于宦官之家，祖宗是谁都不知道，竟能立下魏国的根基。这些都不是没有天命能成功吗？按理你也是汉人儒家子弟，比我还清楚，还明白，何必又来问我呀？”

封裕又说：“听说冉闵当皇帝时，用金子铸像，通过占卜龟蓍来迷惑人心，这是奸伪之徒之所作！”常炜说：“纯属讹传。我主手握传国玉玺，坐镇中原大地，受命于天，人神共贺，根本不存在什么真金铸像”。

封裕又问：“传国玉玺到底在哪？赵臣张举说在襄国。”常炜说：“杀胡斩羯时候，邺中胡人已被消灭殆尽，漏网之鱼潜藏山林水泽，他们怎么知道玺绶在什么地方？石祗有求于你们，什么瞎话都可编造出来，何况一枚玉玺了。”

尽管冉魏常炜说得头头是道，但是慕容儁不信，而是信了张举之言。让士兵堆一堆木柴，让常炜站在旁边，说：“如果你不说冉闵实际情况，就把你化为灰烬，请你三思”。

常炜放声大笑说：“大丈夫为国家生而有何欢，只要死得其所，值了。后赵石虎残暴，大军围你燕国月余，后来又谋划战略围攻你国，你们是敌友不分。我主把他们消灭了，你们不但不感谢我们，还帮助羯奴责究来使，合乎情理吗？”左右的人想烧死常炜，慕容儁不让，说：“他不怕杀身成仁殉其主，是个大忠臣啊！冉闵之罪不在常炜，与他没有多大的关系，穿黑衣抱乌柱各为其主呀！”

当天晚上，慕容儁又派常炜的乡赵瞻劝他投降。赵瞻说：“老乡，你不肯说真话，燕王生气了，要你流放到远方，你怎么办呀？”常炜说：“我老常长这么大，直言不讳，也不会对燕王说谎，说谎也不是我的为人。你们即使把我粉身碎骨，沉入东海，还是我以前说过的那些话。”说完，面壁而坐，不理那位同乡了。

慕容儁把常炜囚于龙城凤凰山中。派大将悦绾率3万精兵配合襄国赵王羯族石祇、羌族姚弋仲合力大败冉魏30万部队。打得冉闵只有十余骑逃入山中，冉魏几十余万人马陈尸沙场。

率燕军援救石祇的悦绾从襄国回来后，把情况汇报给慕容儁，根本没有什么玉玺。张举所说全是假话。慕容儁杀了张举，放了常炜，还婉留他在燕国做官。常炜不从后，后来返回河北老家。

这段佳话在燕冀之地津津乐道，广为流传。

冉魏与赵王争斗的结果是冉闵消灭了石祇。

公元352年四月，中原大旱，冉闵缺粮，游食于常山、中山诸郡。大将慕容恪经常攻击冉闵。冉闵准备与燕军打上一仗。大将董闰、车骑将军张温说：“燕军锐气正旺，而且敌众我寡，应避其锐，待其骄惰，再出兵击之。”冉闵听了非常不高兴，决心死战，司徒刘茂等人认为不可能胜，出战不能生还，非当俘虏不可，为了不受辱，就自杀了。

冉闵把部队稍加调整，移师安喜（今河北定州东南），慕容恪率燕军尾追而来，小打了十余仗，都是燕军败阵。

冉闵向来骁勇善战，所带的部队战斗力非常强，燕军心存畏惧，心发怵。慕容恪是什么人？他是五胡十六国第一名将。与冉闵玩起了心理战术，对士兵说：“不要害怕，他是一介有勇无谋的武夫，匹夫也。他的士兵是食不果腹，精神不振，疲于奔命。铠甲虽精，也发挥不了什么作用，他必定要输给我们。”

冉闵带领的多是步兵，利于山林作战，而慕容恪所带领的燕军是骑兵，利于平原作战。参谋高军建议：“我们必须把他引致平原来，合而击之，围而灭之。”于是慕容恪用钼兵把冉闵引出了山林。两边连环马，中军铁骑，挑选5000名射手列成方阵。冉闵果然中计，但毫不畏

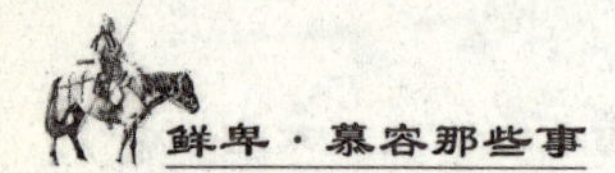

惧，骑着一匹名唤“朱龙”的宝马（日行千里，夜行八百），手持一把方天画戟，左刺右挑，一连杀了燕军500余将士。拼杀正酣时，抬头一看已靠近燕军中军大旗。他挥马直冲过去，结果中了埋伏，燕军两翼夹击，中军放箭，把冉闵团团围住。但他还是杀出了一条血路，行不到十里，马中箭忽然倒地而死，冉闵一头栽到了马下，被赶来的士兵一拥而上擒获。

冉闵被押往蓟城。慕容儁骂到：“你一个养子奴才，还敢当皇帝？”冉闵也是理直气壮回应：“今天下大乱，你一个胡人都想当皇帝，何况我中土汉家英雄为什么不能？”慕容儁气得火冒三丈，命人狠狠地打了他三百鞭，然后押到了龙城后斩首。

冉闵死后，据说，遏陉山周围七里内草木枯死，蝗虫大起，从春到秋半年无雨，当地郡守向慕容儁报告灾情，慕容儁找一个高僧观天象后，认为是屈杀了天子，猴子该山修建了一座庙祭祀他，巧的是，当日下了一场鹅毛大雪。慕容儁抓住冉闵后，派慕容评、慕容军、慕舆根各领一万精兵，攻打冉魏国都城邺城（今河北临漳西南三台村），太子冉智和将军蒋干死守。到公元352年五月，城内无粮，连草根、老鼠都吃光了，到了人食饿殍的地步，无奈向东晋求救。谢尚派部将戴施援邺。六月，戴只带壮士100人进城，帮助防御，并逼迫太子交出传国玉玺，送于东晋，不然不援助。七月的一天，城中有一个叫马愿的部将，偷开城门把燕军引入皇宫，蒋干和戴施出逃到仓垣（今河南开封），燕军俘虏了太子冉智、文武百官、宫妃及后赵之遗。冉魏灭亡。

慕容儁消灭冉魏政权后，踏上了中原大地，不再甘心处于晋帝统治下的燕王了。想当皇帝必搞舆论宣传，燕人编造故事说：一条金龙夜间盘绕在金銮殿柱子上；长着三绺毛的鷰鸟在蓟城的正阳殿筑巢，这是吉兆，要有皇帝中兴。

公元352年十一月，燕军打下了邺城，诈称得到了传国玉玺。在大臣的拥戴下，慕容儁黄袍加身，登上了皇帝的宝座，国号为大燕，年号为元玺。

十、大业中天，邺城托孤

燕国出个老周公，辅佐幼帝大业兴。
狄汉人民皆称赞，汉贤报恩甘牺牲。

慕容儁当上了皇帝，在蓟城生活不到一年，又把都城搬迁到了邺城（今河北临漳西南三台村）。尽管这样，他仍然非常重视辽西老家龙兴之地——龙城（今辽宁朝阳市），作为陪都，派其弟弟一手管理。

慕容儁在中原脚跟立稳后，借剪灭冉魏之势，东征西讨，极力扩大自己的地盘，消灭异族势力。收服了段氏鲜卑余部段龛，把除远在漠西北长城以北的拓跋鲜卑外，其他部族全部揽在自己怀中。北上，大破丁零，俘虏斩杀50余万人，收降匈奴贺赖头部三万余人。南下，打败晋军，占领黄河以南的安、颍、谯、沛等地。收降后赵平州刺史及部属5千余户、2万余人。击溃上党的后赵旧部张平所部，收其人口5万余人，还占其地盘……。

自从慕容儁当上皇帝后，前燕军事上进入黄金时期，地域达到空前辽阔。共拥有12州，157个郡，1579个县。大体相当今天的淮河以北，即河北、河南、山东、山西等省和内蒙东部、东北等地的大部，人口1千余万。从全国的范围来看，慕容氏、前秦苻氏与东晋形成了“新三国”，三足鼎立于华夏，而前燕的慕容氏为当时的第一军事强国。

慕容儁在老家东北设立两个州，即平州和营州。平州由他弟弟慕容垂为东夷校尉、平州刺史；营州以高句丽十六代故国原王斯由为征东大将军、营州刺史。

前燕在征服北方各部族势力后，还有两个旗鼓相当的硬对手，就是主子东晋王朝和占据关中的前秦。

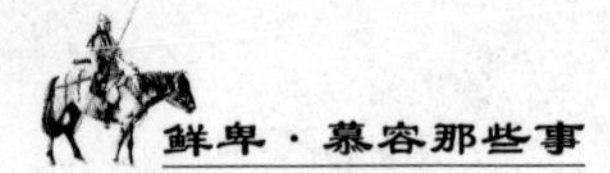

慕容儁雄心勃勃，准备图霸华夏。为了统一行动思想，组织大臣们重新制定战略规划，“先灭前秦，后剪东晋”，用一年的时间做准备。公元358年，全面严格普查户口，命令每户留下一名成丁耕种土地，其余壮丁全部入伍，准备打仗，差不多五分之一的人充当炮灰，军队扩充到150万人。

“宁当太平老狗，不作乱世臣民。”自古以来不管进行什么样战争，正义的非正义的，承担苦难的总是老百姓。经过长期战争摧残蹂躏，前燕生产力已遭到了极大的破坏，人民得不到修养生息的机会，生灵涂炭，人民流离失所，人民不堪重负。慕容儁这种不顾黎民死活，扩充军备，执意战争的作法，在统治集团内部也发出了不同的声音。有人力劝慕容儁说：“应休养生息一段，发展生产，待国富民强后，再图中原，过急会引起内乱，百姓反抗，社会动荡，不利于我们刚刚建立起来的大好局面。”但被胜利冲昏头脑的慕容儁，根本听不下这些忠言，也不肯放弃自己的做法，只是略加改动，三丁抽二，五丁抽三，算是给忠言者的一个答复。应征期限只给了半个月的时间，第二年冬季把所编新军全部集中到邺城待命。

征兵令所到之处，天怒人怨，一片哭声和哀叹，夫别妻，子离母，父撇家，老望少，抛家舍业一派悲惨景象。

由于慕容儁不顾人民的死活，把那么多新兵征集到地面窄小的邺城，出现了社会动荡。因新军良莠不齐，什么样人都有，兵痞匪夷狄等，一帮帮暗地或公然聚结在一起，打家劫舍、攻击官府现象时有发生。一个叫木谷和的人，纠集起来一个很大的盗杀团伙，最为疯狂。邺城内外每天都发生杀人、放火和盗抢事件，夜间都没有人在路上走动。后来，费了九牛二虎之力才把暴动平息下去。

因为征兵，引起了社会动乱，慕容儁坐卧不安，急火攻心，一病不起。公元359年十二月，各州郡兵员到齐，请他检阅时，他一点精神都没有了，强支撑着病体检阅完后，把大手一挥，让各州郡兵全部回老家回归本业，再也不提亡秦灭晋宏伟战略规划了，只是想看自己还能活多久，一旦离世把大燕国的皇帝之位交给谁。

慕容儁是一个聪明的人，阅兵不几天就把自己亲弟弟大司马慕容恪请来说："我的病恐怕是治不好了，再也挺不了多长时间了，国家多难，太子又小，东晋与前秦尚未剪除，我要效仿东吴的孙策，把位子传给你，你看如何？"慕容恪是何等的聪明，心知肚明哥哥在试探他，惊讶地说："哥你这话说到哪里去了，太子虽小，却聪明，是一个当皇帝的好材料。我是什么人，你还不清楚？我的命相不行，挑不起那么重的担子。如果那样会折我的阳寿啊。这种大事不可不慎，关系到江山社稷的安危，千万不能折旺枝，留旁枝呀。这种事情自古有之。哥要三思呀！"

这时的慕容儁表现得极端愤怒的样子："我们是兄弟，我们慕容氏祖宗打下的江山怎么办？哥说的可是真心话啊，是实话。"慕容恪摸透了哥哥的心思说："你认为我在咱兄弟当中还算可靠，能担当天下大事，你可让我当周公，辅佐太子，那该是多好呀！"慕容儁转怒为喜，打了一个唉声说："这如何是好啊，我实在是拿你没办法，就这么着吧！我留下诏书，这孩子不行，你就代位自立！"

公元360年正月，慕容儁这个少数民族的领袖、旷世枭雄、鲜卑英雄、前燕皇帝病重，他把众兄弟大臣叫到床前，口述诏书，由大司马慕容恪辅政，要各兄弟一切以大局为重，一切听他的指挥。说完，放心地合上了双眼，年仅43岁。慕容儁在位13年，死后灵返龙城，葬于龙陵，谥景昭皇帝，庙号烈祖。

慕容儁在位十多年，出尽了风头，在玩弄权术方面很有本事。据《十六国春秋》记载，"儁雅好文藉，自初即位至末年，讲论不倦，览政之暇，唯与侍臣错宗义理，凡所著述四十余篇，性严谨，慎威仪，未曾以慢服临朝，虽闲居宴处，亦无懈怠之色云。"从执政到托孤，就可清楚看出他的政治功底不亚于刘备，使得前燕持续一段辉煌。

二月，慕容暐尊可足浑氏为皇太后，下诏慕容恪为太宰，慕容评为太傅，阳骛为太保，慕舆根为太师。按先帝遗诏，遵慕容恪为辅首，但思想保守的太师慕舆根自持为先朝老臣，因没以他为首而不服气，接连不断地搞些小动作。

皇太后可足浑氏是一个不亚于吕后的有主见、有心计的女人，深知自己儿子小，大小事情都放在心中，常常亲临朝政。慕舆根常常以此为借口。一次偶尔喝酒后，他居心叵测地对慕容恪说，母后干政，不是好事，你应该有万全之策，谨防意外之变，再说这天下打下来你的功劳最大，弟接哥的班，古已有之，等先帝陵寝竣工之后，不如把小皇帝一废，你来做皇帝，才是大燕之福，然后再把晋秦一灭，万里江山大一统，那多好呀。慕容恪听到这些话后，严肃地制止道："你是喝醉了，出此悖逆言语。"说得慕容舆含羞而退。

慕容恪把事情告诉给了弟弟慕容垂，慕容垂听后建议把他杀掉。慕容恪认为不妥，说："兄长刚驾崩，我们不能内乱，要从长远考虑，先忍一下。"

再说慕舆根怀恨在心，一计不成又生一计，到处散布流言蜚语，并密报皇太后，说太宰与太傅让他悄悄地把小皇帝和皇后杀了。皇太后是半信半疑，小皇帝也不信。"他们是我的亲叔叔，决不可能，他不当才让给我当的。"

挑拨离间未成，慕舆根在邺城实在是待不下去了，为规避灾祸，向太后请辞回东北辽西老家，以图东山再起。慕容恪得知情况后与皇太后及慕容评秘议后，决定让右卫将军傅颜将慕舆根在归途中秘密杀掉。

慕容恪果断地剪除了动乱分子，维护了前燕政治集团的安定团结的大好局面。从360年到366年的7年间，用自己的才智，呕心沥血，带领着群臣使前燕走向昌盛繁荣。国内齐心协力谋发展，一心一意搞建设；国外晋王朝与前秦国不敢轻举妄动，各政权之间和平共处，贸易往来不断。每逢大小事情，小皇帝都与叔父慕容评共议，不专断独行，又礼贤下士，常向有贤能之人请教礼国治世之道，让每个人都充分发挥自己的聪明才智，真正做到人尽其才，地尽其力，物尽其用。慕容恪特别讲究工作方式方法，从皇帝到臣民对这个胡族征服者人人心悦诚服，在"五胡乱华"的年月，能仁政爱民，推己及人，不亚于周公。"天下归心"，令人敬佩不已。

在军事上，当年进取中原时，慕容恪披坚执锐，一马当先，立下了汗马功劳。辅政后于公元365年亲率大军，指挥部队重新从晋朝手中夺回了洛阳城。他带兵的特点是宽而不失威严，用恩信来取得部下的爱戴，不苛求细节，但注重小节。营中乐而不乱，警备务求严密，"恩威并重，奖罚鲜明，务真求实”。他所带领的部队是无坚不摧，每战必胜。

另外在民族关系和民族利益上，慕容恪是一个天才的政治家，是慕容鲜卑族和少数民族利益的忠实代表，又是汉人的朋友。能慰平由战争带来的创伤和疤痕，给人们带来了生机勃勃和平安康幸福的大好局面。

山东渤海人贾坚，祖上在魏晋当过大官，少小时尚有气节，年轻时在晋朝当过中级官员，后又担当后赵的普通官员。后赵被燕灭亡之后，他自己在乡里组织团练。慕容儁、慕容恪听说这个人不错，想把他招来。他一开始不从，后认为燕别看是胡人，为人不错，知道百姓的饥苦，为百姓办事，比他当过官的晋王朝都好。六十多岁了，燕皇帝派他做泰山太守。他箭法惊人，百步穿杨，百步之外能把奔跑着的公牛的尿脐上的毛射下来，远近知其名。

贾坚七十岁那年，晋朝派部队偷袭前燕。手上只有不足一千人，但晋军万人久攻不退。最后自知难守，把城中的老百姓及士兵全部打发走了之后，自己绝意守节，射死不少晋朝士兵，城破被俘。

贾坚被活捉后，东晋审判官问他：“你祖为晋官，奈何背本弃义？”他应道：“晋自弃中华，非吾叛也。天既无主，强则托命，即已事人，安何改节！吾束脩自主，涉赵历燕，未尝易志，君何匆匆相谓降乎！”不吃不喝，面向东方“数日愤惋而卒”。

十一、江河日下，柱倒基塌

立业容易守业难，柱倒基塌国祚亡。
向天寻问因与果，误把小杆当大梁。

慕容廆、慕容皝、慕容儁和慕容暐这祖孙四人，在慕容鲜卑发展史上角色不同，戏演的也不一样：成功—顶峰—衰退。

慕容廆时期：一心遵晋，不畏艰难险阻，左打右拼，最终当上了晋朝东北地区平州最高的军政长官。

慕容皝时期，软硬兼施，挟晋称王，东征西讨，北伐南征，成为东北辽西地区名副其实的割据国王。

慕容儁时期，挥师中原，定都中土，不服天朝，荣登大燕皇帝宝座，如日中天，使这个民族壮大发展到达了顶峰。

慕容暐时期，国势江河日下，迅速灭亡，“中原王气暗然收”。

准确地说，前燕盛极到衰亡的重要转折点是慕容恪辞世。公元367年，为前燕呕心沥血，苦心经营，鞠躬尽瘁的慕容恪身染重病，慕容暐到病床前探望叔父时，问及身后之事。慕容恪拉着侄皇帝的手，语重心长地说：“皇上呀，我是不行了，听说报恩莫过于举荐贤良。汉朝萧何死时举曹参为相。举贤良不分远近，我举荐的是你五叔吴王慕容垂。这个人文不次于管仲、萧何、陈平，武不亚于关羽、黄忠。才华高我十倍。如果把国家的大小事情交与他办，国家就会安定，晋朝、前秦就不敢进犯。不然的话各方面就有可能会出麻烦。这样我就可放心地走了。”再问其他事情，他不语，头一歪就咽了气。慕容暐把这肺腑之言当作了耳旁风，在皇太后和慕容评左右下，把统帅六军的大司马权力交给了乳毛未干的亲弟弟中山王慕容冲。

慕容垂（原名慕容霸，字道明，乳名阿六敦）是慕容皝第五子，从小就有才华，精明果敢，文武兼备，智勇双全，很受其父赏识慕容皝给他起名为慕容霸，意思是把伟业寄托在他身上。在平时对他宠爱超过慕容儁，曾经准备立他为太子当接班人，后来大臣劝说才作罢。慕容儁对他的这个弟弟怀恨在心，当政后因慕容霸小时候骑马把门牙摔掉了一颗，那个年代镶不上，要求他改名。最后改名为“垂”。以他的胸怀，皇帝哥哥要改就改吧，只要是姓慕容，叫什么都无所谓。

慕容垂小时候，父亲征战都带上他。他是在马背上长大的将门虎子，在父亲的精心培养教育下，13岁担任先锋官，讨伐宇文部。与17岁的大元帅哥哥慕容恪并肩作战，马上功夫和十八般武器样样精通。《资治通鉴》记载，“霸十三勇冠三军”。慕容垂少年得志，亲眼所见本家族统一东北、进入中原的全过程，又与辽东大族段氏才女成亲，英雄配佳人，可谓春风得意。但好景不长。在他23岁时，宠爱他的父亲不幸辞世，二哥当上了皇帝就处处找他的麻烦。有一次，足可浑氏认为其小叔子一家早晚是祸害，就找人陷害，想要借机除掉他们。凑巧中书常侍对慕容垂有意见，编造了一个理由说段氏与典书令高弼合伙搞巫蛊活动，诅咒皇帝。慕容儁闻之而动下令将弟媳抓起来，严刑拷打，让她承认是垂指使所为。段氏不但是才华出众，而且性格刚烈，从不巴结媚崇皇嫂。皇后记恨在心，多次找茬收拾她。段氏就是不招，并说：“人生不过一死，上不辱没祖宗，下不连累吴王。”说完一头撞墙，当即身亡。

此后，慕容垂暗暗地把悲痛埋入心底，默默地接受这一事实。一切从国家大局出发，逆来顺受，还是一切行动听从哥哥的指挥。足可浑氏来了个刘备摔孩子倒买人心，把亲妹妹长安郡主嫁给了慕容垂作继室。他听从皇兄安排坐镇辽东，并把辽东治理得井井有条，不料又遭哥哥妒忌起来，又被召回了邺城。

人们常说，性格决定命运，性格决定前途。慕容垂的文韬武略无人可比，但命运不好，始终未进入朝廷核心决策层，足可浑氏、慕容暐、慕容评为维护自己的权势，不顾前途大局，千方百计地消弱慕容垂的影响力，不让他出头，不让他的才华和智慧得到发挥，前燕一步一步走下坡路。

东晋得知慕容恪去世，燕国失去了顶梁柱，就积极备战，想趁前燕内部不稳定之机下手，收拾旧山河。

公元369年四月，东晋大将桓温率领五万大军水陆并进北上伐燕。桓温是一个才略出群之人，写得一手好书法。“不能流芳百世，便要遗臭万年”，便出自其口。

前燕由于统治集团内部的不团结，各地方将领又不肯效命，使东晋军长驱直入，连败燕军。很快攻到了今河南浚县西南的淇门渡，距离前燕都城不足200里。皇帝是一个窝里斗的好手，一时又拿不出什么好主意。六军统帅是个毛孩子，辅佐老臣慕容评多年养尊处优，已蜕变为蠹虫。朝廷上下，都城内外，一片惶恐不安，纷纷准备逃回老家龙城。

此时车骑大将军慕容垂奋然请战，慷慨激昂地说：“先帝征战半世，才有今天的天下。现在国家还有几十万大军，兵不血刃就逃跑，我们有何脸面见先帝祖庙和老家父老呀！”他又安慰大家说：“我愿统领大军前去杀敌，如果不胜我们再走也不迟。”他的言行举动令朝野上下暂时安定了下来。皇帝即命他为讨南大都督，调集了五万人马抵抗晋军。

慕容暐派使节去前秦，以许诺割让虎牢关以西土地为条件，请前秦从西面出兵援助。两家虽然是敌人，苻坚听从了王猛的建议，为了防止桓温收利过大，答应出兵。

慕容垂兵至枋头，截住了晋军前进之路，并不与其交战，对部将说：“晋军远道而来，兵众运粮草难。进入我境，不能速战速决，是其大忌。久必粮匮，军心浮动，不战就自退了。”慕容垂利用骑兵的优势，在外围进行运动战，杀伤不少晋军，还生擒了向导——前燕叛将段恩。后来，又击杀其部将李述，还让范阳王慕容德断绝其漕运粮道，彻底灭了桓温的威风，锉其锐气。

桓温自到枋头后，水运不畅，后勤补给跟不上。陆地谯郡石门被慕容德15000精兵把守，粮道打不开，军心开始动摇。桓温是久经沙场的老将，深知其利害。这时，又有探马来报，说前秦两万援兵已到，情况紧急，不得已下令改从旱路向江东撤退。

众将都要追击，慕容垂说不急。桓温是老将，三军进入我境，必有重兵断后。我们可以以逸代劳，等他跑累了，再去收拾他也不晚。晋兵是队伍庞大，行动迟缓。燕军是骑兵，行动如闪电，急行如风。慕容垂率领铁骑8000人，犹如老虎跟在羊群后面行走。晋军一口气退了600里，累得精疲力尽，见燕军也没急追，于是扎营于今襄邑休息。慕容垂见时机已到，兵分两路，前截后打。一声令下，虎入羊群，战场成了屠场，8000人居然消灭桓温三万人马。逃出去的又被前秦军一阵截杀，桓温只带几千人逃回江南。

慕容垂从前线凯旋，成为朝中和百姓心中救苦救难的大英雄。慕容暐也保住了皇帝的宝座。丞相慕容评对慕容垂非常嫉妒。慕容垂向朝廷奏报要奖励作战有功人员，慕容评以种种理由不给。皇太后足可浑氏向来就讨厌慕容垂这个小叔子，与慕容评秘议杀掉他。因慕容评办事不利，事情泄漏出去。慕容恪的儿子慕容楷及舅舅兰建得知消息，暗中转告了慕容垂，并劝他要先发制人。慕容垂只是叹息，不肯下手，说：“我们骨肉相残，害得是我们祖先打下的江山社稷呀！只有一条路了，三十六计，一走为上。”

凤凰山延寿寺

慕容垂回家与世子慕容令策划，准备逃回老家龙城。十一月，借打猎之际慕容垂出邺城逃走，走到邯郸时，小儿子慕容麟听了他母亲安乐君的话，出卖了父兄，跑回邺城告了密，慕容垂父子无可奈何只好返回邺城藏身于一个叫显原陵的地方。一天，一群打猎官兵把这个地围了起来，慕容垂父子一看这下完了，十分紧张，无处可逃，性命休已！巧的是在这千钧一发之际，不知什么原因，猎鹰飞扬，骑兵四散而去。他们杀了白马，祭祀上天盟誓。

慕容垂决定背祖择木而栖，投奔前秦苻坚。慕容垂与夫人段氏，子令、宝、农、隆，侄子楷，舅父兰建，郎中令高弼，一路向西直奔长安。慕容评派人追截，均被打败，到了黄河边，慕容垂亲自披甲冲杀渡口守兵，渡河而去。

慕容垂逃到前秦是福是祸众说不一。一是说不逃性命难保，到了前秦性命难道就可以保住吗？二是说为了保命投敌，为避祸而出逃，不愿与同族手足兵戎相见，这不是宅心仁厚吗？三是说，他是前燕皇帝的叔叔，国家重臣，他倒戈投敌直接导致前燕灭亡呀！

前秦虽国小于前燕。但有苻坚的励精图治和王猛的有力辅佐，国家生机勃勃。现在，恪死垂叛，令苻坚大喜过望。特别是慕容垂的到来，受到了苻坚的热烈欢迎，百般礼遇，赏赐无数。并说：“卿乃天下俊杰，今来依我，当与卿共定天下。”封垂为冠军将军，封楷为积弩将军，成为长安的头条新闻。

一个被历史名将称为管仲、萧何的人，救国家于危难于水火的人，不忍与手足骨肉相残的人，反而被逼得走投无路，投靠敌国，说明这个国家政治肌体已失去了活力，腐朽到了不可收拾的地步了！标志着前燕国祚日薄西山，气息奄奄，国命危险，朝不保夕了。

慕容鲜卑是游牧民族，离封建专制很远，一旦进入奢侈生活，专制统治欲望就会着魔，如飞蛾扑火一样……

慕容暐是腐化堕落最高代表，每天“喜玩是务”，活动在温柔乡里，据说皇宫佳丽几千人，还有众多的服务人员，在皇宫里的工作人员达3万余人。文献记载，“日费之重价盈万金，绮縠罗执岁常增调”。所消耗无非是民脂民膏，人民来承受这巨大的经济负担。皇室奢靡，而边防兵将连衣服都供应不上。上梁不正下梁歪，皇帝那样，各级大大小小的官员“迭以侈丽相尚，风靡之化，积习成俗”。他们利用手中的权力，强占土地，广置田园，封山占水，保为私利。豪门贵族，皇亲国戚变百姓为私人的“荫户”，使国家的人口少于私家，只有约20余万户。也有些有识之士提出改革方案。尚书左仆射悦绾提出建议，进行人口土地普查。这触动了豪门权贵的利益，有人设法要杀掉他，最后这一举措不了了之。

当时，全燕人口只相当于汉代盛世的一个大郡，但重重叠叠的庞大官僚机构折磨着人民。不经批准可招募士兵，废弃农业，“政以贿成，官非才举”。小人横行“群下皆齿”。凭借着金钱裙带，结党营私即可升官、进爵、发财。社会上的沉渣余孽把持着各级政府，大大小小官员像老虎、豺狼、狐狸、毒蛇、老鼠、蟑螂一样，采取各种非法手段，利用一切可能利用的机会，肆无忌惮地盘剥与吞食着人民的血汗，使人民不堪重负，“行留具窘，资赡无所，人怀嗟怨，遂致奔之”。活不下去的老百姓，挺而走险，“相招为盗贼”，纷纷起来反抗，农民起义潮起云涌、此起彼伏。

前燕统治集团处于摇摇欲坠的状态时，有识之士焦急万分。曾有一个尚书左宰申绍写一份报告，把当时的政治、经济、文化、军事等方面的问题一针见血地提了出来，并提出了若干解决的措施：“过宰是政治根本，今之守宰多非其人，有出身行武之人，有的是贵戚纨绔子弟，却不由乡里选举，又不经朝廷任用……贪惰的人没有刑罚威慑，清廉的人没有奖赏鼓励。因此，百姓困弊，盗贼遍地，纲纪败坏，不能纠慑……又官吏冗滥，超过前世……仅后宫之女就达4000余人，僮侍厮役尚在其外……上行下效，士民也争相奢靡——应精选择守宰，并省官职……节抑浮靡，爱惜有度，赏必当功，罚必当罪……”，等等。

报告到了皇帝慕容暐的执政太宰手里。他连看都没看就束之高阁了。

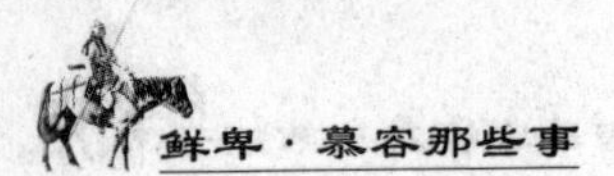

十二、前秦东征，前燕国崩

创业不易守业难，燕国出个不孝男。

英雄不用用老愚，前秦挥戈江山完。

苻氏雄儿不简单，学习汉文用汉贤。

五湖四海皆兄弟，挥师独占北国天。

前燕皇帝慕容儁临死在邺城托孤之时，曾说“二方未平”，“二方”指的是东晋和前秦。

前秦是西北少数民族氐族所建立的一个地方割据政权。

这个民族部落起初游牧在今甘肃省秦安一带，过着马背生活，以牧畜为主。到苻洪时期力量开始壮大，经济发展，人口猛增，形成了一个小社会。公元350年，苻洪投奔东晋，被封为征东大将军、冀州刺史、都督河北诸军事。放羊出身的苻洪对于中原晋朝所封的官职根本也没看上眼，觉得管那么多事太费劲。他说自己是秦始皇的后人，又住在三秦大地，自己称“三秦王”。

第二年（公元351年），苻洪一次饮酒过量与部将麻秋发生口角被杀，其子苻健继承了王位，率众向南进入长安，占据吴中地区，自称天王、大单于。公元352年，苻健学前燕称帝，设置百官，立郡县，确辖区，国号为“秦”，史称前秦。

苻洪、苻健两代，经济发展迅速，关西一带一度出现了“家给人足”的景象。就是说够吃够用，自给有余，什么都不缺。公元353年，苻健因酒醉死，其子苻生继位。这个家伙酒色财气，五毒俱全，酒醉以杀人取乐，专横残暴，荒淫无度。在位两年，部族大臣看在眼里，恨在心里。劝他不成，苻健的侄子苻坚在宗室元老拥戴下，杀掉苻生，登上了皇帝的宝座，掌握了最高权柄，自称大秦天王。

汉魏南北朝时期，氐族就和中原交往密切，氐族是接受汉文化即封建文明较早，影响颇深的少数民族。据说苻坚曾在山东河北一带当过马贩子，懂汉文化。夺得王位后，非常重视招聘汉族文化知识分子，大胆使用，量才提拔。他在山东寿光招聘来了得力的左膀右臂——扪虱而谈笑的天下奇才王猛。王猛这个人少年贫穷，靠卖簸箕等柳编之类东西糊口，好学习，学识渊博，懂兵书战策，不拘小节。东晋名将桓温见他时，他一边谈论天下局势，一边把手伸到衣服里面捉虱子。苻坚得到王猛如汉高祖刘邦得张良、韩信，刘备得到诸葛亮一样，言听计从，在部族中大力推行汉化政策，学习汉族文化知识，使用汉人当官，广建学校，功课农桑，活跃工商，修道路，设驿站，使前秦这个小国社会经济发展空前，国力军事大增。

前秦与前燕是北方大地两个势不两立的少数民族势力。多年来一直互相攻掠，你来我往，互不相让，关系也是时好时坏。前燕一直试图而进，“虎视关东”；前秦一直“窥伺东北”，待机而动。东晋当初对前燕发动战争，前燕为搬救兵许诺割让虎牢关以西地盘给前秦为条件，待东晋战败之后，前燕皇帝慕容暐反悔，并未按许诺割地。

苻坚哪里受过这种愚弄，在国内大臣们面前丢了面子，哪肯罢休。公元369年十一月，遣辅国将军王猛、建威将军梁成、洛州刺史邓羌率步骑3万人马伐燕，首伐洛阳。守将慕容筑见救兵不到，接到王猛的劝降书就投降了。前秦军接着进攻荥阳，东安王慕容臧见打不过人家，弃城而逃。

实际上外人看是为了土地，知情者认为苻坚早就准备好了。慕容恪一死，慕容筑的归顺，王猛、苻坚等人认为消灭前燕的时机已到。公元370年六月，苻坚命王猛为元帅，带领伺镇将军杨安、建威将军邓羌、虎牙将军张蚝等十余将领，率步骑6万余人伐燕。为了表示重视和激励将士，出师前苻坚率文武百官到灞水上相送，并向将领口授“破壶关，平上党，长驱取邺”的方略。

王猛令杨安进攻晋阳，自率大军急攻壶关（今山西长治西北），一战夺取关隘，并俘虏了前燕上党守将慕容越，所过郡县望风而顺。留下守关将领后，急带军前往晋阳援助杨安。晋阳守将慕容庆，凭借着高大城墙，率兵把守。杨安连攻十日，士兵伤残千余，仍无法破城。王猛围着城池转了一圈后，决定智取，不再强攻了。王猛派张蚝将军挑选500壮士趁天黑半夜在城下挖地道，秘密潜入，突然间跃出地面，砍杀了守城门官兵，打开城门，外面的部队一拥而入，晋阳城陷。

前秦军像秋风扫落叶一样，进潞川（今山西省路城东北）。八月，慕容评率兵30万前往潞川抵抗前秦部队。他认为王猛孤军深入，用持久战的方法可消耗前秦军力。平心而论，这种方法确实可行。但慕容评久不上战场，在宫中当太傅，养尊处优，使人朝朝，以其昏昏，贪得无厌。他依仗权势，在各地存有大量资产，占据山林草场，“卖樵鬻水”“积绢如山”，在大敌当前还是念念不忘发财。不分百姓士兵，用水二石收绢一匹，没绢折钱。这样没有人愿意再给他当炮灰卖命，部队一点战斗力也没有。王猛听探兵报告后，哈哈大笑：“慕容评有亿万兵将又有何用啊？何况不过几十万人有什么可怕的，燕军必败无疑。”一天夜里，他派小股部队抄山路绕到前燕营盘背后，到存粮储物辎重处一把火烧了个精光，远在百里外的邺城都能看到火光。到这个时候慕容暐才开始害怕起来，派人责备慕容评的行为，但为时已晚，说什么都没有了用。

可想而知，这样的主帅，这样的军队，那还有战斗力。两军在前线一接触，前燕军刹时全线崩溃。仅一个上午，就被前秦军俘杀5万多人。王猛指挥大军乘势掩杀，前燕兵是如潮水退堤。兵败如山倒，仅降者就达10万余人，死伤10万余人，溃散十来万人。慕容评只剩下了三五百人逃回邺城。

王猛到邺城外，前秦军迅速合围邺城。当时社会治安不好，兵痞匪横行，公开拦路抢掠百姓。王猛发布公告，严明纪律，城外一片潇然，百姓安居乐业。自己的军队对百姓非常爱戴，秋毫不犯，当地百姓高呼万岁。奔走相告说：“这支军队真好，和当年太宰慕容恪一样。”王猛听后，感慨万分说：“慕容恪，前辈奇人也，有他在我们不能打。”于是在城门前设太宰礼，祭奠慕容恪，让城中的人都知道他们是仁义之师。

前秦苻坚亲带10万精兵增援王猛，亲自部署组织攻城，大大地增强了军队的战斗力。邺城百姓官员人心欲归。有一个叫徐蔚散骑侍郎率500

多夫余、高句丽、上党氏族人，夜间偷偷地把城北广德门打开，迎前秦部队入城。慕容暐得知门开城破，仓皇带王室宫妃侍卫1000余人出东门往龙城方向急奔。没跑多远人就跑散了。慕容暐回头一看还有十几个人，因是半夜三更也不知东南西北了，也不道跑了多少路，所在的地方是哪。天亮，一打听跑差了方向，是河北高阳一带，马也走不动了，人乏无力，又饥又冷，只好步行折东而行。还没走多远，就被前秦将领巨武发现，一声令下，捆绑起来。慕容暐大叫："我是皇帝。"巨武说："我知道你是个昏君。"不由分说押解回邺城。苻坚笑着说："见本王你跑什么呀，快点投降不就得了嘛，让我费了这么大的事。"慕容暐低声下气苦笑着说："狐狸死时还要找在出生的山丘，我看不行了，就准备跑回老家到先祖坟上了结自己罢了。"苻坚看他可怜，心存同情，让他把文武百官召集在一起。慕容暐心服口服地带领百官在正式场合出降，他毕恭毕敬地向苻坚献出了玉玺。

邺城失陷后，慕容桓率5000鲜卑士兵，退保龙城。

公元370年前燕灭亡。从公元284年算起，前燕政权历经廆、皝、儁、暐四主，历时86年。如果从公元337年慕容皝称帝算起，三主，立国33年。

慕容评这个毁家丧国的太傅被前秦大将郭庆追到辽东，无奈投奔了高句丽。但他忘了他们两家是死对头。他父亲与兄弟曾使高句丽城破国灭，并带走人家王后，扒人家祖坟，把人家祖宗尸骨都给带回了龙城。当时高句丽故国

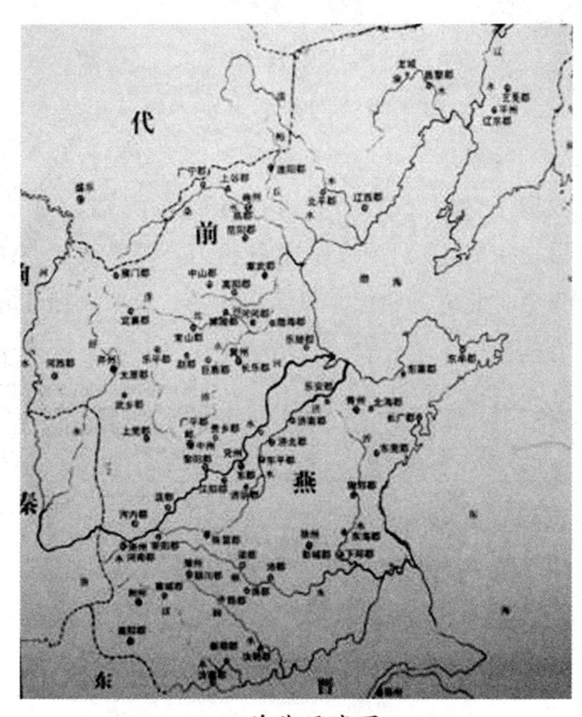

前燕疆域图

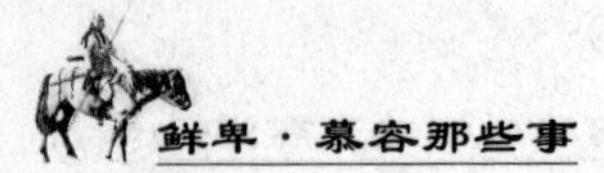

原王斯由，权衡利弊，认为慕容评这个家伙太可恶，这个丧家犬不能留，于是故国原王卖了个人情“执送于秦”。

苻坚对待本土百姓和前燕百姓一个政策，宽大胸怀。有人说不亚于唐太宗，对灭国的王室皇帝格外恩厚。公元370年十二月，迁慕容暐百官、王公贵族、市民等4万户于长安，封慕容暐为平南将军、别部都督，其他王公贵族也都给了个官当当，连慕容评也弄了个范阳太守的官衔。先来投奔者慕容垂，回想自己在前燕的日子，以及哥嫂叔的冷眼，他就劝苻坚杀掉慕容评，苻坚笑而不答。慕容楷私下说：“说不定今后的慕容大业就会落在叔你身上，这些人可都是火种呀，不能把关系搞僵了。”

公元372年，苻坚再次进入东北，清除前燕残余慕容桓，完成了对东北的统一。

苻坚统一东北后，由郭庆为第一任都督幽州诸军事、幽州刺史，镇守蓟城。第二继任者苻洛是野心家，认为苻坚是穷兵黩武，不得人心，而自己“跨踞全燕，地尽东海，东南控乌桓、鲜卑、高句丽、新罗、百济，控弦之士不下五十万”，于是举兵造反。苻坚平定后，鉴于幽州辖地过大，将平幽两州又分开。

公元381年肃慎向前秦上贡“楛矢石砮”等方物。

接着苻坚又连连向西南出兵，分别打败了东晋和西羌一些地方势力，攻取了益州（今四川）、凉州（今甘肃一带）等，这时前秦处于鼎盛阶段，军队达六七十万，号称百万，雄霸天下，出现胡汉五湖四海一片升平景象。北方铁弗部，东北高句丽、新罗，西北吐谷浑、西域诸国甚至西南蛮族都进贡于长安。官员哪个民族都有，不亚于盛唐，呈现大同欣欣向荣的政治局面，成为当时中原及北方溶各民族为一炉的大帝国。

伺机多年的慕容垂，看在眼里，记在心上，认为东山再起的时机到了。

十三、东山再起，燕国复立

淝水一战苻家败，容垂东山又起来。
领兵出征收旧部，后燕基业从此开。

在前秦苻氏集团横扫前燕各地残余时，前燕有一个奇人叫申胤官至司徒，长叹一声说：“我们肯定会变为苻坚的俘虏，国灭家亡，身寄他乡，已成定向。但依我看，不过十年，我们大燕还能复兴，原因是我们部族会出现先前两位明主一样的英雄，收拾旧部，重整山河，东山再起。”预言辞托星象是古代阴谋家惯用的伎俩，蛊惑人心罢了。但也非常奇怪的是，谁知还真是应验了。这个人就是末代皇帝慕容暐的亲叔叔慕容垂。

慕容垂投奔前秦苻坚当时，谋士王猛心中早就看出了此人并非等闲之辈，就像刘备在曹营一样。龙非池中之物，总有一天腾飞于天，跃于海。王猛观其家族史绝非是善辈，千方百计地想方设法除掉他，以绝后患。

前秦扫荡前燕残部时，王猛使出了一个损招。王猛大部队需要有燕人当向导，让慕容垂的儿子慕容令先行一步，然后，亲自把慕容垂请到府上，大摆筵席，称兄道弟，谈天说地。酒酣耳热之余，王猛与慕容垂唠了一大堆推心置腹的话，酒过三巡，菜过五味之后，王猛说：“老兄，如今我远行随军出征，你有礼物送给我吗？让我带上它再也不至于寂寞。”慕容垂不知是计，也没过多地想，认为王猛是好哥们，二话没说把随身多年的宝刀送给了他。王猛率兵到洛阳后，重金贿赂了慕容垂旧部亲信，让他带宝刀到慕容令营中，说他父亲深感不安，王猛老是向苻坚进谗言排挤，早晚必受害，已经带着家眷回龙城了，要他赶快动身，信物在此。慕容令看到信物和来人，迟疑半日，那年头路远只能凭

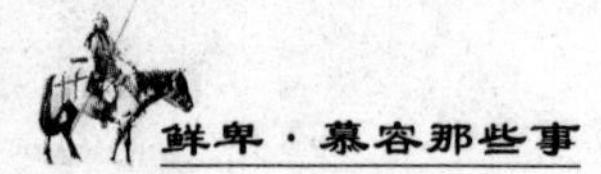

书信或信物，最后还是中了计。第二天，他带着旧部以出猎为名，投奔了石门的慕容臧。这时，王猛早已写好了书信，快马到长安报告给苻坚。慕容垂听后大吃一惊，这下可完了，命真是不济，急急忙忙地出逃，还没跑到蓝田就被苻坚派出的追兵抓了回去，到长安绝望地引颈等着砍头了。

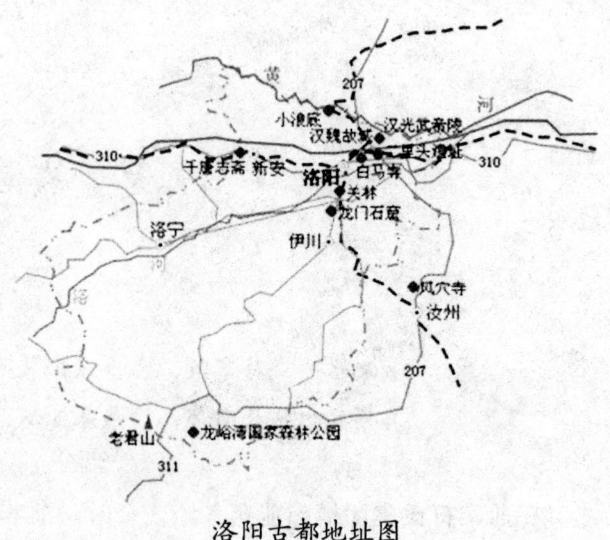

洛阳古都地址图

王猛用计不亚于陈平、诸葛亮，可谓老辣刁钻，用心良苦。但偏偏碰到苻坚这等好人，妇人之仁，计策马上失灵。苻坚把慕容垂带到跟前松绑后说："老兄呀，你家国尽失才投奔于我，你儿子是不忘本而走，怀念故土情有可原，燕国已经灭亡，皇帝在我手中，江山社稷在我手中。一个慕容令能左右什么？在我这里，你们的父子兄弟，罪不相及，你是你，他是他，不连坐。"苻坚为收买人心，才这样仁慈，没动慕容垂一根毫毛，把王猛气得差一点背过气去。

慕容令逃回石门后，由于忽叛忽归，燕人也不信任他。何况其父在前秦当将军，认为他脑后有反骨，可能是回来当内应了，于是把他派到大北边沙城守防，严加监视。慕容令何许人也？与其父不相上下，觉得太委曲，好心被当了驴肝肺，越想越气，于是在沙城招揽人马，准备起事自己干。但驻防又离龙城太近，一有风吹草动，老家人都知道，何况身边还有特务，他刚要动就被小弟慕容麟告了密。燕人先发制人，把他的一帮人杀了个干干净净。

王猛日夜担心慕容势力早晚在前秦惹出乱子来，向苻坚进言说："慕容垂父子和慕容部族人在国内担任官职的人太多，势力非常强大，为防止出乱子，应清洗一次，以绝后患。"为制造社会舆论，他还用歌谣编造出鲜卑人要复国的谶语，从民间唱到宫中。“甲申辛酉，鱼羊食人，悲哉无复遗。”谁也不知道苻坚为什么对鲜卑人特别是对慕容垂有那么深的情感，根本不听王猛的劝谏，反而还避谣，打击唱歌人。

公元375年二月，一代智者、汉人中的精英、前秦的弘股之臣王猛阖然辞世。慕容垂等人才松了一口气。

后世说，那首谶语儿歌里应验的是甲申辛酉，甲申年正是十年后的公元384年，从那年起前秦开始衰落。“鱼羊食人”中鱼羊两字相和为鲜，“鱼羊食人”指秦国最终被鲜卑人所灭掉，就是说前秦在声势浩大战争中被消灭。

制造谣言儿歌的人，也是非同凡人，老谋深算，洞察非常准确。他为了前秦江山穿黑衣抱乌柱，忠心保国而已。但苻坚为一统江山，仁敦宽厚，大度处事为人，把所有的战败者，如鲜卑、匈奴、羌羯等少数民族人大量迁往长安一带，靠理想主义和汉文化治国平天下。他学习汉武帝的大汉政策，延揽天下五湖四海人才，取得空前惊人的成功。王猛隐隐担忧，这样一有风吹草动，蛰伏各地的英雄就会冲出作乱，特别是慕容垂这样的有虎狼之心的人，提醒苻坚应有防备，不可掉以轻心。王猛是汉人，一介寒士，他族为官，与苻坚鱼水关系，比得诸葛亮与刘备，联手轰轰烈烈缔造开拓一片新天地，哪能容他人同床酣睡。慕容垂英武豪迈，仪表堂堂，王室贵胄，苻坚请他喝酒时常常挂在嘴边一句话“二人携手与尔共定天下”。也难免让王猛产生妒心，两者实有日月之分，不能相提并论啊。

前秦统一北方后，便在西安大兴土木，建造宫室。人民负担过重，还没从长期的战争阴影中走出来。本民族人少分散，当政后贵族除了镇压就是盘剥鱼肉百姓。在这种情况下，苻坚未能励精图治，却被胜利一时冲昏了头脑，梦想一心图霸问鼎江南，齐肩汉高祖，不做西楚霸王。严重忽视国内阶级矛盾和民族之间的矛盾。

历史洪流导演出波澜壮阔的一场大战——淝水之战。慕容垂是淝水之战的推波助澜者，在开战前，积极参与，出谋划策。开战时带领其部积极参战。在战争惨败后，趁势图谋不轨，再创辉煌，重建燕国（史称后燕）。

公元382年，前秦皇帝苻坚把文武百官召集到泰极殿，举行中央全会。苻坚发表讲话："我们创立大秦，到现在已近三十年，人民生活富足，社会和谐稳定，国泰民安。各地方也基本平定，心向我朝，皆纳贡称臣。但还有江南一隅，尚未归顺，与我为敌。我大秦要好好学习汉武帝，统一海内，消灭汉贼，荡平江南，再创佳绩，早日成就霸业，立马江南第一峰。我将亲挥百万雄师，横渡长江。请大家出些好点子，还有什么高见。"话音刚落，文武百官像似有组织提前打了招呼一样，异口同声地反对。特别是他亲弟弟阳平公苻融、小儿子及太后、皇后等都积极前来劝谏，请求他暂时不要出兵。

从历史角度看，这些人提反对意见是对的。疆域不小了，各种民族杂居在一起，形势还不稳定，特别是慕容部很让人不安，一大帮旧国皇帝、王孙公子都在国内，有的还执掌大权。如果大军南出，怕是后院起火。

当苻坚请慕容垂发表意见时，他动用了三寸不烂之舌，滔滔不绝，口若悬河说："《诗经》曰'谋夫孔多是用不集'，对于国家大事，凭圣心决断就行了。目前我大秦，疆域万里，民子万万，所有华夷望风归附，称臣纳贡。陛下神武英明，超越前贤历代君王，威振华夏，海内称是。弱的归附强的，小的归并到大的，归能者治理是正道。凭我国实力，有雄兵百万，战将如云，怕什么？而东晋江山一隅，只要圣上挥戈一击，不费吹毛之力，一战荡平，大业尘埃落定，江山一统。当前正是机会，机不可失，失不再来。不然的话会给子孙留下祸害，将一足失成千古恨，不堪设想呀！"这一通煽风点火，弄得苻坚心潮起伏，心花怒放，玄玄乎乎似乎成仙了。苻坚是兴高采烈说："知我者，只有老弟啊！"当场拿出万金千帛奖赏慕容垂。支持者当中，还有一个叫姚苌的羌人将领，与慕容垂同样的心理，后也成了气候，成就了大业。

不是所有的氐族人都没看出问题的症结。苻坚的亲弟弟阳平王与王猛是好友，无话不说，多年相处，非常了得，精通汉学，上知天文，下知地理，中晓人事。他已经看出了慕容垂与姚苌这俩家伙的用意，无非是投我大秦于火海，从中渔利，灭我大秦江山，东山再起。于是明确上书直奏，"鲜卑羌虏是我们的宿敌，居心叵测，常借风云变换作态呈志，哪有好主意呀！不能听，如果轻举伐晋，把握不大，晋国人才聚集，国力很强，成则罢，不成则追悔莫及，后患无穷，江山不保呀！”可谓是语重心长。遗憾的是，苻坚已鬼迷心窍，称砣腌咸菜——进不得言（盐）。

这时的慕容垂把火已点燃，开始坐山观虎斗。他私下与侄儿们商讨自己的如意算盘。侄儿慕容楷对他说：“叔，中兴大业的机会到了！”慕容垂大笑说：“对呀，没有你们，我和谁共图大业呀！”

苻坚一厢情愿，靠北方人的傻实在诚信待人，他还是阅历上有些欠缺，没认为还有人会在背地里谋位害命。在权力、江山、金钱、女人面前无父子兄弟，特别是在少数民族的政权中，比汉族有过之而无不及，如虎狼也。由于游牧食肉的根性所在，父兄子侄互杀的事难以数清。另外，王猛死后，朝中吏制、法制、纲纪已大不如以前，胜利富贵的“糖衣炮弹”击得人纷纷倒下，江河日下。

公元383年八月，长安城热闹非凡。苻坚大张旗鼓地招募，精挑细选一批20岁以下的豪门富家弟子，全部授衔“羽林郎”，组成3万多人的骑兵师作为自己亲军。从此，中国华夏大地上出现千古传承，记载在史册的成语典故：“投鞭于江，足断其流”“八公山顶，草木皆兵”“风声鹤唳”等等。

淝水大战，慕容垂率3万大军出击东晋陨城（今湖北安陆县），没有直接参加会战，部队才得以保全。同年十一月，苻坚从前线逃到慕容垂军中，他身边所有的人都主张杀掉苻坚。大儿子说：“不要意气用事耽误国家大事。”慕容垂深情对儿子说：“你说得没错，但他信任于我才来投，我如果这时不义，天下人会笑我。我们今后图大业更会难行。如果我们把他送回长安，正可收拢天下人心。”弟弟慕容德说：“当断不断，必有其乱，吴王夫差就是一个真实的例子。”慕容垂长叹一声说：“救命之恩，礼遇之恩，不能忘。当时受慕容评排挤，朝夕不保的情况下我们投了他，才保活命。王猛的陷害大难不死，也应报恩。苻坚不能杀，我们不能这时作乱，如果这样的话会引起所有的政敌来攻，要观望等待时机。”他把3万部队交给了苻坚，并护送其回长安。半路慕容垂想冲出樊笼，当到渑池时，他向苻坚请求到：“陛下，东北有些动乱分子，我去镇守是否可以？也顺道回老家看看。”苻坚满口答应，大臣劝说，不能放虎归山。苻坚说：“我在危难之时，他任何的不良举动都没有，可见忠心，我怎能怀疑他。”下令给他3000人马。在经略河北时，王猛路线的执行者们，按他死后安排“除掉慕容氏”，在慕容垂回邺城的半路上设伏灭之。但慕容垂计高一筹，选另一条路过河顺利到家。

十二月，慕容垂在非常寒冷的一天到达了老家邺城。前秦守将苻丕觉得来者不善，表面上以礼相待，但是不让进城，安排他在西郊城外屯兵，并派人秘密监视。

这时丁零人乘前秦战败之际在洛阳造反。丁零人原居今贝加尔湖以西，巴尔喀什湖以东地区。西晋后期迁往中原，依附后赵，后又投靠了前燕，燕亡后投了前秦。丁零人首领翟斌，原任前秦从事中郎将，见前秦淝水兵败，拥兵自立。苻坚下令赶快报告苻丕，令慕容垂平反，认为他有号召力，因前燕有不少遗民在翟营。此令正中苻丕下怀，借坡下驴送瘟神，并给慕容垂老弱残兵2000人，派部将苻飞龙领2000氐族精锐随行。这是让两个异族鹬蚌相争，自己得利。走前慕容垂带领兄弟侄儿便服一起前去拜见一下祖庙，遭到拦阻。一气之下，侄儿慕容楷杀光了阻拦者，扬长而去。

慕容垂走到河内（今河南沁阳）不走了。他借机激怒部下，制造舆论：我忠心效忠于苻氏，但他们是专打我的坏主意，几次险些没命。这回我们再也不要当他的炮灰了，我们养养精神，暗暗招募士兵，就势起兵。不到半个月的功夫，他募集万余人，经过周密部署，慕容垂发起进攻，这天夜里，慕容垂派世子慕容宝为前队，自己与小儿子慕容隆在后，侄子慕容楷侧翼，半夜击鼓为号，一起动手，1000名氐族士兵和苻飞龙人头落地，化为冤魂野鬼。

慕容垂东山再起的消息传出后，各地的慕容族人纷纷响应，成群结队来投。翟斌营中的大将慕容凤是前燕亲王慕容桓的儿子，年仅20岁，听说叔父起事，正值丁零在洛阳东与前秦作战，便请令为先王报仇雪耻，一马当先，不亚于三国的吕布，抖擞精神，直冲敌阵，一刀斩杀前秦猛将。秦兵大败。随后其又说服翟斌拥戴慕容垂为盟主。两军会师，名声大震。苻丕设想的鹬蚌变为了两只老虎。一起回头扑向前秦这个猎物。

公元384年正月，慕容垂久攻洛阳不下，改变了方略，取老都邺城为根据地，引兵向东，在荥阳自称大将军、大都督、燕王；任其弟慕容德为车骑大将军，封范阳王；侄子慕容楷为征西大将军，封太原王。翟斌为建义将军，封河南王；其他兄弟子侄都得到了封号。

后燕国建立。

十四、收复失地，定都中山

重整山河灭顽敌，定都中山复社稷。
国土疆域超故国，慕容中原又虎居。

“阿得脂，阿得脂，伯劳舅父是仇绥。尾长翼短不能飞，远徙种人留鲜卑，一旦缓急当语谁？”这是苻坚让他的爱子长乐公苻丕去镇守原前燕国都邺城时，众人举酒送行、父子离别时，文官赵整所作氐歌。意思是我们分散守土，一旦鲜卑闹事，我们如何是好？当时苻坚苦笑举酒听歌，望着走远的儿子没有什么反应。但是数年后应验了。不出王猛所料，之所以慕容垂成大气候，东山再起，和前秦氐族人口势力分散有很大关系。前秦在关中抱团组建了一强势铁骑，无坚不摧。但随着地盘的扩大疆土外延，苻坚开始有些难以控制。淝水之战后，一些地区的前朝旧部，特别是前燕王公慕容氏开始拥兵造反。慕容垂就是一个很好的例子。苻坚后悔没听王猛的建议而除掉他，引起一个大祸。

慕容垂在荥阳草草建立后燕国，封相拜王后，率20万大军从石门（今汴口）渡黄河直扑前燕旧都邺城（今河北临漳西南三台村），夺回了魂牵梦绕的两朝都城，重新作为后燕的首都，重整河山，振兴大燕。

慕容垂渡河后，权衡利弊，没有立即攻邺城，主要是邺城城墙坚固，兵将广而粮丰。如果攻，苻坚必派大军增援儿子，一时半会儿也难以攻下，采取围城打边的办法是牵制增援的上策。于是他派人偷偷潜入城中，找到慕容农，把城外的情况告诉给他，让他起兵响应。就在大年三十的晚上，慕容农、慕容楷、慕容绍盗骏马数百匹，乔装牧马人回家过年，混出邺城。到了大年初一，苻丕请群僚团拜，大宴宾客，才发现慕容氏家族没到，派人查找，才知道已连夜逃走，起兵造反了。

慕容农首先到乌桓人鲁利家中。鲁利夫人备好饭菜，慕容农是笑而不食。鲁利的妻子是个聪明且有见识的人，“老鲁呀！慕容兄来不是为了吃的，肯定有大事相商。”慕容农把来意说明，在鲁利的帮助下，把本部居民全部组织起来，有刀枪的全部编入军队。为了解决兵器不足，用槐树杆削尖当枪用，没有旗帜把妇女的裙子扯开拼成。又派一个伶牙利齿、能说会道的身边管家赵秋游说其它部落。不到半个月就收集3000多人。慕容农根据皇帝命令，按德能勤绩都封了官。随即进攻占领了陶馆，又收集了不少兵器；又派表兄兰台进攻康台（今河南丘县西南），获取马1000余匹。随着影响的扩大，上党、东阿、平叡等地的地方民团纷纷响应，积极踊跃参加。

邺城守将苻丕遣部将石越率兵万人，进剿慕容农，被慕容旧部的人密告给慕容农，慕容农得知后，全军出动，在前秦军所经过的安塞设下埋伏。石越是一个有勇无谋的家伙，结果是全军覆没，自己身首异处。慕容农乘胜率部直扑邺城。

慕容垂与慕容农在邺城附近会师，确定公元384年为后燕元年。沿用前燕朝仪典章，立世子慕容宝为太子；封从弟慕容拨等17人及外甥宇文输、表兄兰审为王；其余功臣和宗族受封者37人；封伯、侯、子、男89人。紧接着慕容垂开始组织指挥部队攻城，扫荡城外苻丕残余份子。前秦守将苻丕把城外的所有部队撤回城中，组织防御。

公元384年三月中旬，慕容垂经过精心准备和策划，调来战斗力非常强的丁零、乌桓将士20万人，用飞云梯子、地道、投石机等猛攻邺城。由于苻丕抵御得法有效，十余天不能攻破。慕容垂见此无奈，只好改变战术战法，用“长期围困”的策略，把老弱宫廷人员全部安排在淝乡，并在其西筑新城存辎重粮草。在邺城四周多处分兵围点打援，以为长久之计。三月漳水开化，慕容垂看邺城久攻不下，固若金汤，采用谋士右司马司马衡的建议，学习关羽水淹曹洪七军的办法，引漳河水灌城。一切工作准备就绪。正当拦河积水时，苻丕派士兵会同丁零翟真进行破坏，扒拆拦河大坝放水，使水淹邺城的计划流产。

八月，邺城的粮草消耗一空，城中把木头削了喂养战马，人食草根树皮、虫鼠。但城外慕容垂的日子也不是好过，军中粮草不济，三顿饭改为两顿，没办法只能到周围清河平原等地收一些租子。但没有强征暴敛而是纪律严明，遵章按法进行收缴。老百姓看到这样的仁义之师，也主动上交。路上送粮送物的人络绎不绝，大大地缓解了燕军后勤供给的艰难局面。

十月，慕容垂采用孙子兵法“围者必阙”的策略，撤掉了西面的围城部队，让他们回长安老家过年，并发放通知。一者表明我后燕大肚胸怀，再者也借坡下驴，改变一年攻城不下难看窘迫局面。可苻丕挺有心计，不但不撤军，反而利用西门便利之路与东晋皇帝联络求缓。

慕容垂也没有理会他们，抽调兵力先后平定占领了信都（今河北冀州市）、中山（今河北定州市）、常山（今河北石家庄郊东古城）等地。

公元385年四月份，东晋皇帝派大将刘常率5000精兵前来解邺城之围。两军对阵，慕容垂退回新城。刘常引兵攻击，后燕军又向北撤，刘常引兵追击。当到达五桥泽（今河北临漳北）时，看到后燕军的辎重库，命令士兵抢掠，然后放火烧掉。此时，慕容垂拥兵痛击，把晋军装进了事先布好的口袋阵，刘常几乎全军覆灭，只带着身边几十人逃回了邺城。

八月，长安方面快马来报，请太子西返。前秦都城长安已经沦陷，一代枭雄苻坚暴亡。苻丕这才带着家眷军民6万余人西归晋阳（今山西省太原西南），安排完父亲的身后事后，接班当上了前秦第五任君主。苻丕军撤退后，留给慕容垂只是一

邺城遗址

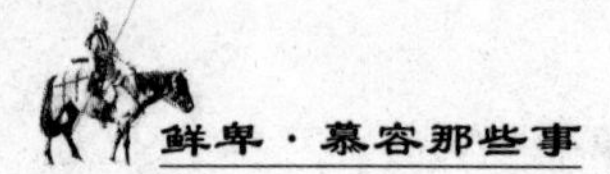

座满目疮痍的空城！

由于连年战争，给中原地区特别是给冀、幽、晋带来深重灾难，“白骨布于路，千里少鸡鸣”。人民家破人亡，流离失所。燕王把农民用来养蚕的桑叶、榆叶当作军粮来用。同时放弃了邺城这个中兴之地当作都城计划。经过上下精心勘察，商议决定把中山（今河北定州）当作后燕的首都。公元386年，为后燕开国元年。又重置百官，封爵拜王，建皇宫，立宗庙，定社稷。

经过一年的休整，慕容垂把战略的重点转移到东北，派遣慕容农、慕容麟、慕容隆三个得力能干的儿子分率主力部队向东北老家进军，讨伐前秦残部和趁乱占领前秦领地其他少数民族政权，收复失地。一战拿下慕容部发祥地——前燕的第一处都城龙城。不到三年，夫余、贺兰、高句丽等部国纷纷败在后燕军手下。前秦残部逃回老家，居阴山；拓跋的大部分部族也归属后燕。此时，后燕基本上回复前燕地盘，雄居中原，成为冀、辽、阴山北、河套以东广大地区的宗主。

在围城期间最为头疼的是丁零人，两年攻城未下，除其他客观原因，与丁零人反复无常有很大关系。慕容垂兵力当中有五分之一是丁零人。这些人非常难节制，首领翟斌狂妄居功自傲，经常以功要封赏，要官位，经常与慕容垂的嫡系部队发生冲突。几位王爷大臣多次说，翟斌兄弟居心叵测，必为我大燕后患，应迟早解决。但垂向兄弟子侄说：“他与我有约在先，盟过誓。现在前秦问题尚未解决，我们如先动手，恐失人心呀！”

问题终于出了。翟斌一次要慕容垂封他为尚书令。慕容垂说：“老弟呀，按说你是当之无愧，但时机还未到，目前我们连都城都没有，又荒郊野岭，居无场所，没办法，等我们攻下城，根据你的功劳一定给你好好加封。”翟斌恼羞成怒，认为不给面子，决定归顺苻丕，并与苻丕通谋。当慕容垂准备好引漳河水灌城时，翟斌按着苻丕的要求秘密扒渠，使计划失败，灌城未果，为苻丕解了燃眉之急。慕容垂也老谋深算，暗地里在他的周围安插了眼线，布置好防守部队，准备择时下手。正在翟氏父子得意杰作之时，慕容宝带兵直入翟斌大营，闯入军帐，一顿乱砍，杀掉了翟斌及其兄弟，但还是跑了其侄子翟真。翟真连夜出逃，收集残部，冲出了后燕军的包围。在途中又遇到了慕容隆的截击，落荒大败，带领着一小队人马逃回了老巢邯郸去了。从此，丁零人对慕容氏是恨之入骨，大骂其不讲信誉，经常以游击战骚扰后燕边地。

邺城博物馆

为了彻底解决丁零这些残部败将，以绝后患，慕容垂亲自带兵征讨，进至到黎阳，丁零派翟钊率精锐部队凭借着黄河天险列阵拒之。将领们有些为难，认为不宜过河。慕容垂派儿子慕容宝把大营上迁四十里外的西津渡口，造了数以千计的皮筏子、草船，上面布上假人和旌旗，由真人指挥，做出了渡河的架式。丁零翟钊急忙把重兵调过去。慕容垂命留守在下游的部队连夜渡河，第二天早上，后燕几万部队在黄河南岸扎下了大营。翟钊又马上分兵把守，没过半个月，上游燕军也乘夜偷偷过了河。慕容垂像耍猴一样玩弄着翟钊，弄得翟钊的士兵疲惫不堪。时值盛夏三伏天，有近半的士兵中暑，就在这时燕军上下夹击，丁零军大败。翟钊一行急急忙忙逃回了滑台，带上妻儿老小北渡黄河登上了白鹿山（今河南获嘉县北），凭险固守。慕容农说："山上无粮，不能久居，用不了多少日子，他们自己就会饥饿出山，我们来个守株待兔。"慕容农率军返回，留下机动兵力监视。果然不出所料，不到两个月，翟钊带人下山另找谋身之地，慕容农出兵突袭，大败敌军，翟钊家眷被俘，自己只身逃亡西燕去了。

十五、剪除同宗恶弟，图强雄霸中原

慕容姚苌图霸强，山河五裂苻坚亡；
西燕虎狼争王位，一季惨死五个王。
同宗不念手足情，残忍相煎杀个光；
花甲皇帝亲出征，一举铲除西燕狂。

慕容氏是一个活力无限、朝气蓬勃、不甘落后又桀骜不驯的部落。淝水之战后，慕容垂第一个扛起复国收拾旧山河的大旗，其他慕容氏也纷纷效仿，灭秦复燕的运动开展得轰轰烈烈，风起云涌，波澜壮阔。

前燕皇帝慕容暐的御弟慕容冲，是苻坚的小舅子。前燕国灭亡，年仅12岁官居大司马的他与他美貌绝伦的姐姐清河公主一起被俘，苻坚把清河公主封为宠妃。慕容冲长得面如美玉，身洁如雪，另外异常聪明伶俐，被苻坚留在身边，朝夕相处，常常带着姐俩出席各种让人羡慕的场合。大司马王猛等人实在是看不惯，曾经多次相劝，苻坚实在无奈，把慕容冲派出宫，封为平阳太守。

慕容垂在关东起兵反秦复燕消息传开后，前秦北地长史慕容泓，带领前燕王族从陕西华阴孤身逃回东北，召集旧部和少数民族勇士三千余人，率部返回华阴与秦军作战，称燕王。苻坚的小舅子平阳太守慕容冲接到各地情报后，毅然在平阴（今山西临汾地区）举兵反秦称帝。

前秦苻坚看到慕容垂、慕容泓、慕容冲甚至当作或胜过亲兄弟看待的人一个个起兵造反，气得暴跳如雷，对大臣权翼说："唉，真后悔，不听王猛和你们的话，导致今天这些知恩不报、丧尽天良的鲜卑人闯出大祸。"关东已无法与慕容垂争了，还是先对付关西这俩家伙吧。于是派儿子苻睿和姚苌围剿慕容泓；派大将窦冲围剿慕容冲。

前秦统帅苻睿是一个年轻气盛，轻狂莽撞的家伙，碟子扎猛子不知深浅，认为慕容泓只不过是东北来的一个草寇，没多大能手。而姚苌深知其厉害，劝他不要操之过急，提出建议："鲜卑人老家在东北，后迁到中原，国灭家亡的情况下投降于我们，应采取赶牛羊的办法把他们赶回老家去，不要困虎于宥，会伤着我们的。"苻睿认为他畏首惧尾，不是上策，不听其建议，挥军轻进，一下闯入了慕容泓的口袋阵，5000人马一个没剩，自己也身死于乱军之中。姚苌派人向苻坚解释说明情况，同时谢罪。苻坚气愤异常，失去了往常的大度宽容作风和伟人形象，下令杀了两位报告人。姚苌听后畏罪带领部下逃回羌族老家渭北的天水一带，组织一些地方武装豪强10余万人，自称大将军、大单于，不久称帝建国，以秦为国号，史称后秦。

前秦帝国的江山已七零八落，控制在苻坚手中的地盘只有长安附近他儿子苻丕所守的孤城。四面楚歌，关东几乎被慕容垂占据，关西有慕容冲、慕容泓，西北有姚苌，往日的朋友部下大部分已变成了敌人。

让人不解的是，苻坚到了这种地步，对"朋友"的宽容不减当年。慕容冲被窦冲击败后，投奔了慕容泓。兵合一处，将集一家，兵力达到了10余万人。于是慕容泓写信给苻坚，要求把前燕皇帝慕容暐送回来，他就撤回关东，两国永续秦晋之好。苻坚把慕容暐叫到了宫中，把信甩到他面前说："看你们老慕家这帮家伙，全是人面兽心，不讲信义，你要走就走吧！"慕容暐一向懦弱，连忙磕头谢罪，大哭。苻坚见状心就立时变软，又待之如初。但是，暐还是偷偷派人给其弟捎去一封信说："我是笼中之人，亡国之君，不用挂念。你们应努力恢复燕国大业，建国称帝。"

慕容泓接到信后，不再往关东退，反向长安进发。途中残酷对待不服从的部下。有几位部将认为慕容冲是正统，他如果要当上头头会好过些。一天夜里，部将趁慕容泓酒醉将其杀死，拥立慕容冲为主子。慕容冲掌权后，纵兵迅速包围了长安。

从此，长安人间炼狱开始了。城内外都缺粮，城内的百姓官人把树叶、草根、老鼠都吃光了。人死在大街上，第二天早上尸首就不见了，被人拖走吃掉了。城外军队无粮，慕容冲号召抓俘虏作为军粮，简直太残酷了。

苻坚带领大臣们上城，看见城周围满山遍野都是他们深爱着的东北虎，大惊失色地说："哪来的这些家伙呀。"远望大帐中竟然是他最可爱的小舅子慕容冲，正在发号施令指挥部队攻城。苻坚派人出城带一件锦袍、玉带还有一个小把玩给慕容冲，捎信说："内弟，你就别难为姐夫了，快撤兵吧！"慕容冲哪吃这一套，让使者带回信："请把我哥哥送回来，我就撤兵，也算报答你往日知遇之恩，也算给姐姐一个面子。"这下可彻底地激怒了苻坚，悲乎后悔不听王猛、符融之良言。

长安城内有近万鲜卑人，一开始苻坚还没想动他们。可是慕容暐与慕容肃组织串联鲜卑人在城内谋反起事，诡称自己儿子结婚，请苻坚参加婚礼，乘机杀掉他。那天凑巧天降大雨，没去成。密探把实情报告给苻坚，把他惊了一身冷汗。苻坚对慕容氏彻底失望，认为不杀不解心头之恨。一天夜里，除慕容垂小儿子慕容柔、慕容宝儿子慕容盛逃出城外，慕容暐等家眷五千人被杀。另外，下令凡是捉到鲜卑人俘虏一律活埋。前后坑杀鲜卑人过万。慕容暐死时年仅35岁，谥幽皇帝。

公元385年，慕容冲在阿房城（今西安阿房城西南）称帝，国号也称燕。为区别其他同姓燕，史称西燕。未记入五胡十六国。

阿房城

慕容冲生性残忍，老祖宗好的基因未传承下来，掠夺嗜杀成性的劣习在他身上反而发酵，放纵军队烧杀掠抢，无恶不作，弄得长安周围无人烟。百姓纷纷参战，但哪能抵挡住虎狼之师。长安城危在旦夕，苻坚在城头督战，被飞箭流石射得遍体鳞伤。长安已粮尽辎绝，无奈只好留太子苻宏镇守，自己率500轻骑杀出一条血路，向陇西方向五将山逃亡，希望在那里筹集到军粮，但又误入了姚苌营地，被俘。姚苌把他软禁在新平的一个佛寺中，自己不敢来见，只是派人催要传国玉玺，并提出苻坚把位子禅让给他。苻坚大骂其丧尽天良，知恩不报，以小反上。姚苌恼羞成怒，下令把苻坚吊死在佛寺中，可惜一代枭雄就这样丧命，终年49岁，在位27年。不少羌人感念其往日之恩德，流下了同情的泪水。姚苌为收买人心，假慈悲而厚葬之。

传说苻氏前秦王朝灭亡后，毛皇后被姚苌虏得。毛皇后生得花容月貌，雪肤玉肌，高挑身段，美若天仙。羌首姚苌想纳其为妃，毛皇后坚决不从，大骂姚苌不仁不义，杀害先帝，丧尽天良，还想淫国母。姚苌无计可施，一怒之下，把毛皇后抬到马场，千刀万剐。

慕容冲心胸窄小，大部分的鲜卑人想东归，可一东归，他不如慕容垂的声望，只能屈居下位。于是他开始修筑宫殿，但大部鲜卑人不买他的账，杀了慕容泓等人，部将韩延顺、段随等乘慕容冲不备击杀了他，立段随为西燕王。不到三个月，慕容家族耻于大权旁落，又把段随给杀了，立小王子慕容顗为西燕王。他带40万鲜卑乌合之众浩浩荡荡离开长安向东进发。在路上，兄弟们相互倾轧，慕容顗又被杀，慕容瑶为西燕王。走着走着，慕容瑶也被杀，慕容忠为西燕王。史书记载，三个月，五个西燕王都被杀了，史无前例。

慕容冲、慕容泓两支人被杀绝了。慕容永（慕容廆从孙）把慕容忠杀了；走到山西，听说慕容垂在中原称帝，就不走了，自称持节、大都督、大将军、河东王，大封部下并向后燕称藩。这时，慕容永东归找到了一个合适的地方想建都，实际是人家前秦的地盘，他向前秦新任皇帝苻丕借路，苻丕当然不干，两军拉开了阵势大打了一仗。西燕这支乱军竟然打胜了，慕容永开始飘飘然，不知天高地厚，认为自己应当当皇帝，不再向后燕称臣了，穿上皇帝朝服束上玉带，高坐在龙椅之上，定都长子（今山西长治），称帝。

紧接着，为排除异己，对那些慕容垂留在阵营中的子弟侄孙亲族，凡是不服从他的屠杀殆尽。从此，与后燕结下了死仇。

北方五胡乱中华达到了顶峰。有除了后燕、西燕、后秦几个正式政权，甘肃另一支鲜卑首领乞伏国仁在土堡也做起了草头王的生意，建立西秦王国。前秦派出征服西域的大将军吕光，听苻坚的死讯后，在西北洮河流域称王，史称后凉。东晋在南方观望，北魏拓跋氏在北方聚蓄力量。

西燕慕容永是先王慕容廆的从孙，与慕容垂为同一爷之孙，庶出一脉。他背着慕容垂另立山头，乱杀无辜，凭慕容垂的性格是绝对不允许的，慕容垂决定亲征。大家都劝，连年的战争不得休息，且慕容垂又年势已高。他说："不能把后患留给子孙，别看我年老，他还不是我的对手，看好吧！"

公元394年二月，慕容垂调集骑兵8万，兵分三路，进攻西燕。太原王慕容楷出滏口（今河北邯郸市西），辽西王慕容农出潼关（今山西长治市东南），慕容垂亲率中军出沙亭（今邺城西南）。西燕慕容永分兵拒之，另派一万人防守储备辎重台壁（今山西黎城西南）。

慕容垂又玩起了的悬剑于敌人头上，围而不打，隔而不围的战术，两个月来，按兵不动，让慕容永狐疑难测其深。西燕的中间屏障是近千里的太行山，有七个关口可通行。西燕只能封锁山口，不停调动兵马。一日，忽然后燕的军队如潮洪一样涌出关口，正面冲到了西燕的前面，过滏口入天井关到了台壁，大破西燕军，并包围了台壁。慕容永知道中计，赶紧回军阻击增援解围。智谋老手又布好了口袋阵，在台壁不足十里的山谷布下伏兵，派儿子领兵正面与慕容永展开决战样子，慕容永为解两个多月的心头之愤，率5万大军直接掩杀过去。入山行不到五里，道路被封，后路断绝，两山数以万计的后燕军杀出来，西燕军死伤万余人，其余全部投降，晋阳城也被拿下。慕容永只带十余骑逃回都城，无奈派使者向东晋、北魏求援，派来了解围部队也无济于事，都被慕容垂打败。六月，西燕军被包围在长子；八月，西燕太尉大逸豆归部将伐勤偷开城门投降。后燕军入城，慕容垂杀慕容永及大逸豆归等五十余大臣，其所统辖八郡七万余户归后燕。

西燕亡，从公元384年至394年，历7主，11年。

慕容垂自从东山再起后，历经十年征战，攻无不克，战无不胜，先后击前秦老巢，灭丁零、西燕，渡黄河，拓土开疆，发展到今山东临沂、枣庄一带。全胜时四境"南至琅琊，东临辽海，西界河汾，北至燕代阴山南"，与前燕的疆域相当。

十六、拓跋北兴败燕，后燕败北主亡

亲宗拓跋西北兴，后燕太子亲出征。
珪孙奇计惑军心，丧失斗志返归程。
行到石匣被奇袭，七万将士埋沙中。
雪恨杀狼帝挥师，胜后病逝在官厅。

在阴山南，黄河北，克什克腾西，五原东，盛乐（今内蒙古和林格尔）一带，有另一伙从大兴安岭嘎山洞（今呼伦贝尔盟鄂伦春自治旗阿里河镇西北20里）走出，与南朝相对，最后统一北方的鲜卑人拓跋氏。他们的祖先经历了“八阻九难”，走出了黑白山水、深山老林，第一次迁大泽，第二次迁“匈奴故地”河套阴山一带。在前秦败北之时，从拓跋力微到拓跋什翼犍建代国定都盛乐，第十三代主拓跋珪于公元386年改代为魏，史称北魏（公元386—534年）、后魏、拓跋魏。从此在北方成为左右中国命运的重要王朝。

魏王拓跋珪从小就在部族的逃亡与仇杀中长大，身高八尺五寸，体力超人，能吃能喝，一顿饭能吃一锅粘豆包（半斗大黄米、半斗豆馅）、一只羊，一日步行可走200里，能举起一头犍牛。另外他骁勇沉稳，攻于心计。慕容氏与拓跋氏世代姻亲，就近而言，什翼犍妻子是慕容垂的姐姐，论辈分拓跋珪是慕容垂的外孙子。在两国关系上，后燕出兵帮助过拓跋珪打败宗族反对者拓跋屈咄。从此，北魏一直向后燕称臣纳贡。因为拓跋珪辈分低，后燕的一些人经常向拓跋珪要好处，一次后燕缺少马匹，让拓跋珪派人送过来。拓跋珪没有给，后燕就扣留了其弟拓跋觚，因此两国发生了矛盾。

西燕强盛时，北魏拓跋珪采取联合西燕抗拒后燕的方针。公元394

年，后燕攻西燕时，慕容永求援，拓跋珪派三万精兵进至今山西忻县东北救援。

后燕建立者慕容垂身经百战无一失利。但那只能说明是过去，如今由叱咤风云的少年英雄变成了老态龙钟年逾古稀的老人。慕容垂深知来日不多，为了后燕发展大业，不给子孙留下麻烦，认为必须要解决北魏这个外孙帝国。他把太子慕容宝推到台前，想借此让其历练一番，磨合锤炼后接班。但是棒锤立不起旗杆，慕容宝并无统兵之能。

公元395年五月，慕容垂派太子慕容宝率兵灭魏。大臣高湖劝道："燕魏是晋秦关系，嫡亲百世。为了要马，扣留你外孙子，我们本来就理亏。另外，拓跋珪有勇有谋，历经磨难，志气非常，是一只意志难摧的西北狼，一时很难胜战，何况其地域旷达，兵强马壮，自然环境复杂，太子年纪尚轻，万一不胜，会影响太子的声望。"慕容垂听后非常不高兴，认为高湖看不起太子，低估了慕容家族的能力，当场就把高湖训斥一顿。

七月，消息传到了北魏都城拓跋珪的耳中，他当即召开会议，研究怎样应对？大将张兖建议："后燕新近消灭了丁零翟钊于滑台，又剿灭西燕同宗慕容永于长子，现太子率倾国之兵进攻我国。我们应避其锐气，骄其志，使之疯狂，退避三舍之地于黄河外阴山里，让他们知道我们惧怕他们，不与其交战。"拓跋珪依计而行，把部队人马财物全部迁往距离黄河200余里的大青山里。

太子慕容宝、辽西王慕容农和赵王慕容麟三兄弟率领后燕八万铁骑为先头部队，范阳王慕容德率两万人为后援，杀气腾腾向北进发。在内蒙古五原一带收降北魏别部三万余户，收抢小麦百万石，并在呼和浩特西北筑城叫黑城。公元395年秋，后燕军到黄河边，始终也没遇到北魏的主力军，于是伐木造船准备渡河。不久拓跋珪也聚集部队在北岸驻扎下来，与慕容燕相对峙，谁也不先进攻谁，两大兵团隔河对垒。

两军对峙之际，北魏拓跋珪开始采取有效的政治攻势，瓦解慕容集团。在慕容军与国都之间设派特种小分队，捕捉燕国信使，奇袭驻地，搞各种小动作，搞乱慕容军的人心，阻断前后方的联系，导致后燕军深入拓跋腹地半年之久，不知国内情况，很长时间不见报平安信使，太子等人为老家甚为担心，忧心重重。拓跋珪为蛊惑人心，逼迫俘虏的燕国信使向对岸的燕兵高喊：“我主病重，不久就要离开人间，请太子速归。”

九月中旬的一天，突然黄河两岸狂风大作，把在登口河段北燕几十条小船刮到了北魏的军营中，船上300余名士兵被俘。拓跋珪亲自为其松绑，并好吃好喝招待一顿，让他们驾船返回对岸，临行前说：“请你们转告你们的太子，据可靠消息，他父已去世，不要再耽搁了，快回去继位吧，晚了就会出事的！”

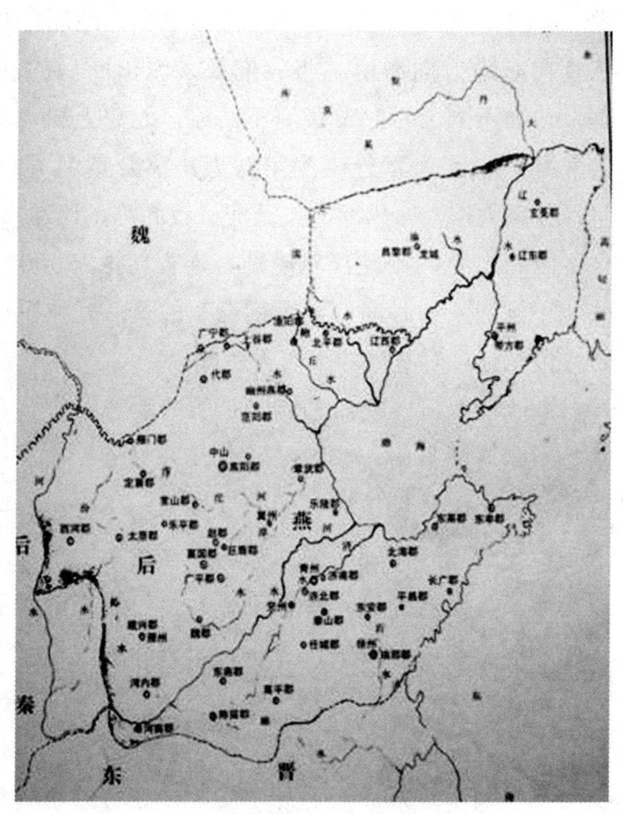

后燕疆域图

那个年头两地相隔千里，只能靠快马驿站传递情报，一旦被割断，如同瞎子、聋子一样，无可奈何。一人为虚，十人为实，何况有千百人都说就是真的。慕容宝听回来的人一说，开始恍惑起来。加之数月未得到后方信息，如果真是老父亡故，自己远在天边，王位继承恐怕节外生枝。三军亲王将领听说后也失魂落魄，像是没有了依靠，缺了主心骨。加之上下左右互相猜疑起来，军心动摇，给黄河岸边不可一世后燕大军罩上了一层不祥之气。

慕容垂是后燕军队之魂，仅仅几句不耻谣言诅语，就使大军军心动摇，锐气全无，战斗力下降。

正当黄河岸边师乱心忧，无计可施之时，后燕军内部又出现了一个害群之马。慕容麟的部将慕舆嵩，拉拢军中一帮悍将，散布燕主已死，密谋立慕容麟为燕王，活捉慕容宝和慕容德等人。慕容宝探得消息后，先发制人。一天夜里，慕容宝以招待众将为名，议出战之事，当场把慕舆嵩抓住，数其罪状，推出营中斩首，随后诛杀其同党。但此事有人认为慕容麟背地里搞鬼，也不知其事为何，却没有受到牵连，但军队关系还是有了裂痕。军心如此之乱，再加上家中情况让他担心，实在是无法坚持作战，他在没得到慕容垂批准的情况下，同弟兄共议后，决定撤军。十月二十五日夜，放火烧毁了自己的战船，趁着滚滚浓烟和沉沉的黑夜向东南方向撤退。将领们要求派出断后的兵力，慕容宝不熟悉地理，认为不到大雪时节黄河不结冰，北魏无船也没有能力追击，此做法为多此一举。大军行走到第八天，离开黄河五百余里。十一月初三夜里，狂风大作，寒风凛冽，黄河一夜封冻，比往常早了一周。

西北岸的拓跋珪喜出望外，连夜精选25000精骑，日夜兼程追了上去。不到四天的时间已到了后燕军的背后。燕军以为太平无事，安然自若慢慢东行，对身后的事一无所知。

十一月九日傍晚，慕容宝带领着后燕军行到参合陂（今内蒙古呼和浩特市东卓资县南，凉城县西北25公里处）石匣子沟的大山沟中准备扎营休息，一阵沙暴黑风从西北卷过来，飞少走石，暗无天日，伸手不见五指，弄得燕军不知东南西北。燕军也第一次经历这样的鬼天气，茫然不知所措，令人恐怖，心惊不已！一位军中随行老道，叫支昙猛的人，猛然预感不祥，急急忙忙去报告给慕容宝说："大风黑气如此异常，这是魏军在我们背后的征兆，也是不祥之兆啊。应派军断后阻击，防止意外。"慕容宝一直认为北魏军队不可能追击，量他也不敢。他只是看着支昙猛笑而不答，而老道死求不止。在旁的慕容麟也觉得好笑，一个老道怎么这样装神弄鬼？怒道："凭殿下10万大军，圣武高谋，你何须担心，快出去，别再胡说八道，妖言惑众，扰乱军心"。支昙猛竟然大哭起来，说："苻家雄兵百万、战将千员，因轻敌而大败于淝水，我们不能依仗兵多势众学三国马谡，而不相信天道人验呀！"这种情况在一旁的慕容德出来打了个圆场，说："就按他说的办吧，准备一下，以防万一也好。"慕容宝勉强吩咐慕容麟率领本部兵马殿后，但接令后他根本没把这件事放在心上，移动不远，解鞍下马，吃饱喝足便呼呼大睡起来。

慕容少爷急着回去当皇帝，把军事基本常识都忘了。知己知彼方能行军打仗，而他连后方的信息都被切断了。但久经战场的慕容麟、慕容德应该明白，唯一的解释是庸者在上，悍将在下，大家一心想的自己利益，勾心斗角，军中大事无人认真考虑，粗心大意不以为然。

作战图

当夜，慕容宝五万部队安营于蟠羊山东坡邻水扎营。北魏大军追至西坡，派出侦察部队确定燕军的扎营点。拓跋珪兵分三路，人衔枚，马摘铃，羊毡毛包蹄，形成合围之势。第二天拂晓（初十），全部进入作战位置。拓跋珪率主力登上山顶，后燕军大营一览无余，尽收眼底。日出时分，后燕将士吹号集合部队，一个个懒洋洋按步就班地准备出发时，猛然发现左右头顶上全部是北魏士兵，刀枪林立，旌旗招展。后燕军顿时乱作一团。北魏将士如潮水般从四面八方冲杀过来。后燕军毫无准备，主将还没反应过来，北魏骑兵把大营打得七零八落。燕军毫无抵抗能力，如惊弓之鸟，四散逃命，自相践踏，纷纷落入水中。此时的燕军斗志全无，未能有效地组织，全线崩溃，士兵纷纷放下武器，缴械投降，八万大军，战死三万多，被俘四万余人。慕容氏王公贵族战死十余人，其中慕容垂心爱的侄儿慕容绍战死，只有慕容宝、慕容农、慕容麟、慕容德带随行人员逃生。

拓跋珪清点战俘，准备一部分收为己用，另一部分发给盘缠遣返归老家，但中部大人王健提出了一个极其惨无人道的建议，说：“大人，千万不可也，燕国强大，我们这次是侥幸胜利，这

阴山岩画

些人又是燕家的精锐班底，遣散不如杀掉，让他们再无兵可用。”拓跋珪认为有理，一天夜里，四万战俘全部坑杀，从此，拓跋珪也成了坑杀降卒的名人。

北魏这个灭绝人性做法收到了效果，使后燕一厥不振，兵力下降，势力处在下风头。但也有另外一方面，拓跋珪在包围中山的战役负面效应也不小，遭到了后燕军的拼死反抗，拒不投降，使北魏军无法打下去，只好撤回。为了报仇雪耻，慕容垂不顾年迈，抱病于公元396年，调集龙城旧都慕容隆的人马，出征北魏，收复失地。后燕军新败，人人畏缩不前，心存余悸。但是战无不胜的老将出马，再加上在东北新调来一批“东北虎”对阵“西北狼”。士气复振，斗志高昂。

三月初，慕容垂秘密出兵穿太行，过青岭，突然出现在平城（今山西大同）。拓跋珪之弟拓跋虔率兵三万镇守，仓促应战。在慕容垂的英明指挥下，后燕之军同仇敌忾，锐不可挡，个个奋勇向前，像饿虎扑羊一样冲入敌阵，一战全歼北魏军。城破，拓跋虔战死。拓跋珪一生在慕容垂的威凌下长大，深知这个老舅爷子的厉害，不敢正面对阵，得知弟弟被杀了，不禁大为慌乱，向北败退。慕容垂乘胜进军，收复失地300余里，行到参合坡，看到山谷河滩到处是去年战死的士兵尸首白骨，兽食鹰叼，惨不忍睹。后燕军将士放声大哭，声震山谷。慕容垂设香案悼祭一番，此情此景强烈刺激了这位年过七旬、百病缠身的老人，一口恶气涌上心头，几口鲜血喷到香案上，一头栽倒在案前，不省人事。众人扶起，上马返回平城。他从此一病不起，在平城休养半个月，不见起色，决定撤兵回都。四月初，行到上谷郡沮阳（今官厅水库南）病故，享年71岁，在位13年，一个伟大的民族英雄就这样走了。

阴山之北金界壕

前方的慕容宝、慕容隆得到消息也撤军回来，秘密把老父尸体运回中山，才举哀治丧。灵返龙城，葬宁平陵。谥武成皇帝，庙号世祖。拓跋珪慑于老英雄威名，退至阴山里，不敢轻举妄动。

十七、孤城登位，无力回天

势穷力竭坐孤城，兄弟离散各西东。
祖上大业实难守，收拾乱摊返和龙。

公元396年元月，慕容宝（字道祐，慕容垂四子）在中山即帝位，当上了后燕第二位皇帝。此后，没有慕容垂这个顶梁柱，后燕就少了灵魂，江河日下，日薄西山。在北魏拓跋氏不断打击下，国势迅速衰退，无力回天。

后燕的衰败，原因是英武果敢、骁勇善战的慕容垂把权力的接力棒交给了一个典型的“绣花枕头”，史评慕容宝“少而轻果无谋，无志操，喜人佞已”。慕容垂的妻子段氏是一个很有能力的女性，知书达理，几次对慕容垂说：“慕容宝资质雍荣华贵，貌相俊美，但柔而无断，俊而无谋。太平盛世可为仁主，乱世争战不是济世救国的雄才栋梁。如果你百年之后，把国家托付于他，他担不起来呀！何况赵王慕容麟奸狡不亚于曹孟德。根本就看不起太子，日久天长恐怕会闹出事端来不可”。慕容垂英明一世，却对儿子缺少教育，认为段氏乃女人之见，不以为然。

慕容宝当政不久，段氏对其父所说的话让他知道了。心胸狭小的他忌恨于心，让其弟慕容麟告诉段氏说：“我父在世时你常说我们兄弟的坏话，说我不能守住祖业。你最好自裁，别让你们老段家受牵连。”段氏长叹：“后燕江山非丧在你兄弟的手上不可。”说完，用三尺白绫吊死在慕容垂的牌位前，真是一个烈女子。

慕容宝在皇帝的宝座上还没坐热乎，就提出一项自毁长城的改革措施：清查户籍，分辨清官与昏官，撤销军中的封荫户。法令极严，不得通融，违者杀头。他初衷是好的，但时机不对，政局不稳的情况下只会引起社会动荡，造成社会问题，出现人心不稳，社会秩序混乱，负面效应大于正面效果。结果，大部分鲜卑贵族和汉族世家大户怀恨不满，荫户因苛捐杂税重而报怨非常。慕容宝一下子丧失了人心，另外，老慕容家族好窝里斗的老毛病又开始犯病。慕容垂子侄两代人，可说是人才济济，范阳王慕容德、赵王慕容麟、辽西王慕容农、高阳王慕容隆、太原王慕容楷、陈留王慕容绍个个英勇无比，在北方可以说单打独斗都是一把好手，叱咤一方，无人抵敌。但立功封王后，彼此谁也不服谁，互不相让，嗜血凶相毕露无余。控制东北是慕容农系，控制东南的是慕容德系，控制西北的是慕容麟系，控制东南分别是慕容隆、慕容绍、慕容楷系。他们各自把持地盘，拥兵自重，都不服皇帝管。在这种情况下，把政权交给比上述人才智相差一截的慕容宝，让他驾驭这些烈马猛虎之类的人物，自是不行。最终，国家分崩离析，众叛亲离，日见衰落，开始走下坡路，为北魏拓跋氏提供了攻伐的有利时机。

公元396年七月，辽西王并州牧亲王慕容农率领众部数万人到晋阳赴任。该州时逢大灾，缺少粮草，百姓苦不可言，无力供应这多兵需之粮草。八月，拓跋珪亲率统大军40万人马自魏都盛乐（今内蒙古和林格尔北土城子）出发，命左将军李粟统五万精兵为先锋，南出马邑（今山西朔州市朔城区），穿越句注山（今山西代县西北），一字长蛇绵延两百余里，边行军边打鼓吹号，所过之处惊天动地，百姓夹道欢迎；又派将军封真从东路经军都关（今北京西北的居庸关），袭击后燕幽州治所蓟县（今北京西南）；拓跋珪自领中军，直逼晋阳。

九月初，北魏大军进抵后燕边防重镇晋阳。守将慕容农纳闷，哪来这么多的西北狼，部下看到漫山遍野北魏士兵，顿时畏战情绪严重。慕容农带着士兵硬着头皮出城应战，打一阵子准备回城。可是慕容农的家族不睦，同宗远支的一个叫慕容高的守门将领，把城门给关上了，拉起了吊桥不让回城。这下，可把慕容农气得够呛，只好带几千人向东边突围，拓跋珪抓住了这一有利时机，猛烈夹击，不给片刻的喘息机会。打得慕容农身带重伤，杀出一条血路，身边只剩下十几个人逃回中山。

拓跋珪占领晋阳后，又派辅国将军奚牧攻打汾川，俘虏了丹阳王慕容君等。慕容宝得报晋阳失守，与诸大臣商议作战方案，大臣谋士荷谟等人建议扼守关驿，凭险拒敌。而其弟慕容麟提出诱敌深入，退守城池打持久战，缺少平衡能力的慕容宝采取了后者的建议，并命慕容农屯兵安喜（今河北定州东南）作为支援。

这一拒敌方案的出台，给北魏大军攻城掠地提供了方便。十一月，北魏大军自晋阳出发，过陉关，相继攻克常山（今河北石家庄古城）等地，以此为根据地在河北大平原上四处出击，如入无人之地。河北各地的守城之军看到皇上不敢主动出击，正面迎敌，也纷纷弃城，逃的逃，投降的投降。冀州全境只剩中山、邺城、信都三座大一点的城市，为后燕所控制，其余全部被北魏占领。

北魏开始集中兵力合围三座城。拓跋珪命拓跋仪带五万精兵攻打邺城，自己带主力部队攻打中山城，由于中山城池坚固，军民同心坚守，拓跋珪攻打了半个多月没有取得任何进展。随即调整部署，决定集中兵力对中山围而不打，对信都、邺城猛攻死打。

公元397年二月，拓跋珪集中优势兵力攻打信都（今河北冀州市），守城将军慕容凤出身慕容家族庶支，一直是领兵副手，但身经百战，有勇有谋，深得慕容垂的赏识，与北魏名将王建斗智斗勇，守城70余天，城池毫发无损。在外无救兵、内无粮草的情况下，只好带手下士兵趁夜深投奔中山城。半路上，不幸碰到了北魏巡逻兵，惊动了拓跋珪的主力部队，遭包围，全军覆没。慕容凤被乱军所杀，随后信都城被攻破。

下一个目标是邺城（今河北省临漳西南三台村，曾是三国曹操政权的陪都），守将是慕容德。他是前燕慕容皝的老儿子，几个哥哥在世时，一直默默无闻，但跟随父出征身经百战，经验丰富，随着兄长一个个去世，能力也逐渐显露出来。成为慕容家族后期中流砥柱。他不等北魏攻城，在其阵脚未稳之

邺城遗址

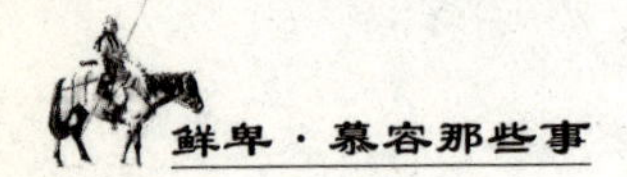

时，就主动出击，夜间派宗室大将慕容青突袭北魏营，弄得北魏军鸡犬不宁，只好撤兵待援再攻。

拓跋珪久攻不见效果，又不甘心，就派舅父贺赖卢带兵增援。贺氏自恃辈分高，不把拓跋仪看在眼里，另立旗号，不听指挥，俨然为第一统帅。拓跋仪一看也奈何不了这个舅爷子，由他任意而为。

北魏兵营中有一个叫丁建的小官被慕容德收买。有一天，邺城内外刮起蒙天黑地的沙尘暴，百米外看不见东西，白日点灯。贺赖卢在军营周围点起了几百支高数丈的大火炬，为的是防止敌人偷营。丁建报告给拓跋仪，说舅爷子要造反，正在烧营。拓跋仪也没细想，天黑风大，营与营相隔十余里，出营一看，前边是一片火海，见势不妙，下令拔营向西急撤。贺赖卢探报说拓跋仪西逃，莫名其妙，一时是丈二和尚摸着头脑，也下令西逃。丁建把这事告知了慕容德。他急令慕容青带精骑5000，趁大风快速掩杀过去，打得北魏兵不知东南西北，到处乱窜。清理战场，收获不小，使邺城转危为安。

慕容宝听到叔父打了胜仗的消息非常高兴，也组织部队主动出击，先后收复博陵、高阳等地。

正当拓跋珪准备再次集中兵力攻打邺城时，北魏国内发生了叛乱。拓跋珪准备回师平叛，以其弟为人质，向后燕求和。慕容宝不答应，拿出了老家底，再募兵买马，连同原有的部队，共计调集16万大军，屯于柏肆（今石家庄市藁城区北），沿滹沱河北岸一字排开，大有当年曹孟德下江南的阵势，并切断了北魏军的粮道。

拓跋珪把部队集合在南岸，与慕容宝对恃。慕容宝一见北魏军的阵仗心存畏惧，有些后悔，不如当时言和。慕容隆献计说：“敌众不可怕，可用智取。我率兵潜师渡河，劫其营寨，杀杀他们的威风。”慕容宝依计而行，令慕容隆挑选一万勇士，每人带上火器，待风高月黑之时，偷偷渡河登岸，接近营寨时，顺风纵火，杀入敌营。北魏毫无准备，顿时大乱。拓跋珪穿着内衣，光着脚丫子骑上马逃出营帐。

后燕大将乞特真等100余人进入中军皇帝大帐，看到珍宝无数，开始互相争抢起来，其他人也是如此。这样一来又给拓跋珪喘息之机，他堆起火炬，擂鼓收集部众，组织骑兵反击，大败入营的后燕之敌，反败为胜。后燕被杀者4000余人，被俘4000余人，慕容隆只带不足2000人回到了北岸。

两军对恃十几天，面对北魏军队威势，加之偷袭的失败，慕容宝沉不住气了。军无斗志，失去了作战的勇气。在不经与众将商议的情况下，慕容宝急下令撤军。拓跋珪看出了后燕军队的胆怯，组织了三支精骑在背后穷追猛打，不给半点喘息的机会。后燕军被打得落花流水，四处溃逃。16万人的军队有万余人被杀，十余万人逃往山中，又忽遇暴风雪，冻饿而死的不计其数。慕容宝只带两三万多人逃回了中山，急忙召开对策会议。会上意见一种是积极应战，另一种是求和。窝囊透顶的慕容宝吓破了胆，采取了后一种，派人向北魏求和，以礼送还被扣拓跋珪之弟拓跋觚，割让常山以西的地给北魏作为说和的条件，真是辱没列祖列宗的英名啊！

慕容隆是主战派，多次请战，均未批准。他亲自披挂整齐准备带兵出战，遭到慕容麟的阻止不准出城，前后达四五次之多，都没有成功。慕容隆在先帝的灵牌前仰天放声大哭，壮志难酬，头撞供桌，血流不止。

慕容麟也实在是看不起这个皇帝，私会禁军头领慕容精，要求他借机杀死慕容宝，立自己为皇帝，让他当丞相，但遭到了慕容精严厉拒绝。慕容麟恼羞成怒，当即杀死了他，带领部下闯出城，扬长而去，与慕容宝分道扬镳，打算另立朝廷。

慕容宝担心慕容麟背叛后再返回龙城，遭到北魏与他两面夹击，便召集大臣商议，准备弃中山，撤回龙城。结果遭到慕容家族绝大多数人的反对。慕容隆第一人站出来说：“我慕容家族先辈顶霜冒雪，披荆斩棘，奋斗百年，才创下这点家业，不能眼看着毁在我们这些不孝子孙手中呀！先帝打下的地盘不到一年丢得精光，我们有何面目回龙城见列祖列宗！何况龙城山穷地薄民贫，一旦退回何日再图中原宝地呀！请陛下先走，我愿与中山共存亡，血战到底。”胆小怕事的慕容宝补充说：“你们不走，谁来保护我呀？众爱卿，咱们一起走吧。”无奈之下，慕容隆、慕容农也只好带人保护着这个窝囊皇帝向龙城撤退。

冤家路窄，行到半路，正好碰上了四处掳掠的慕容麟。双方大战一场，慕容麟人多势众，但犯上心虚，结果被打败，散落在中山周围。慕容宝人少，死伤惨重，加之零零散散的逃亡，走到蓟城时，只剩不足千人了。

想当年，慕容氏前辈英烈们像老虎一样从东北出发，称霸中原，历经两朝，可惜不到50年的光景，落魄返回的一群竟是衣衫褴褛的败军，令人痛心不已。

十八、丞相向南，立国南燕

国破主仆各西东，无奈立国复振兴。

事业不过十三载，丧在无能儿手中。

后燕皇帝慕容宝带领家眷臣子撤回龙城后，北魏的拓跋珪派人侦察情况。发现中山城四门大开，行人川流不息，自由进进出出。时值黄昏，拓跋珪没有命令部队入城。一是怕中空城计，再者考虑深夜入城军队不好控制，以防万一。

战机瞬息万变，第二天，拓跋珪得知慕容宝确实已逃跑的消息，想带领部队入城，却发现城池四门紧闭，城上军民十分严整。下令攻城，却都被打了回来。拓跋珪莫名其妙，不知为啥，就让士兵喊话："你们的皇帝已经逃跑了，放下武器，开门投降吧。不要自寻死路！"守门的士兵齐声回答："你们这些西北狼别做美梦了，参合陡一战你们杀了我们多少兄弟？我们死也不投降！"

拓跋珪这里才意识到当年不该活埋后燕军。无奈之下拓跋珪急令将军长孙肥带兵追赶慕容宝一行人。

原来慕容宝逃离中山城，北魏军晚了几个时辰进城，在城中未走的军民有参合陡前车之鉴，马上省过神来，一旦投降也是必死无疑。城中的军民同舟共济，抱着鱼死网破的决心，誓死与中山城共存亡，拥立留守慕容支属慕容祥为太守，同仇敌忾，拼命抵抗。拓跋珪围攻几天未能拿下，加上军需问题，只好下令撤军到常山，缩短补给线。

慕容祥一看北魏军撤走，大喜过望，认为功勋卓卓，威望昭昭，比皇帝慕容宝强多了，完全可以依一城抗击整个北魏。于是，他收拾行装，在老皇宫坐地称帝，把扣留的北魏人质、拓跋珪的亲弟弟拓跋斛杀了立威。慕容祥只不过是慕容氏一个普通旁支皇室之人。在后燕皇帝慕容宝还没有死时，他当太守众人能服，公然称帝在那个时代就不行了。有不少人公开反对。此时，慕容祥为立威，大开杀戒。一个多月就杀了反对者300余人，残暴好杀，用刀封住大家的口。中山城人人自危，不敢言语。不久，又发生了饥荒，百姓出城劳动，种收庄稼。慕容祥怕百姓出城通敌逃亡，不准出城。中山城出现粮荒饿死不少人。慕容祥组织官兵集中收粮，组织百姓集中劳作，派士兵看守，百姓非常不自由。

慕容麟得知慕容祥在中山称帝，乘中山城空虚缺粮，带兵偷袭。百姓正盼着来人解救，别管是谁，只要能老小有吃的，活命就行，就是大救星。城上官兵一看是慕容氏的正宗慕容麟到来，马上开门迎接。慕容麟进城的第一件事就是历数慕容祥之罪后把他处死。然后，宣布自己当皇帝。中山城的百姓哪里管得了那些，皇帝谁当都行，反正也轮不到自己。大多数人都马上出城收麦子，把地种上。

在常山一直观望中山的拓跋珪，听说慕容氏在内讧，十月，派大将长孙肥带一万人袭击中山，慕容麟出城迎战。而拓跋珪亲自带人把中山城外的麦子全部抢夺一空。没了过冬的粮，中山军心民心大乱。气得慕容麟带两万人马与拓跋珪决一死战，结果遭到了拓跋珪和长孙肥两军夹击，所部被杀被俘上万人，被打散了八九千人，慕容麟只带千八百人投奔了镇守于邺城的老叔慕容德。

慕容麟从中山败阵逃到邺城后，对老叔慕容德说："北魏人多，兵强粮足将广，邺城城大很难把守。何况我们兵力不足，又缺粮少秣，不如向南移踞滑台（今河南滑县）与鲁阳王慕容和合兵一处，将打一家，共同抗敌。"慕容德认为有理，不久也验证慕容麟先见之明，慕容德刚前脚一走，北魏大军紧跟其后，咬住不放。公元398年春天，慕容德带全城4万户，车辆3万多，刚撤到黄河渡口时，突然狂风大作，预先安排好的船只被大风吹到下游对岸去，还没来得及重新组织，尾随其后的拓跋仪人马已经只差几十里。这时天将黄昏，情况十万火急。可不知为什么，当夜突然又刮起了大北风，河水骤然结冰，可载人马车辆过河。三万辆车马，10余万大兵乘夜深天冷冰坚实，顺利地过河，更神奇的是，等北魏大军赶到北岸，春阳高照，河水开化。拓跋仪望河兴叹："慕容不该在此灭绝。"

这个好兆头成了一个美丽的传说，令慕容德万分高兴："老天有眼，保佑我慕容氏一族百姓大难不死。"慕容德在河对岸设祭，杀青牛白马作为牺牲，祭奠河神。到了滑台，在大臣侄儿们劝说下，慕容德顺水推舟也当起了燕王，史称南燕。

慕容德，字玄明。是前燕慕容皝的老儿子，排行老六，是后燕慕容垂的亲弟弟，十五六岁随父兄出征，身高八尺五寸，姿貌奇魁，身体中流淌着鲜卑族的血性和骁勇善战的遗传基因。当初他支持兄长慕容垂谋建后燕，获封范阳王。慕容垂病逝后，慕容宝让老叔镇守故都邺城，控操中原的重要地区。当拓跋珪大举进犯入侵后燕中原之地时候，慕容德主动出击，有效地阻止了魏军侵略进程，并取得了战争阶段性胜利。慕容宝退踞老家龙城时，慕容家族的人劝他当皇帝，他是坚决不肯，逃亡途中慕容宝非常感动，流着眼泪给叔叔下诏书封他为丞相。

慕容德所在的滑台与龙城相距不下两千里，失去了联系。慕容宝又不成气，本身是皇弟，慕容贵族和侄子们不断地劝说自己把后燕的丞相身份换成燕王，民众也积极拥护。

南燕慕容德国都遗址

慕容德在滑台称王后，大封有功之臣，整顿内部，慕容麟这个侄子老毛病不改，老是在背地里做手脚。一次，他正组织部下准备叛乱时，被打了个正着，被一举除掉，也为整个后燕国除了一个大毒瘤。接着他亲自带慕容德兵讨平降后又叛的氐人将领苟广。

慕容德万万没有想到，他带兵刚出城不久，城内有一个叫李辨的副将乘城中兵力不足，袭杀了守将慕容和，打开城门投降了北魏。这下慕容德意外地失去了根据地，局面非常被动。不管怎样也得有一个这立身之地呀。众人议论纷纷，争执不下。有人说攻下徐州，有人说打回滑台等等。这时他的尚书潘聪建议说："滑台不是久留之地，四通八达，北有魏国，南临晋国，西有秦国，很难保一日平安；而彭城（徐州）地广人稀，多水平原，无险可守，又是晋国的旧镇，文化不同，不可取之为都。我看山东青州那个地方不错，土地肥沃，方圆千里，地势险固，背依青山，胜似老家龙城，水土又好于龙城，旧部有精兵几十万人。当年曹嶷对抗石勒时曾选广固城（今山东益都西北20里的地方）作为帝王之都。那里的守将辟闾浑是燕旧部老臣，我们可以先礼后兵，他会给接纳我们的。"

慕容德听了很受启发，为看天意如何，专门请来一个叫竺郎的得道高僧，卜了一卦，又占一占星象。那高僧说："青州作帝都道是一处不错的地方，上古五帝时是青帝所居的地方，但帝祚不过20年，只能传两代。"大敌当前，慕容德也顾不上的事了，急忙移师东进，谋取青州。一路连战连捷，也招来了旧部兖州、徐州一带人来投靠，辟闾浑也来投靠。只用了两个月的时间，就拿下了广固城，同时也扫平了山东地区。公元399年，慕容德在广固城改王称帝，史称南燕。

山东本是周朝齐鲁文明古国，周太师姜子牙的封地，土地广腴，人才济济。慕容德又是明君，也会治国。很快，兵力达到了四十万人，战马五万余匹。粮草丰盛，人民富足。慕容德在位期间休养生息，薄赋轻税，大力发展经济贸易，与邻国和平共处，一次战争都没发生过。

慕容德是一个很有趣的人，令人称道。一次大宴群臣之后，酩酊大醉时，忽然向群臣发问："我才德轻薄，与我兄长相差甚远。可自从当上皇帝后，我时刻保持着清醒头脑，廉洁自律，能否与古代贤君相比？"青州刺史鞠仲赶紧上前拍马屁说："陛下是中兴之主，不亚于夏朝的少康，汉朝的光武帝。"慕容德非常高兴，吩咐侍臣赏银百两，绢帛百匹。鞠仲觉得太多了，连忙推辞。慕容德笑着说："你们当大臣的知道让我高兴忽悠我，我难道不能让你们也高兴，忽悠你们吗？所以，我的赏赐也可真可假。”大臣韩范站起身行礼说：“我听说君无戏言，忠臣无妄对。今天君臣对话，上下忽悠，不可呀！有伤大雅。”慕容德点头认错，当即赏赐韩范绢帛十匹，银百两。

慕容德没有儿子，逐渐担心自己皇位继承权的问题。正在这时，他多年寻找的侄子、同母兄慕容纳的儿子慕容超出现在他的面前。

说来话长，当年，前燕灭亡时，慕容德无奈投降了前秦，曾担任过前秦凉州的张掖太守。他随前秦苻坚出征东晋之前，将一把心爱的佩剑和一把金刀留给了母亲公孙氏和哥哥慕容纳。淝水之战后，慕容垂复国称帝，慕容德跟随五哥投身于征战之中，与母亲哥哥天各一方。那年头的几千里地，又无电话，杳无音信，兵荒马乱，无法查找。另外，慕容垂起兵反秦。前秦张掖太守苻昌抄杀了慕容德家里所有的亲人，阴差阳错有两个人竟然躲过了这场大劫难：一个是慕容德的母亲公孙氏，因年老多病免死；另一个是慕容纳妻子段氏，她身怀有孕在狱中碰到了曾在慕容德手下做过事的狱官呼延平，在他的帮助下，趁前秦大乱之际逃到了羌人部落中，生下慕容超。十年后，公孙氏临终前把信物交孙子慕容超手中，对孙子说：“孩子，如果你能逃回关东老家，将两件信物交给你叔叔，你就有了出头之日了。”不久，呼延平病死在凉州，段氏为报恩，让慕容超娶呼延平女儿为妻。后秦灭后凉战乱之时，慕容超一家人跟难民进入关中。慕容超隐姓埋名，装疯卖傻在长安街头乞讨。

公元405年，慕容德通过长安旧部得知家中消息，悲痛欲绝，急令人去找。慕容超见到南燕使者，与母亲和妻子的招呼都没打，急急忙忙地逃出了长安，奔向广固。

慕容德听说侄子就要到了，派人到三十里外去接迎。两人相见，慕容超把信物交给了叔叔。两人抱头痛哭，落座后又破涕为笑，畅谈三天三夜。

慕容超身高八尺有余，国字玉脸，膀大腰圆，精神焕发。慕容德视为己出，封为太子。

公元405年秋，70岁的南燕皇帝慕容德病逝，在位5年，葬东阳陵，谥献武皇帝，庙号世宗。

21岁的慕容超顺利接班。在苦难当中长大的皇帝，按常理应该成为一个知道民间疾苦、光复祖先大业、以振兴慕容氏集团为己任。可是这个人却是鼠目寸光。可能也是天意要亡南燕，应了和尚谶语彖词，谁也无力回天。自登上帝位后，他不恤政事，不关心民生，信奸宠佞，贪恋女色，狂迷游猎，杀戮宗亲。凡是历史上昏君能做出来的事他们无所不做。

慕容超在南燕当上皇帝一传开，后秦姚兴就将其生母段氏和妻子呼延氏软禁起来，并派使者到广固，要求南燕慕容超向后秦称臣纳贡，索取宫女乐队，不然的话，就兵戎相见。为了换回母亲和妻子，慕容超送去伎乐120人，珠宝百余箱，绢帛千余匹，全家得以团圆。公元409年春节，慕容超在东阳殿接受群臣朝贺，他一脸不高兴，原因是乐队的人员年纪太老，服装不新鲜。不久，他就派兵袭击临国东晋的宿豫，掠抢一万余人，从中挑选出俊美者1000余人，送入太乐府学习，供娱乐场合使用，后来又连抢几次。

南燕疆域图

为了耳悦美色抢掳邻国，说起来是实在不应该，结果激怒了东晋王朝，认为慕容超这小子太不像话，非得好好教训一下不可。公元409年冬，东晋大将刘裕起兵北伐，一战大破南燕主力部队，打到广固城下，把个广固城围得是水泄不通。慕容超无奈向后秦刘勃勃求援，事不凑巧，后秦正与赫连夏国打得不可开交，无力救他。公元410年二月，慕容超城破被俘，刘裕劝他投降。这小子倒也不愧是慕容家族后人，很有骨气，宁死不降，大义凛然。刘裕“斩杀王公三千人，没人口万余，夷其城隍”。

刘裕用囚车把年仅26岁，当了六年皇帝的慕容超运回东晋建康城，在广场斩首示众。南燕亡，历两帝，享国13年。

十九、错位立储，父子相争

后燕集团乱了天，皇帝无都走一圈。
儿子争权杀叔父，回城又让亲侄斩。
亲家掌握皇家权，调理不当窝里反。
儿子复位杀大人，月夜被袭命归天。

慕容宝有好几个儿子，老大慕容盛，老二慕容会，小儿子慕容策。除小儿子母亲出身名门外，老大、老二是婢女所生。当年，爷爷慕容垂活着的时候，对慕容盛、慕容会都很好，特别是对智勇双全的慕容会格外疼爱，恩宠有加，专门指派他去镇守旧都龙城锻炼学习统军治国之道，为立储接班做准备。

慕容垂去世前，临终嘱咐儿子要立慕容会为世子接他的班。而慕容宝并不喜欢这个儿子，他所宠爱的人是慕容策，另外慕容盛、慕容会同是庶出，他们本人无缘当接班人。慕容盛知道自己当不上，也不想让慕容会当。暗中掇动父亲确立老弟为接班人。慕容宝怕立小废长，家族不服，曾经征求弟弟慕容麟的意见，而他是惟恐天下家中不乱，包藏祸心，从一己之私出发，赞成确立慕容策为接班人。

从各方面条件来讲，帝位应是慕容会的，并且爷爷在世时是同意的，可父亲硬是看不上。慕容会实在难以咽下这口恶气，他趁远离国都镇守龙城之机，招兵买马。北魏进攻中山，慕容宝急召他增援，他以种种借口磨磨蹭蹭不动身，巴不得父亲死了自己当皇帝。这次，前方来报，说父亲已失去了中原，离开国都退到龙城来，请他安排接迎一下。他不情愿慢腾腾地带上一万人马，在蓟城的南边会了面。

国难当头，父子各居一方，也多年未见，血总是浓于水的，见面时一般应是父子抱头痛哭，可慕容会表现得非常冷淡，也没说上几句话，如见外人，还不如见到叔伯兄弟亲热。这下慕容宝受不了了，自己毕竟是他的父亲，还是皇帝，一个小小的毛孩子敢耿耿于怀、心怀不满，真是不忠不孝的逆子也，气得暴跳如雷。他急忙召集慕容隆、慕容农商量怎样来对付儿子。当叔的能怎么办？儿子不孝是你自己管教的不好所致，只能是好言相劝一番。慕容宝也只好作罢，也没奈何他。

慕容宝带领着大臣家眷拉着财物继续上路北行，北魏将领石河头率兵追击，行到夏滦泽（今北京东北100公里的地方，山海关西），追兵马上就到，慕容宝准备回避，血气方刚的慕容会说："不妨事，我正等着这帮西北狼呢，瞧好吧！"披挂整齐，出营列阵。慕容宝不放心，他被拓跋珪打怕了，又派慕容隆、慕容农为左右翼。这下，慕容会在父亲和叔叔面前显示了一番自己的能耐。只见慕容会令旗一挥，人人奋勇，个个争先，像老虎扑羊一样扑向北魏军，再加上左右夹击，北魏军就像羊群一样溃败，死伤过半。慕容会一口气杀出三十余里，缴获颇丰。

经此一战，慕容会认为自己有政治资本了。慕容隆却在一旁指手划脚，这让自恃天赋高人一头的慕容会非常反感。他总是觉得父亲回到龙城之后，自己不会有好果子吃。慕容隆、慕容农也不会给自己好话。自己不但失去了地盘，而且还得失势。另外，慕容会手下的将领也是非常不喜欢这个昏庸无能的皇帝，感觉到只有雄心勃勃的慕容会才是慕容氏家族的希望，都纷纷鼓动慕容会早起兵主政，代替他父亲。

慕容宝的上上下下也非常憎恨不满这个专横跋扈的慕容会及其追随者，进言慕容宝："慕容会没当上太子，心存怨恨，一直愤愤不平。而

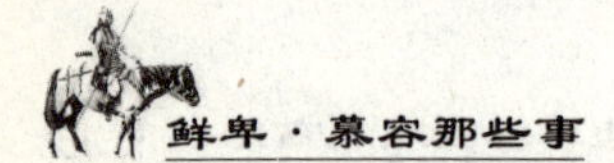

且他又勇敢过人，恐怕一旦翅膀硬了很难节制，必生后患。”慕容宝也担心儿子作乱引发兵变，经过调查后，把慕容隆和慕容农请来秘议。两人都说：“如今强敌在旁，社稷危难，江山破碎，慕容会一直镇守旧部龙城，威名赫赫，勇武不亚于其祖父，如果仅凭揣测而反意未露马脚就收拾他，有伤父子与叔侄的关系呀。”慕容宝长叹一声：“这逆子反心已定，朝夕之事。诸位看在叔侄关系，心存仁意，不忍下手。一旦叛逆不道，必先杀二位，然后是我。到那时追悔莫及，悔之晚矣呀！”

不久之后，消息不胫而走。一个叫仇尼归的大臣觉得追随慕容会会更有前途，暗地里把他听到的事告诉了慕容会。并说如果兵权一旦被解除，就彻底完蛋了，不如杀了二王，软禁皇帝，逼皇上下令封你为太子。慕容会派仇尼归带20余名刺客秘密暗杀慕容隆和慕容农。慕容隆因准备不足被杀。慕容农与卫兵拼命搏斗，身受重伤，结果抓住了仇尼归。

慕容会听说前去刺杀的仇尼归被抓，担心当面对质漏馅，就恶人先告状，主动地跑到慕容宝的营帐愚蠢地说：“慕容隆、慕容农二位亲王要杀害我，我为了保全性命，把他们俩个给杀了！”慕容宝见事已至此，大惊，后又平静下来说：“杀得好，很早之前我就知道这俩家伙图谋不轨。”

第二天一早，慕容会下令大军北撤，把慕容隆的棺材装上大车，慕容宝也被半软禁起来。半路上，正好碰上慕容农押着仇尼归前来。慕容宝大怒，不由分说，把慕容农五花大绑捆起来，立即召集会议，准备审判慕容农。但他心中却是恨透了这个不道的逆子，下定了决心非杀了不可，不杀不出心中这口恶气。

大帐中，慕容会得意洋洋，以除奸功臣自居，呵斥着慕容农。当他比比划划走到大帐中间时，慕容宝向身边部将慕舆腾使了个眼色。他马上会意，突然急步走到

朝阳凤凰山城门

慕容会的身边，拔出佩刀向慕容会的头上砍去，只听“当啷”的一声，战盔被一砍两半，慕容会反应很快，马上意识到是父亲所为，一溜烟地逃回到自己的营中，以“清君侧”为名率兵准备进攻大营。慕容宝为其弟解开绳索，眼泪哗的一下就流了出来。说：“多险呀，差一点就被这个逆子所杀。”现已顾不了许多，慕容宝率五百名骑兵，一口气飞奔100多里，进了龙城，放下吊桥，关死了城门。

慕容会岂能善罢甘休，派仇尼归率兵攻城，被慕容宝击败。随后，他又派人威胁，要求慕容宝诛杀慕容农和慕舆腾，下召封他为太子，不然踏平龙城，并亲自率兵把龙城围了个水泄不通，让士兵大声叫阵。

龙城守城将士见慕容会这个逆子如此狂妄无礼，个个摩拳擦掌等待慕容宝下令教训这个不忠不孝、大逆不道之子。慕容会羞恼发恨，当即下令应战。但儿子打他爹心里总是有些胆怯，士兵也觉得不得劲，结果是被他爹打得七零八落。夜里，慕容宝命侍御郎高云带百名死士，突袭慕容会中营大帐。慕容会险些被杀，只带百余名骑兵逃往山中（南大城）。

慕容会带兵逃到中山，投慕容祥。他一到，慕容祥热情招待，也没说什么。但心里骂到：看这慕容氏家族这个不孝之子，竟然反他爸，遂即把慕容会诛杀。

后燕皇帝慕容宝总算是松了一口气，暂时又摆脱了北魏的追兵，叛逆的儿子已死，总算在这关东一隅、地窄山贫的龙城站住了脚。国势处在劣势的情况下，作为一国之君的他本应认真总结经验教训，发展生产经济，整顿内外，卧薪尝胆，伺机而动，而他却以其昏昏，使人昭昭。

公元398年，慕容德派人到龙城劝慕容宝南伐，力图恢复中原故地山河。在准备不充分的情况下，慕容宝武断轻决，不顾群臣反对，自不量力，调兵南伐北魏。当年二月，天气还非常冰冷，后燕分前、中、后三军，以慕舆腾为前军，慕容农为中军，慕容宝自领后军，出兵龙城。各军相距30里，营帐一字长蛇达一百来里。当后军慕容宝到达乙连城（今辽宁省喀左大凌河西岸）时，担任慕容隆卫士长的段速骨利用众人不愿再打仗的不满情绪，煽风点火，纠集一伙人造起了反来，拥立慕容隆的儿子慕容崇为统帅，准备杀掉慕容宝。平时只会指手划脚、没有威望的慕容宝，根本就控制不了局面，只好带着自己的卫队投奔了慕容农。慕容农的中军将士听说前军造反，也乱了套，各自为政不听指挥。无奈慕容宝与慕容农带着卫队急投前军慕舆腾，前军也有人组织造反，变为乱军。三军皆反的原因很复杂。有人调查说，是拓跋珪派谋士策划而反；另一种说法是因政治腐败，统军无方，人心思乱，可望有新主出现。三个主帅只好又带着卫队亲信失魂落魄地逃回了龙城。结果，舅舅兰汗又背地联络段速骨准备献城投降。第二天，段速骨带领叛军尾追到龙城城下，准备攻城。慕容农一看叛军势众，败局已定，偷偷地从北门出逃南燕。不料刚走不远，被段速骨的兵抓获。段速骨押解慕容农一行人到城下当人质，进行攻城。城上的将领士兵一看元帅被捉，失去了作战信心，也不肯效力。慕容宝、慕容盛、慕舆腾等人趁夜逃亡蓟城。

段速骨下令将慕容农斩首，立慕容隆的儿子慕容崇为皇帝。大约不到半个月，叛军内部分裂，兰汗偷袭段速骨的府邸，将其一家老小全部杀光，然后清洗其帮凶，拥立慕容策为皇帝，又派人把慕容宝接了回来。

慕容宝与慕容盛商议，准备回龙城，看是否可行。慕容盛说：“不可行的。兰汗也不是一块好料，不可能忠心于你，上次造反就有他的参与，万一是计，我们就麻烦了。不如走小路，投靠丞相慕容德去。他不会加害于我们。”慕容宝一行拖拖拉拉像是作贼似的到了邺城，方知他早就弃城跑到滑台城去了。他们只好又向滑台跑，到了黎阳，派人去打听消息。回来的人说丞相已另起炉灶，另建南燕国当皇帝了。

可怜的后燕皇帝又只好向回跑，走到黄河南岸，慕容盛与慕舆腾酒后发生争执，慕容盛被激怒一下子把慕舆腾给杀了。慕容宝这个逃亡的皇帝也不敢怪罪，只好默认所为。这个皇帝山穷水尽无路可走，只能能听天由命，带卫队家眷像丧家之犬，凄凄惨惨地又回到了龙城。当慕容宝走到距龙城40里大凌河西袁台子的地方，守城兰氏兄弟合谋，让兰加难带500名骑士出城迎接，当慕容宝走到龙城门前，其兄兰堤关闭城门，禁止他们携带武器进入。城中

后燕鎏金铜人面饰

人知道兰汗已叛变，也毫无办法通知慕容宝。可慕容宝与兰加难见面，认为他忠心可嘉，不听劝阻，放心坦然进城。谁知兰加难在控制了局面后，把慕容宝一行人引到城外杀害。城中兰汗也杀掉太子慕容策、宗室、王公大臣二百余人，自己当起了皇帝。

慕容宝死时年仅44岁，葬龙陵，谥惠愍皇帝，庙号烈祖。

兰汗女儿是慕容盛妻子，慕容盛闻听父、弟被老丈人杀害，义无反顾只身前往龙城吊丧，兰汗兄弟多次劝他杀掉这个女婿，斩草要除根，可兰汗女儿在父伯叔面前大哭大闹，不让杀，如若不然，就死在父亲面前。兰汗的母亲也心痛孙儿也劝说："大丈夫不能不仁不义而杀亲。"兰汗心生怜悯，不但没杀慕容盛反而当亲信用。

兰汗的哥哥兰堤，骄横荒淫，在宫中为所欲为，无恶不作。在慕容盛的挑唆下，他们兄弟关系逐渐恶化。因龙城半年无雨，兰汗认为是老亲家作祟，就派人到后燕家庙前往祭拜，把反叛的罪责推到了兰加难的身上。兰堤和兰加难得知畏罪怕被杀，偷偷带领部下逃出城，扯旗造反，但被当太子的侄子的兰穆击败。

太子兰穆有几个心腹卫士，都是慕容盛平时重金收买之人，早就有复仇计划。有一天，兰穆又出城，打败了叛军。兰汗心情不错，下令设宴犒赏三军将士，个个喝得酩酊大醉。慕容盛借机翻越墙头，进入东营与卫士杀死大醉不省人事的兰穆，又带卫士进入兰汗寝宫，将其斩首。接着派兵以请兰氏兄弟归城为名，借机除了兰堤、兰加难。

公元398年十月，慕容盛当上了后燕皇帝。当政后，气象一新，把常常骚扰燕边的高句丽和库莫奚打得大败。但是，他统治过于严酷，杀了不少宗亲、旧勋大臣，积怨太深。宫廷内外常出现动乱，政局危机四伏。有一次，慕容盛出击库莫奚大胜而归，大摆庆功宴时，左将军慕容国与武将秦舆、段缵等人密谋袭击慕容盛。不料事情败露，慕容盛先发制人，慕容国等500人被剿杀。只有秦舆之子秦兴与段缵之子段泰侥幸逃之。

两人逃出后，发誓要为父亲报仇，但两人势单力薄，很难作为。于是经过密议，决定投奔思悔侯段玑，以求达到目的。

那段玑在后燕初时，参与过叛乱，逃到了辽西。不久，投降了慕容盛，归罪服法，被封为思悔侯。这个人该思悔不思悔，居心叵测，非常恨慕容盛，与秦段两人一拍而合。

段玑经过一番精心准备，乘月夜风高，带上壮士兵丁三百余人，在城墙挖开暗道潜入宫中，放火大呼："贼来了！"并杀死了很多卫兵。慕容盛醉梦中惊醒，起身带领近身侍卫击战，击退反叛者。段玑受重伤，只身逃走藏在宫中的角落里。秦兴、段泰见主谋受伤，不知去向，急带人外逃。慕容盛见状，集合卫兵围击。不料，在背后冷不防，一个人从黑暗中窜出来，挥刀就砍。慕容盛久经沙场，反应很快，躲开了上身，却没能躲开下身，一只腿被砍中，挥刀追赶，却已不见踪影。他急归宫包扎伤口，但因为伤了大动脉，血流如注，急唤叔父河涧公安排后事。话还没说完，就晕倒在宝座上，太医急救，终因血流过多而亡。

慕容盛身亡时29岁，在位三年，谥昭武皇帝，庙号中宗。

二十、叔继侄位，荒唐外扬

叔嫂同一被，堂叔继侄位。
迎来二苻女，皇帝成败类。
绫杀旧相好，身心附鬼媚。
二妃西天了，族祚从此没。

国不可一日无君。慕容盛一死，丁太后未同宗室大臣商议，就急下诏封慕容盛的叔叔慕容熙继承皇位。

懿诏一下，满朝文武愕然。依照惯例，皇帝去世，应由太子即位，未立太子的应由太子兄弟接班。

慕容熙（字道文，垂之少子，生于常山）是先皇慕容垂的小儿子，比去世的侄子小12岁，按常理接不上班。因为慕容盛兄弟儿子都有，与慕容熙与慕容盛一脉的血缘关系也很远。他能当上皇帝，背后是后燕宫帏中一段难听的猫腻。

丁太后不是死去的皇帝慕容盛的亲生母亲，原是其伯父慕容宝的长兄慕容令的妻子。少数民族的习惯是兄终弟及。长兄早亡，丁氏一段时间孀居。慕容盛母亲段氏因病去世后，孤弟寡嫂，顺理成章变为合法夫妻。丁太后虽贵称太后，但当时只有三十来岁，高挑大个，雪肤花容月貌，甚是招人爱，可称后燕第一美人。慕容宝去世后，她再次独守宫帏，寂寞难挨，就把小叔们集在一起消磨时间。一次，双方酒喝多了，睡在一起。年少的慕容熙涉色未深，驾不住丁太后诱惑，后来，他借着年龄小和皇叔身份出入方便，三天两早上就到太后那里寻欢作乐。侍婢装着听不见，视而巧笑。

段玑禁宫动乱时，黑暗中慕容盛冷不防挨了一刀，后人谁也说不清楚。其中一种说法，是丁太后指使慕容熙所为。正当他们寻欢时，听到宫中有人作乱，就安排人到皇帝寢宫伺机行事，轻松得手。

丁太后不但貌美可人，而且还是一个颇有手段之人，为了不让太子继位，让小叔子登位不受影响，就让重臣慕容拔和郭仲在族人和大臣中间游说：“众望素隆，足靖国难。”就是说无人匹敌，非他不可。大臣们也没人说什么，因为这是你慕容家里的事。说起来慕容熙也是不简单的人，能文能武，只是贪色。他也仿着名贤推托一番，说自己无才无德，不能嗣位。大臣们也只好联名上书，劝说他早日登位，国不可一日无君。经丁太后的导演，慕容熙成为最佳人选，轻而易举地登了位。

上台后的第一件事为侄皇报仇，下诏捕杀段玑、秦兴、段泰，诛杀三族。但是仍是担心太子慕容定和大弟慕容元两个后患，决心先除掉慕容元。于是，他编造流言诽语，说慕容元他参与段玑案，逼其自尽，随后又利用各种手段排除异己。事也凑巧，一时没有找到除掉太子慕容定的借口。慕容盛下葬出殡那天，慕容熙和丁太后都出城到兴平陵送葬，中军统领慕容提、步兵校尉张伟等人密谋借机发难，拥立慕容定为皇帝。不料行事不周漏密，被慕容熙先发围捕，300余人全部被杀。按说，太子慕容定根本不知情，但慕容熙借口慕容定是主谋，一壶毒酒结束了他的性命。

慕容熙彻底清除后患，心花怒放，与丁太后知足了好一阵子，日夜

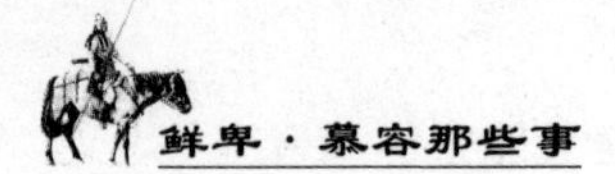

形影不离，如胶似漆。但是，好景不长，毕竟丁太后长于慕容熙10余岁，已是徐老半娘。他当上皇帝后口味变高，时间一长，昨日黄花难免乏味，开始嘱托近臣，到各地物色美人进宫。时隔不久，在今科尔沁地区挑选了一对尤物宝贝苻氏二女。

苻氏二女是姐妹花，大姐娀娥，小妹训英，是前秦宗室重合侯、征西将军、幽州牧、中山尹苻谟之女，因战乱逃亡到辽北，美妙似玉，可超古代四美。皇帝当第一眼看见姐俩，两眼发直，欲火燃烧。大白天急令宫女扶入寝宫，而后朝夕不离，真正一个“君王从此不早朝”。娀娥被封为贵人，训英被封为贵嫔。有了可口的嫩枝娇叶，他一下子把那残花丁太后忘到了九霄云外。

慕容熙宠爱二娇娘，数月才到丁太后那里去一次，丁老太后的醋坛子一下子打翻在地。无奈丁太后派宫女去请，他不但不去忙，还时常责骂宫女，丁太后心中不由大怒。丁太后有个侄子叫丁信，掌握着兵权。丁太后秘密把他招进宫中，准备在慕容熙到太后寝宫时下手刺杀。可能是丁太后气数已尽，事尚未成功就被宫女告发。丁信下狱后禁不起严刑拷打供出丁太后是主谋，慕容熙全不念及旧日登位、恩爱之情，与嫂夫人的关系一笔勾销，视如仇敌，让人带上毒酒、白绫、短刀，逼丁太后自尽。丁太后见事以至此，悔之晚矣，回天无力，痛骂一番，又哭一阵子前夫，选用三丈白绫上吊自缢而亡。

丁太后一死，慕容熙更是无所顾及。第二年封大苻女为昭仪，立小苻女为皇后。为博取苻氏二女欢心，他不顾一切地开始盘剥天下民膏。

大苻女喜欢山水园林。慕容熙动用民工开凿天河渠，引大凌河水入宫，挖曲光海、清凉池等。为了加快工程进度，日夜不停施工，炎热的盛夏累死热死的人不计其数。

小苻女喜欢外出游猎。慕容熙就携带千人陪着出游，队伍浩浩荡荡，北登白虎山、大青沟等；南临沧海；西过青峦岭；东上龙山、医巫闾山，一年四季到处闲逛。每到一处除地方政府官员供给吃喝外，还得贡上奇珍异宝等贵重物品。沿途百姓听说皇帝出游经过此处，都出逃或闭门偷望，心怀不满。有一年的三九天，小苻心血来潮，想踏雪登大黑山狩猎，走到劈山沟，忽然狂风加着大雪突至，一下子冻死随行的侍从一千余人。大小苻女嫌弃曲光海、清凉池不好玩，慕容熙又抽调二万民工建造一处十平方里的龙腾苑。在苑内修建了一座景云山，山的地基方圆500步，高17丈；又在山边建逍遥宫、甘露殿等。山水宫殿如仙宫布在朝阳大地，极为壮观好玩。

丸都山城遗址

慕容熙以两美之乐而乐，以两美之喜而喜，以两美之忧而忧。却不料，乐极生悲，一次大苻女与慕容熙调情逗着玩，不小心掉入了曲光海，受到惊吓而死。大苻女死后，慕容熙把爱的精力全部集中到小苻女身上，所有的都玩腻了，竟然把战争当玩物，如同周幽王风火戏诸侯一样。

公元407年初，高句丽派兵抢掠燕边，打死不少百姓，掳夺不少财物而去。慕容熙闻报大怒，决定亲征，让小苻女看看自己的能耐。他带军五万，过辽河，没出半个月打到高句丽都城丸都山城（今吉林集安市）。慕容熙亲挥师急攻，高句丽军抵敌不过，退守内城。眼看城破，慕容熙下令停止攻击，让士兵铲出一条平坦大道，准备与皇后乘辇共进山城入宫看看，延误了战机，高句丽军民同仇敌忾，很快修复好了被攻破的城墙。时值严冬，慕容熙久攻不下，只好无功而返，令人好笑。

慕容熙回来后，依照邺城凤阳门，在龙城建门。为了让小苻女不出宫就可以看到远山近水，他又在宫中建造了承华殿，比正殿承光殿还高出一倍多。因工程量太大，近处又无土沙可取，慕容熙自己亲率士兵同民工一起出北门背土。当时，垫地基土沙价格同粮食差不多。典将杜静上书劝谏，说上古不贤之王乱建宫禁苑囿会亡国。慕容熙大怒，认为是诅咒他死，不吉之言，下令诛杀了杜静将军，并不准家属埋葬，弃尸于西狼山。

公元409年夏天，小苻女暴病香消玉殒，年仅20岁。

慕容熙比他爹妈死还要伤心，自早到晚守着尸体大声恸哭，昏死于地。经众人长时间捶前胸打后背才省。大殓时，他不让众人盖棺，爬入棺椁中与之共枕拥抱，贴脸亲颊，有失皇帝的尊颜。出殡那天，慕容熙自己披麻戴孝，严令百官也披麻戴孝随行，又让五百多位和尚在棺材后诵经送行，还派人进行检查，不哭者鞭笞，无泪者罚款。

他这还觉得难报小苻女皇后的深爱之意，还准备用活人殉葬，挑来选去选中了异母兄高阳王慕容隆的寡嫂张氏，说她貌美，平日里与小苻女关系好。但前朝无殉葬的先例，他找借口，说张不洁，让张氏自尽。慕容隆三个儿子和三个女儿求情于叔父，才保全了张氏一性命。

随后慕容熙又从国家财政拿出一笔巨资，并让官员按人捐资为皇后营造陵墓，取名徽平陵（地点无考）。据说陵墓宏大，依山傍水，顶级风水，准备自己百年之后也去。陵墓周围数里围墙，墓内巨石彩砖做壁，红图彩画。阳间有的东西，墓内应有尽有。

经慕容熙这番折腾，引起了极大的民愤，有一个叫冯跋的鲜卑化的汉族将领与22个弟兄秘密商议，这是什么他妈的皇帝呀！国家也好不了，人民遭殃，不等早晚我们都得当亡国奴，反了算了。趁着慕容熙带领众将士大臣出城之机，冯跋组织家丁和手下士兵近500人与慕容云合伙将龙城大门全部关闭。慕容熙带领着文武大臣返城时见城门禁闭，大惊。命士兵攻打，未能成功。

慕容熙无奈只好带大臣们到龙腾苑暂住。一个不愿从逆的将领逃出了龙城，来到了龙腾苑报告说：“营兵将至，愿助陛下抗敌”。可惜慕容熙受到惊吓，胆已破，不知怎生是好，心慌意乱，想到龙山当和尚去，也没有详察，就一个人顺着水沟逃走了。

中军统领慕容拔、中常侍郎郭仲，到处找皇帝找不到。无奈也只好组织人马去龙城与城内不愿反叛的士兵联合，里外夹击冯跋、慕容云，等待皇帝归来。慕容拔已带上一部分兵攻上了北门，但由于见不到慕容熙派人来接应，不敢深入城池。只好下龙城返回龙腾苑找皇帝问个究竟。此时，城上的慕容云一阵乱箭把慕容拔等众人射死，余者四散而逃。

慕容熙顺水阳沟出逃，满身污泥浊水，刚走到一片小杨树林里，被冯拔的巡逻队发现，被押入城中，慕容云数其十二大罪状后，将其处死。为了不留后患，斩草除根，将其诸子女家小一律杀光。

慕容熙这个风流皇帝被杀时只有23岁，在位7年，与苻氏合葬徽平陵，谥昭文皇帝。

后燕亡。从公元384年慕容垂称王，经慕容宝、慕容盛到慕容熙四帝，立国24年。

二十一、冯氏承祚，燕脉消亡

冯氏北燕，拓跋居占。
孙女建塔，浮图思先。
矗立千年，云燕不迁。
今看龙城，三燕云端。

冯跋（字文起，长乐信都人）是汉人，通汉学，四书五经、三韬六略、诸子百家，无所不学，特别是《三国志》学得好，能背诵全书。他学曹孟德、司马懿，没有直接当皇帝，而是拥立慕容宝的义子慕容云为皇帝，仍称燕国，史称“北燕”。

慕容熙统治时期，老百姓“赋税繁数，人不堪命”。人民皆希望这个皇帝快点完蛋。龙城市附近流传着这样一首童谣“一束藁，两头燃，秃头小儿灭燕”。“藁”字烧掉了上下，中间就剩下“高”字了，

当时有人认为是高句丽，其实不是。慕容云原名叫高云，其父高拔，乳名秃儿，民谣真是应验了。民谣在古代主要反映人民的意愿，渴望新人出现，后燕灭亡。

慕容云姓高，是高句丽王室的一支系人。其祖父高和乃“高句丽王族之支庶，自云高阳氏之苗裔，故以高为氏”。前燕国打败高句丽后，

两次强迁人口达10余万人，高氏也被强迁到青山（今辽宁锦州与朝阳交界松岭一带）。

慕容宝当太子时，与高云是好朋友。高云武艺高强，力大无穷，能拉动三百石弓。慕容宝当皇帝后，高云被封为后燕建威将军、夕阳公、侍御郎。慕容宝、慕容会父子兵戎相见时，高云为朋友主子两肋插刀，冒死带人乘月黑头深入慕容会营中，将其打跑。为此，慕容宝收其为养子，赐姓慕容。高云不善交际，也不关心人家的事，有一个可以倾心的朋友就是冯跋。慕容云当政后，仍使用原名字高云，自称大燕天王。

高云深知自己能登上宝座是冯氏兄弟的功劳，但心存畏惧，这帮小子不好惹，白天黑夜都总是提心吊胆，恐慕容氏与冯氏刺杀他，武士卫队不离左右。有两个人，一个叫离班，另一个叫桃仁，是贴身头目，平时同高云如同亲兄弟，不分你我，共同就餐玩乐。有一天，酒足饭饱后不知为什么，趁高云议事毫无准备之际，两人共同挥刀把高云杀死在宝座上。高云正当壮年有为之时，可惜呀！有人说是冯氏兄弟用重金买通二人下的毒手。高云在位三年，死时年仅36岁，谥惠懿皇帝。

两个莽夫刺杀高云之际，冯跋在大殿中央，没有前去护驾，反而又逃离了大殿，静观其变。看高云已死，立即带兵斩杀了离班、桃仁两人。

高云死后第二天，冯跋在众人的推举下继天王位，不改国号，都城仍为龙城。但是从此北燕国的君主姓冯了，不再是慕容氏的天下，而是鲜卑化的汉族子孙。

冯跋祖籍信都（今河北省冀州市），按族谱冯氏在先秦时期是魏国国君始祖毕万后裔。毕万在晋献公时因功封为魏地（今山西芮城）大夫。后毕万以魏为姓。战国时期的魏国即为毕万之后。魏国被秦吞并后，其中一支流落到山西境内的冯乡，后在此常居以地改姓，在那里苦苦生活了五百多年。

冯跋的父亲在西燕当过官，西燕被后燕消灭之后，随冯氏家族迁到了龙城（今朝阳）西北。冯跋有文化熟读兵书战策，在乡里行侠仗义，后燕末年出任中卫将军。

冯跋在位22年，是五胡十六国少见的仁德君主。他崇尚儒学，学习中原文化，劝民农桑，轻徭薄赋；整顿吏治，清正廉洁；息兵止武，不攻击邻国，和平共处，人民生活步入康庄大道。

后燕有一个工匠叫李训，在修建宫殿时赚了不少的钱，另外趁后燕动乱之时又偷了不少珍宝，成了燕地的巨富。他不甘寂寞，想弄个官当当，向当时北燕的尚书（相当于今天的组织部长）冯弗勤行贿，当上了方略县令。这样，一些读书的人不高兴了，在宫门前贴小报，予以揭发。经查证属实，冯跋的弟弟冯素弗建议把冯弗勤正典，依法处死。冯跋说，我朝刚立，依法治国，伦常关系尚未确立，有些法律关系尚不明确。冯弗勤出身微寒，家里贫穷，上有老，下有小，不具备君子志向节操，应开恩于他，罚点俸禄就可以了。而李训是个小人，为富不仁，竟敢腐蚀朝廷命官，应公判，将其当众押赴东市斩首，以明正典，教育官吏，警示行贿者。

冯跋与邻国在外交上和亲、互市。据《魏书·蠕蠕传》记载，公元411年（北魏永兴三年），柔然斛律与北燕主冯跋和亲，献马3000匹，聘冯跋之女乐浪公主为妻。公元414年（北魏神瑞四年），冯跋聘斛律女为昭仪。柔然统治集团发生内讧，斛律与其女住和龙（朝阳）避难，冯跋封斛律为谷侯。

在生活上，冯跋本人非常俭朴，当了皇帝也不奢华，每顿饭是四菜一汤，吃饱为原则。他反对厚葬恶习，反复强调："人生没带来什么，死了也不应该带走什么，用贵重棺木，修建豪华坟茔，没有什么用。无益亡者，有损于生者，是陋习弊俗。"

冯跋有个弟弟叫冯素弗，不亚于周公，位至大司马。对北燕的建立功垂千古，文献记载，"跋之伪业，素弗所建也"；他的政绩"百姓歌之"。兄弟患难与共，共图伟业，才有了今天。各方面都得到了空前的发展，国力大增，人民乐业富足，盛极一时。国虽不大，但殷实。

公元430年秋，冯跋病危，以太子冯翼临摄国事。冯跋有个宠妃宋氏，手段不一般，想在皇帝百年之后让她的亲生儿子冯受居当皇帝，设计以侍奉冯跋为名把太子冯翼骗进宫。冯翼心实在，性格软弱，结果病中老父与他被宋氏一伙软禁在宫中，不准大臣儿孙兄弟看望。有一个叫胡福的太监与冯跋的另一个弟弟冯弘要好，出宫急忙把情况报告给了冯弘。

冯弘野心大、性残忍，且目中无人，狂妄至极。得报后带兵冲入宫中，不由分说囚禁了宋氏母子。冯跋因乱兵惊吓，溘然离世。他在位22年，葬于长谷陵（北票西官镇馒头沟村姜家山），谥文成皇帝，庙号太祖。

太子冯翼逃回东宫带兵反攻。冯弘事先有准备，让士兵在宫中高喊，说太子与宋妃合谋杀了皇帝，他要清君侧，以此来谋害宋妃和太子。冯翼的卫队打不过冯弘，另外人数也少，四散而逃。太子一看事已至此，回天无力，拔剑自刎。

冯弘草草地把哥哥发送埋葬在长谷，自立为天王。把大哥冯跋与嫔妃所生的侄子侄女用绳子一个一个勒死，比狮子还残忍。有的小侄子、小侄女还在怀中吃奶，被恶兵抢过来缢死。有的还是活蹦乱跳的少年，抓住绳子一套，一命呜呼。尔后，凡是长得美的嫂子招来入寢宫，后世评之“不如禽兽”。

冯弘当权后，众叛亲离，几个儿子畏惧招来祸端，长子带着几个弟弟家眷逃亡北魏，因此才有了北魏两个冯皇后，均出于冯弘家中。其中献文帝之母冯太后是冯弘的孙女。为了纪念北燕冯氏家族，在龙城建塔，称“思燕佛图”塔，现在仍然屹立在今朝阳市区，称北塔。

正当北燕内外交困，一团乱麻之际，北魏太武帝拓跋焘，企图借这个有利时机消灭这个宿敌。有记载如下：

公元432年五月，魏武帝拓跋焘发兵攻伐北燕西北部。

六月，又发兵平城，进攻北燕。

七月，北燕石城太守李崇投降北魏。

八月，北燕天王冯弘派兵三万出战，被北魏击败，死伤万余人。同时，北魏攻拔了带方、建德、冀阳等城。

九月，拓跋焘见龙城一时攻不下来，引兵西还，把营丘、成周、辽东、乐浪、带方、玄菟六郡三万户民众强迁到幽州。

十二月，北燕长乐公、肥如守将冯崇领辽西郡投降北魏。北燕带兵平叛，围攻冯崇。

公元433年正月，北魏派永昌王拓跋健率兵解救冯崇，北燕军败走。

六月，拓跋健与左仆射安原率兵五万围攻龙城，另派5000骑兵围攻凡城，守将封羽率全城军民投降。

战争越来越吃紧，冯弘只好向南朝宋文帝求援，派使节称藩。宋文帝非常高兴封冯弘为“黄龙国王”，答应出兵相救。说归说，做归做，太远，远水解不了近渴。此后，拓跋焘又几次攻伐北燕，有时抢收粮食而归，有时攻拔龙城外的诸城，使北燕国力削弱。

公元435年六月，拓跋丕率四万大军来攻龙城，北燕冯弘实在是支撑不住了，以牛羊肉、美酒犒劳北魏军，献盔甲3000副，送儿子当人质，并将三个女儿送给了北魏皇帝，求和告饶。北魏带回财物不算，又掠6000余人而归。

公元436年四月，北魏又出动四万大军，攻克了白狼城（今辽宁喀左西北，还有说法是建昌西北）。实在没办法，冯弘向高句丽求援，大臣杨峪持反对意见说：“高句丽那些家伙从不讲信义。从前国势强还可以，如今这种情况千万不可，怕前门拒虎，后门进狼，更是危险。”急来抱佛脚，顾不了那么多了，什么建议也听不进去了，立即派使者向高句丽长寿王求援。长寿王当即派大将葛卢、孟光率两万精兵到龙城接应冯弘。北燕尚书令郭生为应和城中百姓之意，开城迎接北魏部队，而北魏军怀疑有诈，不敢进城。郭生一不作二不休，主动出击攻打冯弘，两军战于殿前。郭生及部众被杀。

高句丽将领葛卢、孟光率兵进城，一看东西不少，府库的金银也不少，号召士兵全部装车运回高句丽。冯弘见状，哑巴吃黄莲有苦难分诉。

五月，北燕冯弘带龙城男女老少们向东迁徙，临行前一把大火烧了百年宫殿，大火半个月不灭。东迁队伍浩浩荡荡，绵延60余里。葛卢、孟光率兵一前一后，同押送犯人差不多。

高句丽王儒学修养极深，知汉人礼节，亲带文武百官到郊外迎接，话说得体恭敬，另派人到平城劝说北魏皇帝与北燕和解。

北魏拓跋焘写信给长寿王，要求他们马上把冯弘送交给北魏。可长寿王就是不送，也不说任何理由，他就是不卖这个人情。拓跋焘恼羞成怒，准备调陇右骑兵攻击高句丽，在大臣的劝说下才打消了这个念头。

长寿王把冯弘王公大臣们安排在平郭、北丰一带（今辽宁熊岳东、瓦房店北），暂时作为其居所。可这伙人不知好歹，在北燕龙城作威作福惯了，以为自己依然还是主子，经常辱骂高句丽的王公贵族说这不好，那不行，说三道四，挑毛拣刺。冯弘旧习不改，到处散逛闲游，干预地方事务，索要财物。长寿王得知后，非常生气，要求他改正，下令不准他外出，并且让他儿子当人质。他非常愤恨，大喊不公平，偷偷派人到南朝找皇帝刘义隆表示归附。

公元438年，南朝宋文帝刘义隆派使者王白驹带人到辽南迎接冯弘。而北魏也派人要求高句丽把冯弘送交北魏，这下给长寿王出了个大难题。长寿王本来是借冯弘笼络人心，壮大自己。可冯弘不领情，出走南朝，北魏又生打硬要，正所谓骑虎难下。长寿王权衡再三，派大将孙漱、高任率兵到北丰斩杀冯弘及子孙十余人。

北燕亡，历经3主，立国29年。

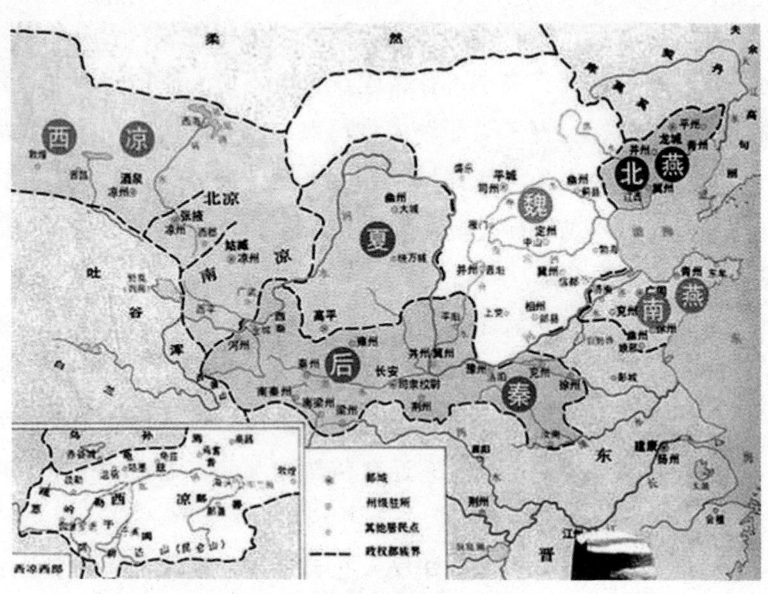

北燕疆域图

二十二、龙源之地惊世，三燕文化生花

龙城文化万古传，只到今天仍新鲜；
牛河龙源惊世界，凤鸣高岗龙翔山；
飞将燕山遗址在，三燕奇葩呈光艳；
今逢盛世田沧海，千载画图时空现。

三燕古都是五胡十六国时期鲜卑独具特色、魅力无限三燕文化的代表。今天当我们轻轻地撩开在风月里繁衍滋生的浮萍晨雾，一幅灿烂辉煌田园牧歌与金戈铁马交相辉映的历史画卷仍历历展现在长空。

“凤凰鸣矣，于彼高岗，梧桐生矣，于彼朝阳。”龙城——朝阳，是从诗经里走出来的城市。这一地区的文化因神奇而震惊世界，是哺育亘古洪荒各种生命的老家。“中华龙鸟”“辽宁古果”堪称世界第一。被誉为“世界上第一只鸟飞起的地方”和“世界上第一朵花绽放的地方”。

掩映在辽西莽莽苍苍的丘陵中的牛河梁红山文化遗址，向世界展示了中华民族5500年前的辉煌文明。在这里人们找到了中华龙之源，“龙出辽河”，牛河梁红山文化是辽河文化之源，目前已成为龙的传人顶礼膜拜的祖地。50平方公里牛河梁红山文化遗址，大型祭坛、女神庙、积石冢、玉猪龙、女神像、10平方公里赤峰红山后红山文化遗址、兴隆洼文化、红山C型玉龙，举世称奇。

在魏晋五胡十六国的700余年历史长河中，有三燕文化遗存和芳踪。有东北第一神山——凤凰山，第一座佛寺——龙翔寺；关外取经第一人——昙无竭；东北第一佛塔——朝阳北塔；三燕故都——龙城朝阳；步紧步慢——金步摇饰；五燕都城——龙城。

三燕文化在东北有八项之最，一是东北最早的都城——龙城；二是

龙城城门中门石板路面

最早的皇宫——承光殿；三是东北最早的佛寺——龙翔佛寺；四是东北最早的大学——在龙城兴建的东庠；五是最早的桑蚕业在辽西发展起来；六是东北最早的皇家园林——龙腾苑；七是最早的科举——东庠考试；八是最早在北京建城——蓟城。

（一）三燕五都（不包括南燕西燕）。五都首指龙城，“秦时明月汉时关，万里长征人未还，但使龙城飞将在，不教胡马渡阴山”。唐朝王昌龄一首《出塞》，激发出多少文人墨客无尽神思遐想。过去的龙城，今天的朝阳，沉睡了1600余年后，忽然醒来。它雄居大凌河中游，西北倚努鲁儿虎山，接内蒙古大草原和华北平原，南望渤海，东北连松辽平原和科尔沁大沙地。自古是中国东北与关内往来要冲，兵家必争之地。从公元四世纪初到八世纪中叶，一直为东北地区政治、经济、文化、军事中心。

慕容部有文献记载，“慕容廆……其先有熊氏之苗裔，世居北夷，邑于柴蒙之野”。慕容部是东胡鲜卑族中的一支，始创人乾罗，到檀石槐组建部落，死后部落瓦解，其部大人莫护跋率部向东南移动，游牧辽西地区，被魏明帝封为率义王。莫护跋死后木延因征高句丽有功被曹魏封为大都督、左贤王。木延死，其子涉归承袭，因保全柳城有功（今朝阳西南大凌河东）被封为鲜卑单于，于公元281年率部迁辽西（今辽宁省彰武之北边栅以外大清沟一带）。公元283年涉归死，其子慕容廆（字奕洛瑰），承袭部落首领。公元289年（晋太康十年）由辽东北迁徙辽西徒何青山（今义县西北票县境内）。公元294年移居大棘城（今北票市章吉营子乡三官营子遗址）。廆病逝后，其子皝称燕王，建燕国。据《晋书》《十六国春秋辑补》记载，“晋咸康七年（公元341年），燕王慕容皝以柳城之北，龙山之西，所谓福德之地也，使阳裕、康柱等，可营制规模，筑龙城，构宫室宗庙，改柳城为龙城县”。自此，三燕故都翻开近百年的历史第一页。三燕共建五都城如下：棘城——龙城——蓟城——邺城——中山城（不包括南燕都城广固，西燕山西长子）。慕容氏这些人中之龙，从这里开始，称霸东北，腾达中原。

公元407年，高云、冯跋先后被鲜卑人拥立为王。冯跋死后，冯弘篡位。后于公元436年，北魏大败北燕冯氏，高句丽借援助北燕为名进城大肆掳掠，北燕皇帝冯弘逃离龙城，奔高句丽时，放火焚烧了宫殿，旬月不灭。自此，美丽的塞外名城淹没在历史尘埃中。

金步摇

（二）步紧步慢，金声玉振，美音播东亚。步摇是古代女子头饰之一。战国宋玉《风赋》中就有“主人之女，垂珠步摇”之语。慕容氏金摇叶文化是三四世纪大凌河流域特殊的文化现象。制法：金银丝编织成树枝状，枝干上缀满金玉珠宝的花饰。五色珠儿垂下，戴于发际。行走时，饰物不停颤动，发出美妙的响声，因而称为步摇，男女通用。南北朝时期梁朝范靖的妻子沈满愿自身对佩戴步摇的感受是“珠华萦翡翠，宝叶间金琼。剪荷不似制，为花如自生。低叶拂绣领，微步动瑶琼”。说出了一个女子的心声。化静为动，摇曳生姿，花枝乱颤，当当叮叮，描写出一个女子婀娜多姿的媚娇之态。京剧脸谱头饰与其有着密切的联系，有可能发源于此。公元五六世纪，其先后传承进入朝鲜、日本。这种文化穿越时空隧道,到了今天，让现在的人们静静体验这朵文化奇葩弥散出的芬芳。

金步摇

白居易在《长恨歌》中写杨贵妃出华清池时“云鬓华颜金步摇，芙蓉帐暖度春宵；春宵苦短日高起，从此君王不早朝”。又在《霓裳羽歌》中写到“我昔元和侍宪皇，曾陪内宴宴昭朝。案前舞者颜如玉，不著人家俗衣裳。虹裳霞披步摇冠，钿缨累累佩珊珊”。

（三）马具名扬天下。“营州少年餍原野，狐裘蒙茸猎城下；虏酒千盅不醉人，胡儿十岁能骑马。”大约在四千多年前，红山文化的祖先就开始训养野马为家畜，学会骑在马身上放牧打猎。这些民族统称为游牧民族，分布广泛，支脉繁衍众多，其中鲜卑祖先东胡（山戎人）由牧猎发展到骑马打仗，由此产生骑兵。从战争的史料看，最先进的是慕容鲜卑的骑兵，不分男女老少都是骑马射猎的好手。

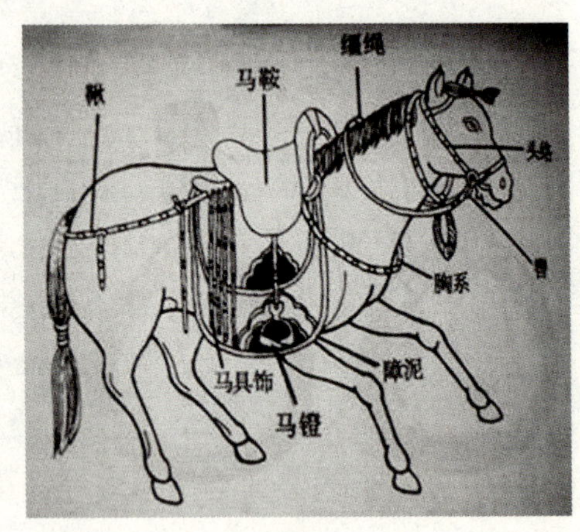

马具

细心者可以看到在西安秦始皇兵马俑的马俑的身上佩戴先进马具；楚汉战争时刘邦败于彭城逃到下邑，“下马踞鞍而问”；古诗十九首《玉台新咏·为焦仲卿妻作》中有“踯躅青骢马，流苏金镂鞍”的诗句。纵观历史，到东晋五胡十六国马具才完备起来，而最早的就是慕容鲜卑人。他们踩着马蹬在中华大地上驰骋纵横200余年，对中国南北文化交流和民族大融合起到了重要的作用。

另外，据专家考证结论为：东北亚地区的马具皆源自慕容氏马具。其东传过程则是公认的、明确的，即：“慕容氏马具公元三世纪末至六世纪中叶先后传到高句丽、朝鲜半岛、日本列岛”。地中海沿岸缺佐证，欧洲人最早的马蹬，出土在六世纪的

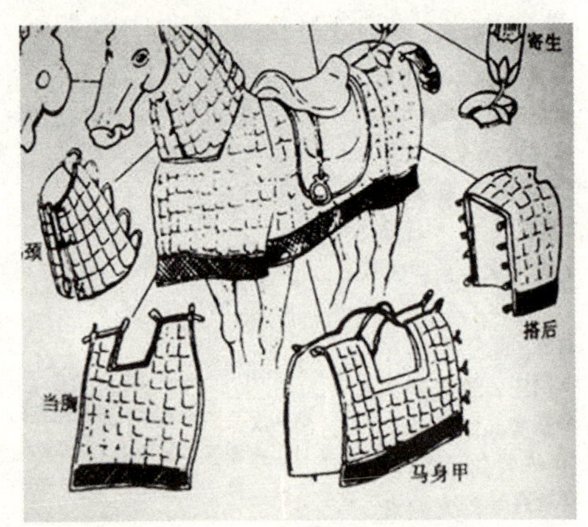

马铠甲

阿瓦尔人的墓葬中。阿瓦尔人是蒙古高原柔然人（鲜卑人的后裔），被北魏打败后于六世纪沿欧洲草原之路西迁到匈牙利定居。西方人称马蹬为马鞋。

在三燕时期，鲜卑（北票、朝阳）墓葬中，出土的随葬品最多就是成套的马具。样样齐全，装饰丰富多彩，有马面饰，鞍骈饰，马蹬，带管缀，叶泡饰，鸟首形牌饰，泡式铃，马衔，卡子，铜环等十余种。还有人马穿的配套齐全的铠甲、头盔等。

（四）东北佛教第一山——龙山。其位于朝阳市东凤凰山，古称龙山，清朝康熙皇帝改为今名。关于龙山还有一个传说：慕容皝建都后，有一年清明节后的一天，有人发现有两条龙浮现在龙山之上，立即报告给慕容皝，慕容皝急率群臣登楼观看，果然有黑白二龙腾飞嬉戏龙山之上，金光万丈，百里可见，遂命太宰按周礼祭之。二龙向西南的大海方向飞去。

历代的帝王都自命为真龙天子，龙山出现黑白双龙，预示着慕容氏龙腾于天，帝业兴旺发达。慕容皝也是受命于天的真龙天子，举国欢庆。慕容皝万分高兴，把城里的新宫改为和龙宫，命工部大兴土木。后在山中修建一座规模宏大的大佛寺，亲题名叫龙翔寺。后来经后燕、北燕、北魏、隋、唐、宋、辽各朝陆续在山中扩建，形成了规模宏大的塔寺建筑群，成为东北亚第一处大的佛教文化中心和祭拜圣地。据史料记载，北燕大德高僧昙无竭、昙弘等僧人在此寺当主持。凤凰山上三燕至隋唐时期的佛教遗迹，有瘗埋僧人遗骨的摩崖佛龛，两处塔寺遗址。

昙无竭西天取经图

（五）关东取经第一人。《西游记》唐僧西天取经之事家喻户晓，众所周知。历史还有一位北燕高僧昙无竭，其比唐玄藏取经还早207年。

根据南朝梁国高僧慧皎编著的佛史《高僧传》卷三《释昙无竭传》载，昙无竭姓李，幽州黄龙人。朝阳属辽西，古幽州辖地。黄龙即是南朝所称呼的龙城。他生年卒月无可考，据文献推测，大约于公元390年前出生于后燕。

昙无竭八九岁，就出家到龙翔寺当小沙弥，他严格遵守清规戒律，勤修苦练，念诵佛经，盛唱三宝，受到了法师和众僧的器重。他少有大志，常感叹寺中佛经残缺不全，听说天竺国是佛国，有真经可取，当众在法师面前立下了誓言，决心亲赴西天佛国取经。南朝宋永初元年（北燕太平十二年，公元420年），昙无竭会同和尚僧猛、昙郎召集志同道合、不畏艰险的僧人共计25人，携带着自己的供养佛、菩萨的幡盖和法器、信物等，从龙翔寺出发，首先到达同宗吐谷浑人所建的河南国（今青海湖一带），出海西郡（今甘肃河西走廊），穿过新疆吐鲁番东，从高昌郡之南沿塔里木盆地北缘向西行，途经龟兹国（今新疆库车一带）、沙勒国（今新疆库什一带），攀登葱岭（今新疆帕米尔高原的昆仑山脉），翻越雪山，到达罽宾国（今克什米尔、巴基斯坦东部一带），进入胝国（今新疆伊犁以西巴基斯坦、阿富汗东部），到北印度（今巴基斯坦一带）再折向中天竺（中印度），达舍卫国。昙无竭在舍卫国到处礼拜佛陀圣迹，在那烂陀寺一住就是十年，在名师指导下，刻苦学习梵文经典，取回梵文《观世音受记经》一部，然后从南天竺搭乘商船达广州，从广州经蓟城返回龙翔寺。

昙无竭在取经过程中历尽艰难险阻，险些在过雪山时冻死，险些在途中被洪水冲走、被狮子吃掉、被野象踏到泥里，被野牛撞得粉身碎骨，不亚于唐僧西天取经历经的九九八十一难。同行25人，翻越雪山时有12人坠崖而死，只剩13人随行。在穿越荒无人烟的大草地、大滩涂时，无处化缘，天气湿热，北方人不适应，连饿带热中途又死了8人，最后只剩下5人生还。

回国后，昙无竭到全国各地弘扬佛法，曾到过江南、中原等地，直到圆寂。

昙无竭在中国佛教史上功绩不及法显和玄奘，但他是中国及东北亚第一位最早到印度取经的高僧。他为中国的佛教文化发展和中印文化交流所做出的贡献，功不可没，万古流芳。

（六）东北第一佛塔——朝阳北塔。今天的北塔是“五世同体”，由北魏冯太后下诏，建于北魏孝文帝太和年间（485—490年），在燕都龙城和龙宫遗址上建造的。后由隋、唐、宋、辽分别建造修缮，更新为一体，矗立在朝阳老城区，为方形空心十三级密檐式砖筑佛塔，塔高42.6米，至今有1400多年的历史。

思燕佛图塔（北塔）

北魏太和十四年（公元490年），冯太后病重，同年十月去世，时年49岁，谥号文明太皇太后，葬大同城北。据《魏书》记载，“太和五年起作，八年而成。太和十四年冬十月癸酉文明太皇太后葬此，号永固陵”。唐朝诗人温庭筠游览冯太后墓有感赋诗《题元魏冯太后永固陵》：“云中北顾是方山，永固名陵闭玉颜，艳骨已消黄壤下，荒坟犹在翠微间。春深岩畔花争放，秋尽祠前草自斑。欲吊香魂何处问？古碑零落水潺瑗。”

冯太后，名淑仪。是冯弘的孙女，冯郎之女，因父连坐伏诛被没籍入宫。在她姑母魏世祖拓跋焘的左昭仪抚养教育下，十四岁被选为魏文成帝拓跋濬的贵人。高宗驾崩，献文帝遵其为皇太后，临朝听政。公元476年，献文帝暴崩，冯太后开始第二次临

冯太后塑像

朝听政，一直到病逝为止。

这位女政治家不亚于武则天，当政推行全面改革，提倡汉化，修立孔庙，提倡儒家文化，建立学校，大兴教育，严禁鲜卑人同姓结婚。革除鲜卑族信奉的巫术恶习陋风，实行均田制。北魏王朝摆脱了混乱局面，国家日趋稳定，为孝文帝亲政改元，推行汉化政策打下了坚实的基础。

（七）慕容风情，惊艳隽永。鲜卑慕容部族的人，个个都长得很帅，史称“白虏”。他们身材高大，皮肤白皙，黄头发，黄胡须，有色眼睛（似羊眼），其独特的生理特征至今也仍然是一个谜因。从考古学角度讲，从挖掘的慕容墓出土遗骨上看，其无一不是东胡支脉蒙古人种，否定是安息后裔的伊斯兰人种和高加索白种人。至于其汉化、蒙古化、鲜卑化等前的政治制度、经济生产方式、意识形态等方面，则缺少佐证等文史资料。慕容鲜卑人以游牧为主，占据辽西河上游老哈河以南广大山林草原地区，主要是畜牧业和狩猎。

东部鲜卑人的发式与乌桓人大体相同，“衣褚而髡发”，只留头顶发，其余全部剃去，顶后发挽成髻或编成辫，垂于脑后，不戴巾帽。至于女子，乌桓人女子髡头，出嫁时才留头发；而东部鲜卑女子出嫁时特意髡发。鲜卑人的婚姻大体与乌桓人相似，保留了掠女，以牛羊为聘礼，男子为妻家服务；兄父死，妻后母执嫂；女子婚嫁前性生活自由(北方少数民族均有此特点）等特征。

鲜卑人丧葬习俗，人死了，出殡时以歌舞相送。《后汉书·乌桓鲜卑列传》记载：“俗贵兵死敛尸以棺，有哭泣哀，葬则歌舞送。”一般下葬用犬陪葬，“肥养一犬，以彩绳缨牵，并到死者所乘马衣物，皆烧而送之，言以辱累犬，使护死者神灵”。据史料记载，生前畜犬，死后殉犬的习俗，

梯形棺材

是山戎东胡人传下来的。这个民族在长期游猎中与颇通人性的犬朝夕相处，主人到哪它跟到哪，结下了深厚的情感，同生共死，风雨同舟。他们是非常爱犬，视同儿女，每当捕到猎物后，首先把最好部分分赏给爱犬吃。猎犬老病而死后，不像汉人把它煮着吃了，而是厚葬，并举行一个仪式埋掉。所以鲜卑人死后用犬殉葬是希望在阴间能和爱犬在一起共同生活。鲜卑人自称皇帝后裔、华夏子孙，与汉人一样，死后殓入棺木之中，树葬、土葬或森林中排放葬（因东北天气冬天太冷无土可埋）。

根据辽宁省北票市北燕皇族冯素弗的墓中出土棺木看，形制“前高宽，后低窄”为以前未见过。专家宿白先生经反复研究，确定梯形棺材出于鲜卑族。就形制实物来说，在呼盟扎赉诺尔的鲜卑人墓中有所见证。经考古专家田立坤先生考证，两汉及西汉前，人们使用矩形箱式棺材。公元2世纪，在北方出现了前大后小的长圆天的梯形棺材。公元4世纪，在辽西龙城一带成为定制，到了唐代开始普及。综合上述，梯形棺材的发明者是鲜卑人。

鲜卑人怎样发明这种梯形棺材，专家学者曾做了各种推测，其中一种或为可信。棺材与木料有关，大树上细下粗，凿空锯开，上方圆形棺盖，中间两块为梆，边料为底和座。后来工具先进了，经有心人精细加工改造后，就逐步发展成今天这个样子。

鲜卑语言属于东胡分支，具体地说，属于阿尔泰语系蒙古语族，认为与蒙古语相差无几。鲜卑人起初没有自己的文字，刻木为信，在邑落中流传。其中到中原的人，流行口头鲜卑语，但逐步汉化。生活在其它民族的鲜卑人也逐渐他化。

鲜卑的文学艺术，存世少得可怜。文学作品有《阿干歌》等；艺术作品有釉陶羊尊、陶马、铁剑、马鞍、欹器、提梁铜腹壶、铁面具、金银铁印、马具，鎏金铜镳、虎符子、戒指、金叶饰、铁锯、铜质四铃环、铁钟等，还有袁台子

二牛抬杠图

壁画。

（八）三燕时期的农业技术。在大漠草原地缘的边际，西辽河两岸，莽莽的辽西丘陵中，五胡十六国时期展示着少见的胡人地区的农耕文化。

单牛牵引图

牛耕技术的普遍使用。牛耕技术在春秋战国时期出现，到汉代得到普及并发展到较高的水平。东晋十六国时期东北三燕地区牛耕技术特别盛行。耕作方法两种：“二牛抬杠”的耕作方法和单牛牵引的耕作方法。1982年在朝阳县十二台营子乡袁台子村前燕时期墓中壁画上，发现绘有“二牛抬杠”犁耕图。20世纪70年代在朝阳县沟门子乡北庙村北燕墓中壁画上，发现绘有“单牛牵引”犁耕图。

敖汉“八千粟”生产基地

农业生产工具和粮食加工工具的广泛使用。从地方考古发现，当时三燕地区铁农具已大量普及，生产工具种类齐全。北票喇嘛洞墓地出土有三燕时期的铁犁铧、铁蠼、铁铲等，朝阳沟门子北庙村北燕墓壁画中有较为先进的锄草用具曲柄锄。朝阳大平房北燕墓中出土一件陶磨。陶碓是仿石磨制作的，表明三燕时期先进的粮食加工水平。经考古发现辽西地区主要农作物为粟、黍、稷三种，即谷子（小米）、黍子（大黄米）、高粱（高粱米）。敖汉旗宝国吐乡兴隆洼遗址出土有“八千粟”；北票丰下出土有炭化谷物；建平县朱碌科水泉村出土有炭化谷粒等。

（九）慕容后裔远在何方？慕容部族在历史舞台上风风火火地演了几百年的戏，下台后杳无音信，人在哪里？子孙尚在否？

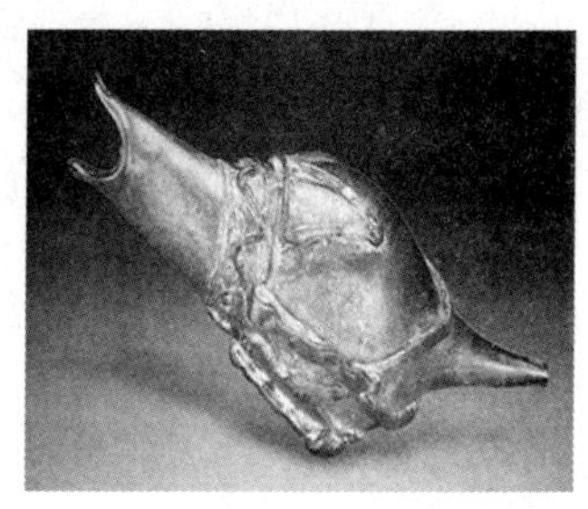
鸭形玻璃注

经历史学者研究，青海省北部一些自治县的土族，是慕容鲜卑部族的一个分支吐谷浑部后裔。吐谷浑是东部鲜卑慕容首领涉归之庶长子，慕容廆之长兄。涉归分给他“部落一千七百家以隶之”。公元283年，涉归死，弟慕容廆嗣位。不久，哥俩因马争斗，兄弟之间产生了矛盾，吐谷浑一气之下率部迁到了千里之外的阴山。在阴山以南黄河以北游牧20余年后，又迁甘肃临夏一带，后在甘青一带建国，史称“吐谷浑”。其建都在青海湖西伏俟城，立国350余年，公元662年被吐蕃政权所灭。部众除融入其他民族外，绝大部分因散居汉地融合到汉民族中去了。

鲜卑汉化主要表现在少数统治者与汉族官僚地主在政治上联合，采用汉制，居民以官位相认，不再依种族分类；崇尚儒学，华夷观念淡化；杂居通婚，血统上溶为一体。生活习俗的民族特点，随着时间推移渐变而后消亡；生产方式由游牧变为农牧相结合；语言是汉鲜双语并用，后由于用鲜卑语的人少，而逐渐消亡。

另外，慕容集团被北魏消灭后，一部分人，包括慕容皇室投靠了北魏，被皇帝赐姓豆卢氏，意思为归顺之意。后来拓跋氏改元后，把都城迁到洛阳，大行汉化，除保留原姓氏以外，大部分改变为汉姓。出现了豆、卢、慕、容、于等单字姓氏。原慕容皇族率先改豆、卢者居多。

在全国人口普查中发现，在广东省高要市白土镇慕村，有一支在此生活了700余年慕容氏的后裔。

广东省肇庆市高要县白土镇大旗村慕容氏宗祠

在该村慕容瑞湖家中，保存一本世代相传的《慕容氏大宗族谱》。据族谱记载，这个村的慕容氏祖先起源于内蒙古东部的大鲜卑山东侧的浅山和草原地带，始祖是莫护跋，始建国棘城之北，至今有2000多年的历史。并记载这部人最早生活在西燕，从长治一带南迁过来。

清朝嘉庆十二年（公元1807年）村里的慕容宇中过举人。

据《高要县志》记载，明清时，慕容后人只有数百人，晚清时发展到1000余人。目前在肇庆市的端州、广宁、怀集等地也有慕容姓氏后人居住。但集中在慕村、大旗村，大约有4000人。

第三篇

观西域高原吐谷浑风雨

英姿飒爽鲜卑子——慕容廆，每当想起西行的大哥吐谷浑，就感慨万分，泪洒襟怀，拍节仰天长歌：

阿干西，我心悲，
阿干欲归马不归。
为我谓马何太苦？
我阿干为阿干西。
阿干身苦寒，
辞我大棘住白兰。
我见落日不见阿干。
嗟嗟！人生能有几阿干！

《阿干之歌》在《十六国春秋》《晋书》《魏书》《宋书》《北史》等史料中均有记载，但没有内容。新中国成立前出版一本叫作《伊犁烟云录》的书，其记载，甘肃兰州附近阿干镇一带，曾流行一首民歌《阿干之歌》，据说是辽东燕国开基者慕容廆想念哥哥吐谷浑而作的。其歌词表意用心良苦。兄弟阋墙，大哥西迁，慕容廆心里内疚，为教育感化那些不和睦的子孙们，增强集团内部向心力，加强团结，摒弃前嫌，同舟共济，他将此歌广泛传播于部众之间。

注：《花儿》是清乾隆年间，当时著名诗人吴镇根据民间史料和《阿干哥》整理出来的一部民歌。

一、率部西迁，自创江山

兄弟阋墙马斗架，离乡西迁分了家。
另立炉灶自为国，西域千年放光华。

公元三四世纪，鲜卑慕容一支由辽东北西迁，形成古吐谷浑族，演化为今天的土族。

慕容部是鲜卑部落联盟时期大人慕容名字命名的。部落联盟解体后，大人莫护跋率部东迁，到轲比能时（魏正始五年，公元244年），在辽西入塞附魏，魏设辽东属国昌黎县安置。其子木延于魏正始七年（公元246年）随毌丘俭出征高句丽、秽貊有功封为大都督。之后，木延儿子涉归以“全柳城之功”，拜鲜卑大单于，并加封昌黎公。

吐谷浑是涉归的庶长子，分领的部落有1700户。西晋太康四年（公元283年），涉归病故。慕容部发生内乱，叔侄之间争夺部落首领之位。涉归弟慕容耐篡位，嫡子慕容廆逃之辽东。翌年（公元284年）拥护廆者杀了慕容耐，迎慕容廆即了部落首领之位。不久慕容廆又与庶出长兄吐谷浑因锁事发生了争执，造成了心里隔阂，吐谷浑率部西迁。其原因史料中有记载是因马所致。《晋书》本传说：“及涉归卒，廆嗣立，而二部马斗。廆怒，遣史骧浑曰：‘先公分建有别，奈何不相远离。而令马有斗伤！’吐谷浑曰：‘马为畜耳，饮食水草，斗其常性，何怒及于人？兄弟王亲，而斗起于马，乖另甚易，当去汝于万里之外矣！’”吐谷浑越想越气，一怒之下率部西迁。实际此事与部落首领之位有关系，慕容廆刚刚接管政权，担心长兄夺权。慕容廆看长兄大哥西迁回避时，有点不好意思，找到舅舅调解。吐谷浑说：“先公称十筮之言，当有二子克昌，祚流后裔。”并向慕容廆长史乙那娄冯说：“我兄弟且俱当享国。”吐谷浑的主意已定，决定西行。慕容廆想把大哥强拦回来，长史乙那娄冯带200骑兵拦截。吐谷浑马队东行不足一里地，群马悲鸣辄西而奔，刹时出山谷，乙那娄冯又追一会儿，累得不行，始终也没追上。慨叹说：“此非复人事。”没办法天意呀！

大约在西晋太康四年至十年，（公元283-289年），吐谷浑西迁至阴山，后又向西南迁徙。从此，吐谷浑族走上独立发展之路，其名被后世统称。

这一时期，吐谷浑率领部众踏上西行万里征程。《宋书》本传记载“拥马西行，日移一顿，顿八十里”。《十六国春秋辑补》本传说先“西移八千里”，经宇文部和段部地，过濡水（滦河）、白山（大马群山）一带的白部领地，一路拥众急行，达阴山。“西附阴山过黄河”，看水草不错，决定留下来。就是今天大青山南麓，黄河之北，大黑河以西，即前套土默特平原。

当时，漠南诸部还没有出现十分强大的部族，势力稍微强一点的是拓跋力微部，但其正处在众叛亲离的混乱状态。吐谷浑才乘着西征的锐气，强渡大黑河，占据水草丰美、土地肥沃的河套平原，臣服于拓跋部。

晋永嘉末（312—313年）吐谷浑摆脱了拓跋的控制，率众渡黄河南迁。

枹罕古城址

吐谷浑先是“南迁陇右”，然后马不停蹄“渡陇而西”又“西渡洮水”，最后达到甘肃临夏州，“止于枹罕”而“创居广大阪”，分布在洮河流域。

吐谷浑把疆域扩展到青藏高原，彻底完成了本民族迁徙的历史使命。两年后，吐谷浑辞世，享年72岁。

吐谷浑率众西迁，开创了土族在青藏高原繁荣振兴的历史，其业绩《晋书》评说：“吐谷浑分绪伪燕，远辞正嫡；率东胡之余众，奄西羌之旧宇。纲疏政暇，地广兵全；廓万里之基，贻一匡之训。弗亡忠义，良可嘉焉。”又评“谷浑英奋，思矫颓运，克昌其绪，实资忠训”。

吐谷浑部的重组经过了三个阶段。第一，分化西迁阶段；第二，阴山陇右部落加入阶段；第三兼并青海鲜卑、乞伏和秃发鲜卑、铁弗、匈奴阶段。

根据专家学者考证，吐谷浑最初从慕容部分化出的部落有七个，随着西迁其他乌桓、鲜卑部落的六个，即后世传说的十三姓部落。

慕容氏原部落为主部落，首长称王，王位在其子孙中传承，亲族即包括吐谷浑60个儿子及其后裔，吐谷浑王旁系慕容部有七个部落。即吐谷浑氏（慕容氏）、可朱浑氏、乌洛兰氏、乙那娄氏、莫那娄氏、叱奴氏、期泥氏。所有十余个姓氏如下：

1. 可朱浑氏，也称可足浑、渴浊浑。《魏书·官氏志》记载，慕容部随莫护跋东迁称辽东鲜卑。后又一部分随吐谷浑西迁。到北魏这支人改为单姓“朱”。宋时在河湟唃厮罗部下，有的首领投宋朝被封为王，到明朝复姓为朱土司部。

2. 乌洛兰氏，汉译乌若兰，单姓“兰”。《魏书》记载为东部姓氏，在燕为显姓，有兰汗、兰勃、兰审，位居高官。其与慕容氏通婚，有一部随吐谷浑西迁土族姓氏，在宋朝西夏时的河湟地区可见到，属于慕容氏部落属族。

3. 乙那娄氏，亦称乙那楼。乙那蒌属辽东慕容氏部落之属族。随吐谷浑西迁。慕容廆曾派长史乙那娄冯阻拦吐谷浑西迁。后土族姓氏改为“那”或“纳”，宋朝西夏时有之，明朝改为纳土司部。

4. 莫那娄氏，也称莫耐娄、末耐娄，也属慕容氏部落之属族。《魏书》记载，“东部末耐娄大人信斤入居辽东”。原驻牧东北。后一部随吐谷浑西迁，后改单姓“莫”，据《北史》记载，夸吕可汗有龙涸王莫昌率众内附。

5. 叱奴氏，《魏书》记载，属东北鲜卑慕容部，随吐谷浑西迁。汉异译呼那、咄哪，鲜卑语为狼的意思，今与土族语同义。后有土族大将呼那乌提。乌提是鲜卑常用名字。后又改为演化为“祈”“祁”。百家姓为“祁”。其居住地为宋朝西夏时鄯州一带，元、明、清称西祁土司、东祁土司，人口众多。

6.期泥氏，称仇尼、叱吕，东部鲜卑慕容部著名姓氏，后随吐谷浑西迁。据《魏书》记载，后改为“尼”“泥”“吕”。后误音为“尼”，吕家人、吕家河、吕家巷，也读尼家河、尼家城等。

7.王氏，鲜卑无王姓，乌桓为大姓。有史料记载王姓分布在广宁一带，一部分东迁辽东。慕容燕国有乌丸王龙的人，活动在今天的朝鲜一带，是由库辱官改姓“王”。随吐谷浑西迁后，依旧姓王，主要分布在敦煌、河陇、河湟等地。

8.常氏，属乌桓部落，三燕时属辽西望族，曾随王氏迁往辽东。据《魏书·王后列传》记载，其与北魏、北燕通婚，西迁变为宋朝西夏到元朝时名门望族。陇右常氏家族，今在哈尼族中为大姓，河湟土族也不少。

9.悉如氏，也称悉诺、悉罗、悉禄、悉鹿，乌桓鲜卑常见人名。《晋书》《通鉴》《魏书》中都有记载，今天的土族姓氏中常见。生活在新疆、敦煌等地。出土文物有“白兰悉诺桑曲”字样。

10.吐谷浑西迁时经过其它鲜卑部落之地如宇文、段部、白部等地也有随之而迁部落。今天土族文姓、阎姓、吴姓，源于匈奴，文姓由宇文简化， 段氏后裔五代时见载。

11.白部有素和氏，《姓纂》记载：“素和氏鲜卑檀石槐之支裔，后魏为白部，故号素和。”北魏时简化为“和”氏，随吐西迁者有大人素和细越，初居甘肃积石大夏河流域。

吐谷浑部在阴山驻牧长达30年之久，南迁时拓跋部内乱，随着西迁席卷过来一些部落，经朔方、陇右时沿途有不少的鲜卑、乌桓、匈奴和杂胡也纷纷加入。当吐谷浑到达枹罕时，已是一支浩浩荡荡多部落组成的大军。后来吐谷浑与十三姓部落共同开辟西羌之地，建立了吐谷浑国。

公元4世纪初，阴山一带有许多大大小小的鲜卑部落驻牧。公元310年，陉北五县有十万户鲜卑人，可见阴山一代北鲜卑之多。可以考证的有：拓跋、纥拔、阿若干、匹娄、掘、他娄、达票、拔烈兰、叱罗、他骆拔、出大汗、是娄、解枇、壹斗眷、纥豆陵、独孤浑氏等。

1.拓跋氏。其随迁最多，是吐谷浑国中势力最大的。夸吕可汗时，名王拓跋木弥领1000余家。唐朝末，拓跋思恭参与平定黄巢起义，他是拓跋力微裔孙。吐谷浑迁阴山长达30年，有子60余人，女孩子不算在内。可谓是妻妾成群，与其联姻者拓跋部为最多，拓跋内乱之际，有亲缘关系都随吐谷浑西迁。

2.纥拔氏。《晋书》有记载吐延有大将纥拔泥。《魏书》记载该姓为“贺拔、纥、贺”。北魏时有贺拔度拔、贺拔久、贺拔胜、贺拔丘等人，闻名于国。《周书》记载，他们同魏氏同出阴山，后改何姓，唐五代时北吐谷浑有首领何嘎刺，明清时河湟有何土司，今天在该地区仍存此姓氏。

3.阿若干氏。树洛干时有支统阿若干，分布于赤水一带。《魏书·官志》称“若干”，有《若干惠传》是代郡武威人，以国为姓，居阴山一带，后演化为苟姓。吐谷浑中阿若干演化句姓。吐谷浑分部首领句旁活动于泣勤川（今洮州卫甘肃临潭），句勾形近同音，说明其是吐谷浑别部。

4.掘氏。随吐谷浑西迁部族之一，当时在吐谷浑国内人多势众，主要驻牧于渴浑川一带。

5.匹娄氏。拾寅时，有渠帅匹娄拔累。《魏书·官氏志》谓译为娄氏。北魏有娄题者。吐谷浑之匹娄氏是从阴山随迁，居住牧地为曼头山（今青海共和西南一带）。

6.他娄氏。据北史记载，敦煌残卷记载夸吕可汗时，在沙州一带有他悉禄，他娄为复姓，后演化为他骆、骆、骆拔，吐谷浑简化为他氏，后变为李氏。李嗣思本姓骆。

7.达票氏。敦煌文献记载，肃州有达票拱榆曹、达票阿吴等人。在吐谷浑姓氏中有达姓，随迁者有达氏、达票氏。有达热、达弄夷为吐谷尚伦，会见过金城公主。达热、达氏分布于青海黄南隍务河流域。

8.叱罗氏。《魏书》有记载，叱罗氏后演化为罗氏。吐谷浑亦有罗氏，居于青海环庆一带。

9.出大汗氏。《魏书》有记载，后改韩氏，吐谷浑之韩氏。唐五代时，驻牧于灵州一带（今于河湟一带）。

10.是楼氏。后改高氏，吐谷浑高氏。唐五代时游牧在代北、延绥等地，是望族。今存于阴山南内蒙古西部，山、陕北部，同化汉姓。

11.解枇氏。《魏书》有记载，后改为解氏。生活在延安、金明一带，该地有解家寨。河湟一带也有此姓。

12.壹斗眷氏.《魏书》记载，后改为明氏、吐谷浑之明氏。其活动在西夏和宋北境。

13.纥豆氏.《魏书》有记载，后改为窦氏，吐谷浑窦氏。今天土族有之。

14.独孤浑氏.《魏书》记载，后改为杜氏、吐谷浑之杜氏。五代时存在北吐谷浑中，今天土族河湟一带，仍有此姓氏。

吐谷浑西迁时，杂姓还有很多。如乌桓薄氏、匈奴须卜氏，后改为卜氏；陇右鲜卑乞伏秦、赫连夏、乞文泥、轲成泥等部姓。轲成泥部在《魏书》中有记载，后演化成柯拔柯氏，吐谷浑亦有此姓。

吐谷浑民族（土族）同汉族及其他主政民族一样，是各民族融合的结果，“海纳百川，有容乃大”。其之所以成为王国，原因就是搞“五湖四海一家人”局面，才共馨千秋万代。

二、吐谷浑西迁建国，立王庭甘松之南

铁蹄矗西北，鸿基奠甘松。
不逊辽西祖，独拓一片空。

吐谷浑创建根据地枹罕不久，迅速向南发展，越过罕南溪（今老鸦关西），溯漓水而上，经漓水中上游水系，南入洮滠（今甘南大草原），西进沙滠（今河曲大草原）。

吐谷浑部从漓水进入洮滠之地，与西羌少数民族几经争战，将其领地拓展到洮河中上游，越过西倾山，到达党项羌族之地（今若尔盖草原），建立王庭于甘松之南。《太平御览》记载，吐谷浑“西度陇止于甘松之南”。甘松之南就是今若尔盖一带，是吐俗浑设置王庭第二个地方。若尔盖地处松漓草原，水肥草美，是河曲的要冲，北控洮岷，南扼川西，西南通河源，西北直抵河南。将王庭建立在此，从战略上考虑是正确的，利于今后政权发展。

十几年中，在巩固以枹罕为根据地的基础上，继续向西南拓展，开辟了一个更为广阔的根据地。从漓水、洮水上游向西拓入沙滠之地，尽占河曲。从甘松之南向西南扩展到昂城，尽占阿坝草原。从阿坝一带向西北沿黄河大积石山（今阿尼玛卿山与白兰山）、巴颜喀拉山之间的川道，直达黄河源头，尽据白兰之地。“其后子孙据有西零以西甘松之界，相乎白兰数千里。”西零当时指东汉以来羌族聚集的陇西襄武县丘陵地带。甘松之界，今指白龙江上游黑河、白河流域，地处西倾山、岷山、巴颜喀拉山之间的松潘高原，其地河流纵横，沼泽星布，地势平坦，物产丰富，草地辽阔，是理想的牧场，更是控制防御氐羌战略要

地，故王庭建在此处。

土族人

白兰地区，是今河源地区，也称白兰川。山势平缓，川原起伏，草原广袤，泉眼泓溢山川，川里湖泊星罗，黄河汇流于此，这里古时称为白兰山，今称巴颜喀拉山；湖有白兰湖、白兰海、柏海；羌人为白兰羌。

土谷浑迁徙到青藏高原的十多年中，开拓了一个广阔的领域，是在吐延统一领导下完成的。吐谷浑可汗有子60人。长子吐延，此人身高八尺，伟岸豪迈，胸怀大志，腹有良谋。其潇洒英姿，骁勇善战，一幅天然盖世英雄形象。史书记载其年少就有大志，高而不群，十三岁时随父驰骋疆场，勇贯三军。“羌虏惮之，称之项羽”，力大无穷。戏说他能提自己头发过黄河。当时吐谷浑征服西羌主要是靠军事掠夺。在战争中，吐延手段残忍凶暴，自负智勇又猜忌心重，不能体恤下属。公元329年，其在昂城被羌首姜聪刺杀身亡。

吐延开疆扩土，为西迁的吐谷浑部族开辟了一片新的家园，同时也使数千里西羌故地第一次得到了统一。这也让该地区文化、经济、社会发展和民族交流向前迈进了一大步。他虽然统一了西羌，功著于世，名流千古，但他不甘心偏安西陲，逞豪于羌狄氐藩，仍想学习其祖父驱驰中原，决雌雄于天下。他看到本民族政治、文化、经济落后不发达，倾心汉文化，实难能可贵。《晋书》评论他是少数民族优秀人物。“吐延风标宏伟，见方于项藉。史前朝化，遽夭于姜聪高节不群，亦藩中之秀也。”这种志向高于父亲，与他叔父慕容廆、堂兄慕容皝如出一炉，不谋合源，真是一脉相承。

吐谷浑国的建立，广义上说始自吐谷浑，最初仍带有慕容鲜卑部群组织的性质，到了叶延可汗时，才正式确立国号，国家制度才臻于完善。所以从狭义上说，吐谷浑国的诞生从叶延开始，各种史料、年表，才有明确的记载。

吐延有子12人，长子叶延，13岁即位，受命于危难之际，少而果勇，长而沉毅。当政23年，胜于父，励精图治，继往开来，派人到中原，学习汉文化和科学技术，为我所用，建立健全国家制度。

首先确立国家名称和王族姓氏。《通鉴》记载：叶延孝而好学以《礼》，公孙之子得以王父字为氏，以祖父名吐谷浑为国号。从此确立自己民族标志。同时，以吐谷浑为王族姓氏。叶延说："吾祖始自昌黎光宅于此，今以吐谷浑为氏，遵祖之义也。"

以建者名号为姓氏，是鲜卑传统。吐谷浑国的国家制度是鲜卑与中原帝国制度相结合为基础建立起来的。鲜卑传统国家制度，实行部落联盟首领统治下诸部大人分别加以管理的统治体系。鲜卑部落联盟解体后，诸部经过一番离合、分解、重组，各自走上了不同的历史道路，漠南、东北、西北大都受汉文化影响。慕容部到涉归时期，"渐变胡风，遵循华俗"，仿效汉制设政官属和吏治，设长史、司马等。吐谷浑是从慕容部政权分离承继而来的。《通典·西戎序略》记载："其建官系效中国"，设"官属长史、司马、将军"，最高领袖仍为王（后期称可汗）。王庭是统揽军政的中央最高机关，王汗的继承权，沿旧制实行长子为继承人。地方官设置，胡汉并用，开始实行部落大人制度，分部而治。吐谷浑最初是行国，吐延时开拓西羌故地，才形成稳固疆域，逐渐形成国家规模样子，到叶延时吐谷浑国统治中心，从东南的甘松转移到河曲腹地赤水。《梁书》记载吐谷浑人"度枹罕，出凉州而南，至赤水而居之。其地则张掖之南，陇西之西，在河之南，故以为号"，即称河南王。赤水是黄河向北流经今天拉加峡及野狐峡一段之称呼。为何叫赤水？因河水经黄土红岩奔腾澎湃流过，水成赭色，故名。王庭设在河西岸（今兴海县境内的大河坝——河卡草原，桑当乡原塘村）。政治、军事统治思想体系，以儒家经学为基础，实行"仁政"，视连说"孤自先祖以来，仁考忠恕相承"，视罴说"先祖以仁宰世"。从出土资料看，其信奉萨满教，经常研究汉学，"言必高祖、光武；动辄礼教《周易》《礼记》"，叶延是一个具有汉人文化修养的鲜卑人，一般汉人朝臣自惭不如。“叶延至孝，寄新哀于射草”，“性至孝母病，五日不食，叶延亦不食”。在用人上，“司马博士皆用儒生”，但其这样做与西羌之间常发生矛盾。在通用鲜卑语的同时，他确立以汉文为官方语言，当官的都会汉文，“其国有文字，况同魏”。

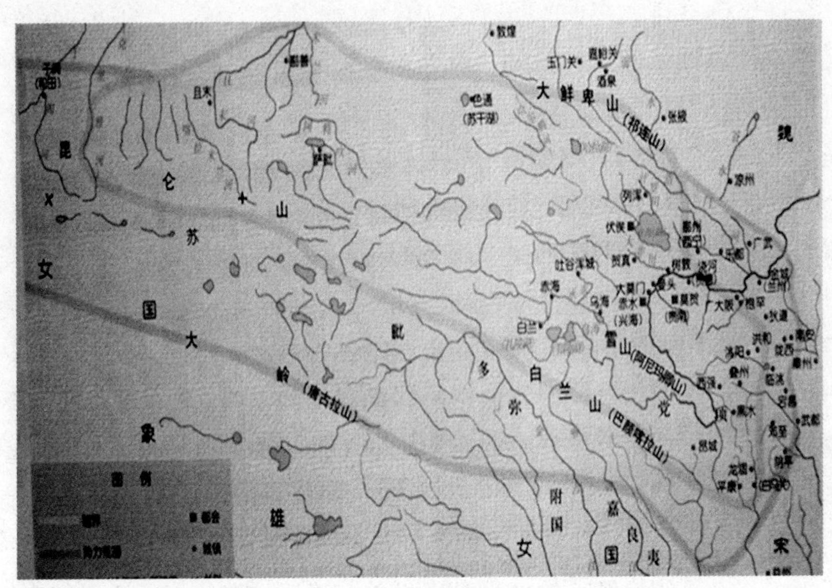

吐谷浑盛时疆域图

吐谷浑国在叶延时代就已经形成自己的法律和赋税制度。《晋书》记载：“杀人及盗马者罪至死，他犯则征物以赎。”《北史》说，“他犯亦量事决杖，刑人必以毡蒙头，持石从高击之。”

吐谷浑的赋税制度同封建国家差不多，“国无常税，调用补给，辄敛富室商人，取足而止”。

叶延有四子，长子碎奚（公元334—375年）嗣位，在位25年（公元351—375年），有子6人，世子视连接任，在位15年（376年—390年）。碎奚父子为人和气，生性仁义厚道，友爱孝廉。在他们执政40年中，未发生战争。其对内推行汉化仁政“以仁宰世，不任威刑”；对外称臣纳贡，委曲求全，不张扬。其没有建树和进取精神，因而政治上软弱无能，朝政由碎奚三个弟弟操纵，为所欲为。史书评其“仁厚慈慧，素友爱，仁而无断”。不如说是无所作为，尸位素食。由于大权旁落，三个弟弟专横跋扈，目中无君无臣，一手遮天，史称“三弟纵横，势出王右，几亡国矣”。朝廷内外上下左右都有意见，对其弟所作所为恨之入骨。于是长史钟恶地与司马乞宿云秘密商议后，借群臣向碎奚上朝汇报工作时，先发制人，在大殿门外将其逮捕，也没给碎奚面子，当场宣布罪状，就地杀头。这种大事在其他国家是不可能的，谁敢杀皇亲国戚王爷呀！碎奚自己一看不行了，连自己的亲弟弟都让人家杀了，急忙把政权交给了世子视连，于公元375年，忧惧而死，在位25年，年仅42岁。

视连小时候人们夸奖他“廉慎有志性”。即位后，因三个叔叔被羌人长史钟恶地击杀，父亲忧惧而亡，当政后生了“自闭症”（现在叫“抑郁症”）。他长期不理朝政，把权力交给了长史钟恶地掌管，不出宫室达七年之多。后来，在大臣们力劝下才勉强当政，只是草草地听听汇报，批批文件，外面大小事情一律由大臣们去办。他没有任何建树，前朝怎办的，一律按前朝规章制度办，“萧规曹随”。公元390年，视连病死在宫中，年仅42岁，在位15年。

三、称霸西域，开疆拓土

祖孙四代汗，霸业青藏原。
开疆又拓土，江山好无限。
一任复一任，奋进后人看。
拓土西域地，耕耘锦绣天。

一、视罴

视罴可汗，视连长子。在位11年（公元390—400年），是吐谷浑国历史上有所作为的领袖人物，使吐谷浑国发展壮大，逐步走向繁荣富强，终于使国家在西北成为强大国家，为后世打下了坚实的基础。

历史学家评论，开创吐谷浑国新局面的首先应是视罴。他英勇果敢，具有雄才大略，霸王之志。史评："性英果，有雄略。"《晋书》评曰："视罴矫矫，蕴经时之略。"视罴善于总结历史经验教训，认真学习当时的汉文化。反省其祖父、其父执政以来的得失，从哲学的高度，从历史的角度加以认识。在一次与大臣们讨论政务时说："《易》云'动静有常，刚柔断矣'，先王以仁宰世，不任威刑，所以刚靡断，取轻邻敌。"一个少数民族首领对世界三大奇书之一的《周易》研究到如此地步，真是少有。他能够用易理分析先辈执政得与失，认为执政只讲和谐不讲法制，违背了事物发展变化规律，导致动静错乱，刚柔失调，就会产生不良后果。他认为，就帝王统治而言，应是软硬兼施，刚柔并济，既有仁义柔顺的一面，更要有威严刚健的一面。又认为，作为帝王，首先立威，尔后辅仁义，以威刑来统帅仁义的法家思想，才能符合当时社会治国理念。文武兼备，威德兼备，才能相辅相成，社会的统治秩序才能维持和长久，江山才能巩固。先王得之于仁义，而失于威刑，“刚柔靡断”，没有把握刚柔的辩证关系，弟臣犯上，君王遭轻谩。视罴的总结可谓是深刻的，远远高于他的祖上。对他执政汗国的思想建设、社会发展、政权建设起到了重要作用。

视罴主政后，吸取历史教训，一举改变“以仁宰世，不任威刑”的做法。在外交上，改变俯首贴耳称臣纳贡、轻取邻敌的情况，面对强敌，当仁不让。在军事上，“秣马厉兵，争衡中国”，广充军备，树立了吐谷浑国在西域威望并准备进军中原、西域各国。在一次国家重要会上，他对群臣讲：“寡人承五祖之国体绪，控弦之士二万。”又说：“方欲扫氛秦、陇，清彼沙凉。然后饮马泾渭，戮问鼎之竖。以一丸泥封东吴，闲燕赵之路。迎天子于西京，以尽遐藩之节！”可谓演说家的豪言壮语。他以一个西域“塞表小国”之君的身份，欲效春秋之五霸，学辽东弟脉五燕之兄弟，“遵王攘夷”，大任于兹！敢于与中原等列强争天下，可谓其志向之高远。

视罴即位后，首先不向西秦报到，并严词拒绝西秦封号，宣称意欲索还失地。他还想学北燕进军中原，得到了国人及汉族谋士们的支持和响应，当时“于是虚襟抚纳，众赴如归”，大大增强了吐谷浑汗国向心力、凝聚力，其强势对瓦解西秦占领区的氐羌诸部，发挥积极的作用。

另外，视罴不但在政治、军事、外交上发奋向上，在经济上也积极发展农牧业生产，轻徭薄赋，大力开展边地贸易，出口大量皮毛，手工艺品，进口大量的丝绸等。

吐谷浑王国的强大，为西秦所不容。视罴九年（公元398年，即西秦太初十一年），西秦王乞伏乾归，派大军攻打吐谷浑。视罴率军迎战于度周川（今松潘草原）。结果应战不利，后退守白兰。这一仗使这个正当年少气盛的可汗心存不快，耿耿于怀。两年后，可惜年仅32岁的他，壮志未酬身先死，给吐谷浑国的历史留下了一个很大的遗憾。

二、乌纥堤

乌纥堤是视连次子，又名大男孩。因视罴死时，其子尚小，在众臣和家族推举下继王位。在位八年（公元400—407年），当政后，乌纥堤根据国内外形势变化调整战略，积极进取，奋发图强，内修明政刑，招降纳羌，轻徭薄赋，大力发展农牧业，在丝绸之路通阜开市。在军事上，西进柴达木盆地，加强阿尔金山与祁连山之南的防御力量；向东乘西秦衰落，收复了漒川、甘松之地。公元405年，乌纥堤被胜利冲昏了头脑，防御失当，遭西秦乞伏乾归大军袭击。吐谷浑前军大败，乌纥堤逃往南凉而卒。

三、树洛干

树洛干，视罴长子，10岁封为世子，16岁即位。当政后，在母亲的指导下，继续进行收复失地和征服西戎的大业。树洛干自小就有过人的胆略和勇气。父亲死那年他才10岁，就被封为太子（世子），是宫中的孩子王。《晋书》评说，“洛干童幼，早擅英规”。少年老成，胸有大志，腹有良谋，心怀气吞天下之志者。他曾在朝会上说：“孤先祖避地于此，暨孤七世，思与群贤共康休绪。今士马桓桓，控弦数万，孤将振威梁益，称霸西戎，观兵三秦，远朝天子！”通过他的这些话，不难看出他小小年纪，就欲称雄西北高原，振兴伟业的坚定决心、信念和大无畏的英雄气概。国人上下诚服，文臣武将精神振奋，斗志昂扬。

树洛干在母亲的指导下，认真总结前朝的经验教训，制定出一系列的治国方略，推广实施。发展经济，减免赋税和劳役，使国民得以休养生息，生产发展；改进和加强了法制建设，完善了行政制度，赏罚分明，提高了政府的威信，促进了社会的和谐，大大增强了国家人民的向心力；在军事上扩充军备，搞大练兵。就这样短短几年，国家出现了欣欣向荣的大好局面，国家稳定，人民富足。人民非常爱戴这个可汗，《通鉴》记载：“树洛干轻徭役薄赋信赏必罚，吐谷浑复兴。”《晋书》也有记载，“化行所部，众庶乐业，号为戊寅可汗”。

国家振兴后，树洛干寻求向外发展的野心大了起来。第一个战役打到南京虎台，收复浇河失地，一度国威大振。不久，天公不作美，老冤家西秦发动大军进攻吐谷浑东北，加之西秦兵马强势勇猛，可称虎狼之师，各部阻击失利。赤水阿若干部、浇河呼那乌堤部、泣勒川句旁部、长柳川支旁部、谒浑川掘达部先后失利战败，人地两亡。他和自己的弟弟阿柴也在尧杆川阻击失利，无奈退守白兰。不久，树洛干因急火攻心，恨愤离世，年仅24岁。可惜，天不助人愿，当年的英武之人，壮志未酬，远大抱负未及施展，就饮恨而亡，史学家为之惋惜。《晋书》记载："未聘雄心，先摧凶手，牵顺者必败，岂天之晋乎。"树洛干的死，也使他的老对手西秦如负释重。西秦国王乞伏炽磐说："今木弈于西讨，黠虏远逃。境宁稍清，奸凶方殄，股肱惟良，吾无患矣。"

四、阿豺（阿柴）

阿豺，视罴次子，在位11年（公元415—424年）。树洛干去世时有子四人，均年幼。大业危机之际，传位于弟阿豺。阿豺继位后，认真总结父兄失败的经验教训，调整内外策略，以实事求是的态度，团结周围一些小部落，来壮大自己，并与南北诸国建立良好关系，改善同西秦敌对关系，和平共处，遣使称臣，西秦以阿豺为征西大将军、开府仪同三司、白兰王。

吐谷浑地图

一次，阿豺带领群臣到国内各地考察，登上西强山，观看垫江（岷江）源，回首问群僚："此水向东，名何？流经何地？到那里入海？"长史曾和回答道："此水经仇水（今甘肃武都一带），过晋寿（白龙江汇入嘉陵江的昭化一带），出宕渠（今四川渠县一带），始号垫江（今重庆合川一带）至巴都（今重庆一带）入江，度广陵入于海"。

阿豺听后感慨万分壮怀激烈。对大臣高声说："水尚知归，我虽远离中原，是塞表小国，而独无所归乎！"于是回都城派使臣到中原宋国，上表献上地方物产，愿称臣，接受宋朝封号，通市贸易。阿豺第一个开辟岷江通道，为国家找到一条与内地交往的新路线，同时也为中国南部开辟一条经吐谷浑通向西域的捷径。这条路线在当时南北割据时期发挥了重要的经济、文化交流作用。

阿豺向西南将其势力范围扩展到金沙江、雅砻江中上游和大小金川及大渡河流域的西山羌地区，又从白兰向通天河中下游的多弥羌、通天河上源及藏北高原分布的苏毗羌、西北昆仑山深处的可兰羌等扩展为自己的势力范围，并由此打开向西女国（今西藏阿里地区）的道路。

公元417年（阿豺三年），阿豺派沮渠蒙逊率大军兼并乙弗、契汗之地。公元421年，契汗部与西秦作战失利，投了吐谷浑，吐谷浑乘机将势力一直向北推至到弱水（今称张掖河）之南，越祁连山，达河西走廊，通往西域，北连柔然。西北弱水道的开通使它与东西岷江道相通，在吐谷浑汗国出现了一条贯通全境的交通大道，也成为当时吐谷浑国与南宋北凉经济文化往来的重要交通要道。《北史》《魏书》均有记载，"阿豺兼并氐羌地方数千里，号为强国"。《通鉴》也有记载："诸胡称阿豺为'阿豺虏'"。

在阿豺的领导下，吐谷浑国力增强，疆土扩大，经济发展，社会和谐昌盛，人民生活步入小康，出现欣欣向荣的局面。从此吐谷浑变为西北地区一大强国。

公元424年（阿豺十年），阿豺病重。一天，他自己觉得身体确实是不行了，把群臣、叔叔、兄弟，二十几个儿子均叫到王庭开会。大家到齐后，他令侍从每一个发了一支箭，命令说："汝筹各奉吾一支箭，折之地下"。让大家折，大家应令折断，又发两支，大家又折断。发到九支，大家均不折断。他微微一笑，说："汝曹知否？单者易折，众者难摧，戮力一心，然后社稷可固"。他说，为了国家长治久安，江山永固，非能者才能治国、齐家、安天下，因此决定把位传给二弟慕璝，大家不要有想法，儿子们要和叔叔同舟共济……。言终安详地闭上双眼，与世长辞。

阿豺在位仅11年，病逝年仅30岁。

四、业到中天过午势如江河日下

接柄中天日，国兴祚业旺，
强邻压过来，势衰家邦亡。

一、吐谷浑的中兴

阿豺死后，吐谷浑社会由初级发展而进入振兴时期。其兴盛既是内部政治经济、文化发展的结果，更是长期靠周边政权社会经济接触交流，大力吸收中原汉民族先进文化、科学技术的结果。

公元426年，慕璝当上了吐谷浑王，继续贯彻执行远交近攻的策略，联合南朝宋刘氏政权，对抗进攻西秦，《魏书·吐谷浑传》记载，"招集秦、凉亡业之人及羌戎杂夷众五六百落，南通蜀汉，北交凉州、赫连，众部转盛"。蜀汉指四川及长江中下游的刘宋政权，慕璝于宋元嘉六年遣使至刘宋，接受其封号。吐谷浑并与凉州、赫连也有来往。凉州指据河西的北凉沮渠蒙逊集团；赫连指据平凉的夏国赫连定集团。刘宋政权曾在元嘉五年（428年）封慕璝为"河南王"，双方经济交往频繁，互市畅通。在此时期，吐谷浑处在有利的地位。

这一时期，西秦因多年与北凉征战，四处讨伐打仗，消耗了国内大量人力物力，穷兵黩武，《通鉴》记载“史言乞伏兵势渐衰”。公元426年，西秦建弘七年（慕瓒继位第一年），“吐谷浑握逵等率众二万叛秦，奔昂川，附于吐谷浑王慕璝”。公元428年，吐谷浑又从西秦手中夺回浇河之地，西秦离州刺史领浇河太守姚濬叛降河西。西秦王炽磐派尚书焦嵩当太守，率3000兵马平乱，二月，其被吐谷浑打败并被抓获。

同年，西秦王乞伏炽磐病故，世子暮末即位。在他执政期间，“政刑酷滥，内外崩离，部民多叛，人思乱矣”。西秦国势衰退，给他的敌国以可乘之机。首先北凉攻占了西秦的平郡，暮末被迫迁都，由枹罕迁往定连。这次慕璝派其弟慕利延率兵5000人配合北凉军队攻打西秦，被西秦辅国大将段晖击败。

在北凉和吐谷浑的不断攻击下，西秦无奈投靠北魏。公元430年十月，使者到北魏，魏主同意并安排将安定（今甘肃平凉东）作为封地。暮末烧其营地和定连城，率15000余人出逃到封地。夏主赫连定闻风派兵拦截，暮末无奈退守南安陇西，《宋书》记载慕璝前后屡次派兵攻打暮末，暮末又逃河西陇右，西秦土地大部分归了吐谷浑。

公元431年初，赫连定派其叔父韦伐率众10万人马攻南安。当时南安城内正遭天荒，内无粮草，外无救兵，走投无路，投降了赫连定。西秦亡。

赫连定灭西秦后，势力大增，人口又增到10余万，企图乘胜西灭北凉，占据河西。他在甘肃临夏西北的黄河南岸建立城池，欲渡黄河，北伐沮渠蒙逊，但万万没有想到“螳螂扑蝉，黄雀在后”，吐谷浑在他的背后给了他一棒。慕璝派其弟慕利延、拾虔（树洛干儿子）率铁骑三万人，在赫连定出兵打北凉、渡河一半时奇袭，赫连定大败，连自己也被俘。至此，夏国灭亡，历三主，26年。

通过这次战争，吐谷浑不仅巩固了所占据的西秦故地，而且在赫连定那里掠夺到大量的西秦、夏国人口和财物，变乞伏氏、赫连氏为自己部众。这时的慕璝疆域空前。北魏封慕璝为西秦王；刘宋封他为陇西王、河南王。北魏太尉长孙嵩议答关于吐谷浑问题时，给魏太武帝报告中说：“塞外无人，因时乘便，侵入秦、凉，未有经略拓境之勋，爵登上国，统秦、凉、河、沙四州之地，而云土不增廓，比圣朝弱于周，而自同于五霸，无厌之情，其可报乎！”太武帝说：“西秦王所收金城、枹罕、陇西之地，彼自取之，朕即与之，便是裂土，何须复廓。”

二、吐谷浑与周边王朝的关系

新兴勃起的吐谷浑王国，是我国南北朝时期在西北的政权之一。吐谷浑兴盛后，慕璝认真总结历史经验教训，认为首先是搞好和北魏的外交关系。据《通鉴》记载，宋文帝元嘉八年（431年）八月，吐谷浑王慕璝遣侍郎谢太宁奉表于魏，请送赫连定。己丑，魏以慕璝为大将军、西秦王。

公元436年（北魏太延二年），慕璝崩，在位11年，年仅37岁。第二年，魏下诏“策谥慕璝曰惠王”。后拜慕利延镇西大将军，改封西平王，以慕璝之子元绪为抚军将军。

公元439年（北魏太延五年），魏太武帝拓跋焘率大军灭北凉，势力扩展到黄河西。北凉乐都太守沮渠安周在北魏大军的追击下，南奔吐谷浑。慕利延惧魏南下殃及自己，主动率众向西撤退，逾沙漠（指柴达木盆地），太武帝念慕利延擒献赫连定之功，派人安慰。慕利延才敢还故地，后来，吐谷浑受到北魏地方将领的攻击，除被掳去几千人外，没伤大的和气，双方关系基本正常，但也不远不近。这种情况持续到公元444年（北魏太平真君五年）。由于北魏安定了河西，有力量来对付南边的吐谷浑。北魏也嫉恨吐谷浑自公元437年以后，很少向北魏纳贡，反而不断向北魏的敌国南朝刘宋派人进贡，交往密切。因此，北魏从公元444年开始，先后对吐谷浑发动三次战争。

公元444年，吐谷浑集团起内讧，慕利延长兄儿子纬代害怕叔父害自己，与魏使密谋，归降北魏。事情走露了风声，纬代被杀，其弟叱力延和密友几人投降北魏，向太武帝说明情况，要求出师讨伐叔父慕利延，北魏也正想借机灭吐谷浑，正愁没有理由，于是封叱力延为归义王，其他几人也有了官位。北魏派遣晋王伏罗率高平（今宁夏固原）凉州诸军，走小道到乐都直奔大母桥（今青海循化县东清水河河口之东的临津关），对岸即是白土城。北魏大军突然到达，慕利延大惊失色，完全出乎其意料之外，急走白兰，侄子拾寅逃往河曲。慕利延从弟伏念、长史鹤鸠梨、部将大祟娥等来不及逃的一万多部众投降了北魏。

公元445年四月，太武帝想彻底消灭吐谷浑，派高凉王那筹率大军深入吐谷浑后方老根据地白兰、阴平（今四川理藩县附近），又调秦州刺史、天水公封敕文围击慕利延侄子拾归（什归）于枹罕。六月，命封敕文率步骑7000从上都出发，调安远将军、广川公乙乌头等两军会于陇右。大军到武始（今甘肃临洮），拾归夜里逃走。八月，封敕文引军入枹罕，掳拾归妻子及部众，迁移到上邽，留乙乌头守枹罕。高凉王率大军由东都西平到了青海东南的曼头山（今青海西北），慕利延率部众西走白兰。慕璝之子被囊等被另一支北魏兵追击，先从白兰西逃到今敦煌南的三危山，再向南折回雪山，最后还是被魏擒获。同时北魏还擒获了拾归和原西秦炽磐子成龙等。慕利延西渡流沙，到且末，然后南下于阗，杀了于阗王，自己的部众也损失过半。

这次战役北魏取得了很大胜利，取得吐谷浑大部分土地，暂时灭亡了吐谷浑国。太武帝拓跋焘给宋文帝刘义隆外交文书上夸口说："彼往及北通芮芮，西结赫连、蒙逊、吐谷浑，东连冯弘、高丽。凡此数国，我皆灭之。"但吐谷浑是个游牧民族，地是荒漠草原，你来我走，你走我回。实际一年后，慕利延又归故土。但害怕北魏再攻，要求到刘宋王朝地避难。后来，北魏并未攻击，慕利延也没去避难。公元452年（北魏正平二年），慕利延病死，在位17年（436年—452年）年仅42岁。树洛干之子拾寅即位，居伏罗川。《魏书》称"拾寅奉修贡职，受朝廷正朔"。刘义隆封其号为"河间王"，北魏封其号为"镇西大将军、沙州刺史、西平王"。后拾寅自持险远，也不太理会北魏。北魏也无可奈何，双方相安无事达八年之多。

公元460年（北魏和平元年），北魏向吐谷浑发动第二次战争，这次战争的目的据《魏书·吐谷浑传》记载，"高宗时，定阳侯曹安表拾寅今保白兰，多有金银、牛马，若击之，可以大获"。曹安表又说："臣昔为浇河戍将，与之相近，明其意势。"总之，是为了掠夺点吐谷浑的财物与牲畜。

六月北魏分兵两路：第一路，由阴平王新成等督统万、高两镇军出南道，经陇西枹罕一线到西平；第二路，由南郡公李惠等督凉州诸军出北道，即由凉州东南到西平。八月，诸军会师西平。拾寅退到了南山（今青海湖之南山），你来我走，与北魏军捉起迷藏来了。九月，魏军从浇河一带渡过黄河穷追猛打，可天公不作美，魏军中发生传染病，无奈带着掠获的20万牲畜回老家去了。魏文帝权衡一下，觉得兴师动众，弄点牲畜得不偿失，很丢面子，恼羞成怒之下处罚了“淹留不进”贻误战机的几个将军。为此，吐谷浑与北魏关系出现了裂痕，中止了往来，停止朝贡。

吐谷浑古墓地

公元470年（北魏皇兴四年），魏献文帝以拾寅不上贡述职为由，调遣上党王长孙观率大军第三次进攻吐谷浑。四月，北魏军与吐谷浑大战于曼头山。拾寅哪里是北魏军的对手，大败而去。其从弟豆勿来及其渠帅匹类拔累等投降。拾寅一看打不过北魏，无奈派别驾（官名）康盘龙带着财物去进贡，求和。魏帝不理这个茬，把使者抓了起来，不让回去。第二年，吐谷浑因灾发生饥荒，拾寅出兵抢了浇河地区一些财物，北魏主听后，大怒。公元473年，又调长孙观及广川公皮欢喜带领凉州、枹罕、高平诸军，进击吐谷浑，“入拾寅境，刍其秋稼，拾寅窘怖，遣子诣军，表示改过”。魏孝文帝根据拾寅态度“乃下诏切责之，征其侄子”，这下拾寅服了。公元474年，拾寅派儿子费斗斤去当质子（抵押人），并给魏孝文帝带去了好多礼物，上表检讨自己过错。

从此，吐谷浑与北魏的关系进入了一个新的阶段，交往不断。关系非常密切。虽然有几次小冲突，没伤感情，和平共处六十余年，一直保持到北魏灭亡时为止。

三、吐谷浑与其他周边国家的关系

伏连筹执政时期，吐谷浑国势达到了鼎盛。这个时期北魏国内形势大不如前，秦州莫折生率民众起义后，吐、魏两国“关微不通”，导致“朝贡遂绝”。《魏书·吐谷浑传》说：“伏连筹死，子夸吕立，始自号为可汗，居伏俟城，在青海湖西十五里。”其他史料记载与《魏书》有差异，待考。可汗一词原为“首领”之意，到5世纪初，兴起于漠北柔然社仑自号“丘豆伐可汗”，从此可汗为“君主”“皇帝”的意思。北方蒙古、突厥、回纥等少数民族均用此号。

夸吕继位主政的前一年，即公元534年，北魏分裂，形成东西魏分立局面。一开始，吐谷浑与西魏是邻居，两者关系甚密。后来两国发生摩擦，战争频发，处于敌对状态。吐谷浑采取“远交近攻”的策略，与西魏强敌东魏、北齐和好，遣史朝贡，通商，通婚。公元540年春，派大臣龙无驹到东魏，同年借路派使者到东魏“喻以大义，征其朝贡”。公元542年后，吐谷浑夸吕将其从妹嫁于东魏孝静帝，被封为容华嫔。夸吕又向东魏请婚，东魏济王元匡将孙女广乐公主嫁给了夸吕为妃。

公元556年（西魏恭帝三年），突厥灭柔然后。同西魏进攻吐谷浑，打下了数个城池，“俘斩万计，获杂畜数万头，生擒征南王”。后吐谷浑又与西魏、北周发生数次战争，均被打败。公元561年，吐谷浑先后四次向北周遣使朝贡。公元564年，又派兵犯北周边塞，被北周大将田弘击败后“不敢犯塞”。据文献记载，在西魏、北周存在的47年当中，吐谷浑一面称臣纳贡，一面寇边掠夺，小的争端不算，大的战争就有九次之多。

吐谷浑与南朝的关系，也非常密切。

公元420年，东晋政权被刘裕夺取，同时北方基本上由北魏控制，形成了南北对峙。在阿柴当权时，两国关系不一般，吐谷浑主动称臣纳贡，刘宋以“慕义可嘉，宜有宠任”封阿豺“可督塞表诸军事、安西将军、沙州刺史、浇河公”。

公元429年，慕璝主动要求“更授章策”。第二年，刘宋封其为“可督塞诸军事、征西将军、沙州刺史、陇西公”。

公元431年，西秦灭亡。吐谷浑占据其故地，又击灭夏国捉其国王赫连定，主动送到魏国，向刘裕报捷，送战利品。刘宋封慕璝为使持节，征西大将军，散骑常侍，都督西秦、河、沙三州诸军事，为西秦、河州二州刺史，领护羌校尉，进爵陇西王。

公元436年，慕璝死，子慕利延当政。第二年，刘宋政权封慕利延为镇西大将军，陇西王，秦、河二州刺史。公元439年，改封为河南王。

吐谷浑时期的丝绸残片

公元452年，慕利延死，拾寅当政。刘宋政权封拾寅为“安西将军，西秦、河二州刺史，河南王”，后加封“开府仪同三司”。

公元479年（南齐建元元年），刘宋政权为萧道成所夺取，建国史称南齐。当年五月，高帝萧道成封拾寅为骠骑大将军。拾寅死后，南齐立易度侯为河南王，公元485年（永明三年），又进号车骑大将军。当时，吐谷浑有四大戍地，据《南齐书·河南传》记载：“一在清水川，一在赤水，一在浇河，一在吐屈真川，皆利弟所居，其王治在慕驾川（莫河川）。”

公元502年，南齐雍州刺史萧衍夺取了南齐政权，建立梁朝。同年，梁武帝封吐谷浑休留茂为征西将军。后两国关系不一般，“其使或岁在三至，或再岁一至”。

从史料记载来看，吐谷浑与南朝宋、齐、梁政权关系密切，和平共处，交往不断。在交往中吐谷浑收益匪浅，先进的汉文化、科技知识等都由此时期传入。

另外，吐谷浑周边小国宕昌和邓至，也有关系往来，相处多年，关系处得也不错，交往不断。

五、基危柱倾梁斜厦塌

日落西山，气气奄奄，

国祚基危，大厦柱烂。

北周末年，吐谷浑让北周打得落花流水，险些灭国。但不久又恢复了元气，仍保持强盛势头，不减当年。

公元581年，杨坚夺取了北周政权，建立了隋朝。初年，北方有突厥虎视眈眈，南方陈朝沉迷歌舞，势力不强。吐谷浑汗王认为有机可乘，有利可图，于是在公元581年（隋开皇元年），掠夺隋弘州（今甘肃临潭西）、凉州。隋文帝刚建国，不想打仗，为维护边境安定，被迫于十一月废弘州，派行军元帅、乐安郡公元谐率大将贺娄子干、郭竣和三万大军教训吐谷浑。吐谷浑夸吕得报后，组织军队阻击。两军相遇丰利山（今青海东素罕博图鄂拉地），展开激战。吐谷浑军大败而逃，隋军尾追不放，中途遇夸吕儿子可博汗五万劲骑截击，被元谐打得大败，溃不成军，落荒而逃。元谐率大军追30余里，俘虏斩杀一万多人。吐谷浑多名官员及高级将领投降。隋撤军，文帝任命贺娄子干为凉州刺史，并且把投降部众就地安排，选了一个得民心的高宁王移兹裒为河南王、大将军。公元588年，移兹裒病死，其弟树归接任。

公元582年，吐谷浑夸吕可汗被元谐打败后，又先后几次掳边，均被打败。由于吐谷浑为隋朝边患，隋文帝在陇西河右设村镇“勒力为堡，营田积谷，以备不虞”。至此以后，情况发生了变化。吐谷浑没再骚扰隋边，主要原因是隋开皇四年后，吐谷浑汗国发生内乱。在位四十多年夸吕可汗，常因喜怒废太子。后来的太子害怕废辱，就同手下密谋，准备抓获夸吕降隋，派人请求隋秦州总管河间王弘，上报文书，请求隋文帝。文帝不准，事情泄漏，太子被杀。夸吕另立次子嵬王诃为太子。隋叠州刺史杜祭请求文帝借机出兵攻打吐谷浑，文帝又不准。公元586年，嵬王诃惧遭父杀，准备率本部落15000万人降隋，请求隋接应，文帝又不准，并教训他一番，说了一大堆忠孝伦理道德“溥天之下，皆是朕臣妾，各为善事，即称朕心，嵬王艰险有好意，欲来投朕，朕惟教嵬王为臣子之法，不可远遗兵马，助为恶事”。因此，嵬王打消了念头。公元588年，吐谷浑名王拓跋木弘率本部落千余家请降。文帝以同样的说法，不劝诱，不出兵接应。到了开皇九年（公元589年）隋文帝平定了江南陈朝，夸吕非常害怕“遁逃远保，不敢为寇”。从此双方平安无事。开皇十年七月，吐谷浑派使者到隋上表称臣纳贡。当年夸吕病逝，在位57年。

夸吕执政期间，汗国逐步走向动荡不安。内部混乱，政治家们贪图安逸，只求个人利益，丧失了先代老政治家们积极进取、奋发图强、励精图治的精神，“贪无用之地，害荒服之民”。官僚们身居高位，编织着一张错综复杂的关系网。在人事上，不能选贤任能，顾全大局，缺乏个人牺牲精神，派系争权夺位，斗争严重，国势江河日下，

公元591年，夸吕次子世伏继位，派侄子无素到隋朝“奉表称藩，并献方物，请女备后庭”。文帝将礼物收下，纳女子事婉言谢绝。到了开皇十六年，双方关系一直很好。隋文帝商定将宗室女光化公主嫁世伏，命柳謇之兼散骑常侍，送公主到吐谷浑。世伏上表公主为“天后”，文帝不准。开皇十七年（公元597年）吐谷浑国内大乱，国人击杀世伏，其弟伏允为吐谷浑汗，上表隋朝，请按吐谷浑“兄死妻嫂”的风俗，娶光化公主，文帝允许。自此以后，吐谷浑“朝贡岁至”，友好关系保持相当一个时期。

公元605年，隋大业元年，杨坚次子杨广杀父自立，当上了皇帝，后谥号炀帝。从此，隋朝与吐谷浑的关系又发生了变化，由和平转入战争。隋朝经过文帝十多年励精图治，国内形势安定，生产发展，社会呈现出欣欣向荣的局面。北方突厥日渐衰落，启民可汗降隋，都兰可汗被隋打败后为部下所杀。步加可汗因内部造反逃奔到吐谷浑。炀帝好大喜功，上台三把火，准备施展威力，向外一展雄心，积极拓土开疆，扫清消灭周边小国异族，重用能臣裴矩，搜集资料，还撰写了三卷《西域国

记》。吐谷浑不明时局，屡出兵寇隋边。隋炀帝通过裴矩得知西域多珠宝，物产丰阜。一下子调起了西征的积极性，并指使鼓动其它少数民族打击吐谷浑。隋大业四年（公元608年）活动在乌孙故地（今巴尔克什湖东南地区）到龟兹（新疆库车）一带的西突厥处罗门可汗，被裴矩引诱降隋，指使其打击吐谷浑。生活在贪汗山（今新疆吐鲁番北博格达山）一带的铁勒诸部打败处罗门可汗。不明真相的伏允可汗向隋求援，炀帝想乘机派许国公宇文过出西平抵羌城（青海西宁）。吐谷浑伏允可汗见隋兵势众，怀疑不怀好意，紧急西逃，宇文过追击三十余里，攻拨曼头、赤水等城“部落来降者十余万口，六畜三十余万”。伏允无奈走进阿尼玛卿山。隋撤军后，不久伏允又恢复故地，人马集结于西平、凉州一带。

四月，炀帝“西巡”，亲率百官、宫妃及各路大军，从关中的扶风向西，跨陇山，经陇西、枹罕，出临津关，渡黄河，至西平（今青海乐都），在此地召开了攻打吐谷浑誓师大会。

九月九日，隋炀帝在拔延山（今青海化隆县北马场山）举行旷世睹目大围猎，围场周长达200余里，作为战前军事演习。十四日，炀帝从西平乐都到西宁北长宁谷（北川），又从长宁谷度星岭（北川大通河之间的山岭）。十八日，炀帝在金山宴群臣。二十四日，隋军抵浩门川（今青海大通河），准备渡河。桥坏不能渡，炀帝大怒，斩杀了朝散大夫黄亘及督役九人。吐谷浑被围在覆袁川（今青海门源西北俄博河）一带。一战伏允全军覆没，只带数十骑逃出到东我真山。二十六日，炀帝让右屯大将张定和追击，其轻敌不披甲，中箭身亡。二十八日，吐谷浑仙头王被围，十余万人降隋。

六月八日，炀帝率百官、宫妃经大斗拔谷（今青甘界偏都口）到张掖。山中高险，时逢大风雪，“士卒冻死伤者大半，马驴十有八九”。十一日，非常狼狈地到达了目的地。十七日，登上了燕支山（山丹县南），高昌、伊吾等二十七国国王及使者盛装朝见，“焚香奏乐，歌舞喧噪”。炀帝命宫妃与张掖仕女盛装歌舞，舞阵长达数十里，以示天朝之威。十八日，炀帝下诏书在吐谷浑地区设立西海、河源、鄯善、且末四郡。基本包括了吐谷浑原有的领地。《隋书·吐谷浑传》说：“其故地皆空，自西平临羌以西，且末以东，祁连以南，雪山以北，东西四千余里，南北二千里，皆为隋有。置郡县镇戍，发天下轻罪徒居之。”大兴屯田，事实上吐谷浑不复存在了。

一、吐谷浑国的复兴及其与唐朝的关系

隋朝虽然在西域设置郡县，大兴屯田，立慕容顺为王，但是鞭长不及马腹。游牧民族也是实难控制，悠忽不定的生活与汉人不一样，时常造反。到大业末年，隋朝国内大乱，农民运动风起云涌，不久被唐灭亡。吐谷浑可汗伏允乘机“复其故地，屡寇河右，郡县不能御焉”。突厥也同吐谷浑一样复其故地。吐谷浑开始进入复苏阶段。

公元618年（唐武德元年），李渊在长安称帝，隋朝灭亡。唐朝联合吐谷浑灭了李轨政权，尔后吐谷浑上表称臣，交往密切，并确立互市。到贞观八年吐谷浑遣使朝贡，达14次之多，关系处理得不错。但是，还有让唐朝头痛的不快之事，吐谷浑联合党项从武德初至贞观八年，屡寇唐边，有史书记载的就有24次。唐军旅诗人王昌龄《从军行》“大漠风尘日色昏，红旗半卷出辕门。前军夜战洮河北，以报生擒吐谷浑。”说的就是当时的战事情况。唐朝岷、鄯、洮、叠、芳、旭、扶、兰、凉、松、河等十州均遭其害。唐太宗宣伏允进朝，他称病不去，向太宗为儿子尊王请婚，太宗准。唐要求其到朝来接，还是称病不到，无奈太宗停婚未办。由于当时唐朝刚刚建立，国内群雄尚未扫灭，还无暇顾及吐谷浑。

二、唐与吐谷浑的战争

唐太宗贞观八年，除西域青海等地，基本上实现了统一大业。特别是贞观三年，唐太宗乘北方突厥内乱，派李靖、李勣等消灭东突厥，从而解除了来自北方的威胁。唐太宗吸取隋王朝灭国的教训，在国内实现一系列的重大改革“劝课农桑，轻徭薄赋”的政策和“澄清吏治，减轻刑罚”的措施,使生产得到了迅速的恢复和发展，形成了历史上“贞观之治”的盛世。为壮大国威，彻底解决西域边境问题，打通中西交通障

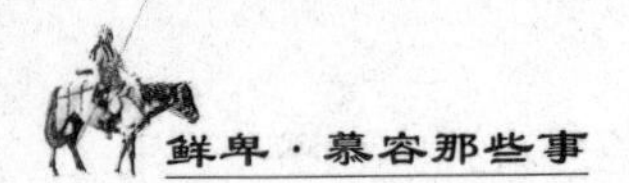

碍，扫除吐谷浑对唐边的祸患，唐太宗决定进行大规模的征伐。

贞观八年十一月，吐谷浑扰掳凉州，拘唐商人赵德楷，太宗派使者十余次要求遣送回唐。伏允就是不放人，成为战争导火索，唐太宗大怒，当月下《讨吐谷浑诏》战书，历数吐谷浑的罪行。“肆情拒命，抗衡上国”，“剽掠边鄙，略无宁息”，“上书傲狠，拘我行人”等，唐军“宜乘吊伐之机，展鹰鹯之志，长驱克斯，穷其巢穴。罪止吐谷浑可汗昏耄之王及天柱王一二邪臣……”。

十二月，太宗即以李靖为西海道行军大总管，侯君集为积石道行军总管，任城郡王道宗为鄯善道行军总管，胶东郡公道彦为赤水道行军总管，凉州都督李大亮为且末道行军总管，利州刺史高甑生为盐泽道行军总管，“吊民伐罪”。这些地方各道均是吐谷浑境内要地，也是唐军战略进攻目标。唐军兵分三路，挥师10万，直捣青海吐谷浑腹地，规模远远超过北魏、北周和隋王朝。

吐谷浑自隋大业五年，国势日趋衰落，伏允可汗年老昏愦，国相天柱王弄权。其所封诸侯各据一方，势分力弱，同盟军党项诸部又纷纷附唐。无论从那个方面看，吐谷浑都处于绝对劣势。

三月，李靖所率各军集于鄯州，召开军事会议，讨论进军方略，布置进攻路线，下达命令。侯君集建议说：“大军已至，贼徒尚未走险，宜简精锐，长驱疾进，掩其不虞，可有大利，此破竹之势也。若此策不行，潜遁必远，山障为阻，穷讨则难。”李靖认为言之有理，依策下令进击。

闰四月，李靖命令道宗单师出击，行军十月到达库山（今青海日月山一带）。吐谷浑依山死战。道宗军调精兵背后攻击，一举打败了吐谷浑强师。吐谷浑军四散而逃，被俘四千余人。李靖派薛孤吴兀轻骑破吐谷浑军于曼头山。斩杀名王，俘五百余人，获得不少军粮和六畜。唐军会师于库山，布置下一步的行军路线。经过讨论决定兵分两路：李靖统北路出其右；侯君集、道宗统南路出其左。

北路经库山，出曼头山，逾赤水，涉青海，历河源，达青海湖南。这里是吐谷浑的重要军事战略之地，离吐谷浑都城不足百里，叫赤水川（今恰卡恰河赤水上源）。大将薛万均、薛万彻兄弟轻敌冒进，进入天柱王埋伏圈，兄弟二人坠马，步战士兵死亡七成以上，后赖契苾何力冒死奋击，才击溃吐谷浑军，获杂畜30万头只。然后，李靖马不停蹄一举攻下吐谷浑都城伏俟城，并驻扎在这一带，指挥作战。契苾何力与郭氏兄弟由青海湖西南追击伏允可汗到河源（今青海兴海县西），伏允奔黑党项。李大亮与吐谷浑军主力大战于蜀浑山，俘其名王，获杂畜五六万头。伏允又逃到了新疆的且末，李大亮军追到了且末，伏允又逃到了突伦碛（今且末与河田间）。薛氏兄弟鉴于前次失败，停下了脚步。唯有契苾何力率精骑千余人，直捣牙帐，杀其左右一千余人，获牲畜30万头，俘虏了伏允妻子、王妃等。伏允带着百十余人在逃亡中被部下所杀，在位36年。伏允长子大宁王慕容顺从唐都回来承位后，在万般无奈的情况下，击杀了天柱王投降了李靖。

南路由库山，破逻真谷（今青海东大非川东），从此逾汉哭山，至乌海（今喀拉海）。侯君集饮马乌海，在此大战名王梁屈葱，俘虏了他，而后，继续挥师南下，转战星宿川至柏海，后回军大非川与大军会合。高甑生所率盐泽一支大军未能及时与大军会合，受到了李靖的责罚，因此生恨，而状告李靖谋反，太宗明察后，将其流放边地。

太宗五月，慕容顺被封西平郡王、趉胡吕乌甘豆可汗。《原吐谷浑制》中记载，“伐罪吊人，前王高义，兴亡断绝，有国令典……翻然改辙，代父改罪，足能补过，既往之衅，特宜原免”。慕容顺因在汉地长大，生活习惯华风，部人不服。另外，他还杀了叔父天柱王，封王不到十余日，就被部下所杀，在位七个月。唐太宗派兵平乱后，封慕容顺之子燕王诺曷钵为吐谷浑主。

三、吐谷浑国灭亡

贞观九年十二月，唐太宗派侯君集率军平定吐谷浑动乱后，燕王诺曷钵颁唐历，奉唐年号，派子和弟入唐为人质。太宗随即颁发《宥吐谷浑制》，封诺曷钵为河源郡王、吐谷浑可汗。同年十二月，诺曷钵亲自长安觐见，请婚并献地方特产及牛羊3000头等，与唐朝关系友好多年。

在吐谷浑南边，西藏地区兴起一个强大的政权——吐蕃。七世纪初，吐蕃名王松赞干布即赞普位后，迁都逻些（今拉萨），随即征服了背面的苏毗（藏称孙波），西降羊同（今阿里地区党项中羌族部落），南破泥波罗（今尼泊尔）。经确官制、定刑律、设军队、创文字等一系列政权建设，在西藏地区建立史无前例的奴隶制政权。

唐太宗在位的时候，唐对少数民族采取怀柔的政策，三国的关系没有发生太多的纠葛。

弘化公主

贞观十三年十二月，吐谷浑诺曷钵到西安迎弘化公主，她是唐第一个嫁吐谷浑王室为妃的。唐陪送不少财礼，“资送甚厚”，从此两国关系更加密切。

公元641年（贞观十五年），唐文成公主嫁吐蕃松赞干布，经吐谷浑，得到了吐谷浑王的厚待。这一年，吐谷浑内部以丞相宣王为首的亲吐蕃的势力抬头，阴谋以祭山为名，准备袭击弘化公主，挟持诺曷钵投吐蕃。诺曷钵得知大惊，与公主投唐鄯州城（今西宁），国内大乱，唐太宗令唐俭、马周持节安慰，内乱平息。

公元649年，唐太宗去世。第二年（永徽元年），吐蕃王松赞干布也去世，其孙墀芒论赞即赞普位，年幼，大权掌握在大论禄东赞手中，此人“不知书，而性明毅，用兵有节制，吐蕃倚之，遂为强国”。

都兰吐谷浑一号大墓

公元656年（高宗显庆元年），禄东赞率兵十二万击白兰，苦战三日，初败后胜，杀白兰兵民千余人，并屯兵于此。八月又派儿子起政为将领兵攻打吐谷浑。

公元663年（高宗龙朔三

年），吐蕃禄东赞率大军进攻吐谷浑，内部亲吐蕃大臣素和贵投诚，把吐谷浑军事情报暗地告诉了禄东赞，吐蕃大军顺利进入了吐谷浑境内，在黄河边上击溃了吐谷浑部队。诺曷钵和弘化公主率部下投奔唐凉州。唐王朝李治想尽一切办法让吐谷浑诺曷钵复国，都没做到。

公元666年（乾封元年）五月，唐“封河源郡王慕容诺曷钵为青海王”。

公元670年（咸亨元年）四月，正在唐朝讨论怎样对付吐蕃时，吐蕃发兵攻打唐王朝西域，两个州都被占领。高宗李治“以右威卫大将薛仁贵为逻娑道行军大总管，右卫员外大将军阿史那道真、右卫将军郭待封为副，”率五万大军，进军目标为逻娑（今拉萨），行到大非川（今青海惠梁南切吉旷原），因郭待封耻于居薛仁贵之下，不受节制，尽失军中辎重。薛仁贵得消息后，破吐蕃于黄河岸边，进入乌海等待后援，深入大非川内。吐蕃钦陵率大军40万与薛仁贵大战，唐军全军覆没。薛仁贵无奈，与钦陵约和，才得生还。

大非川之败，吐谷浑诺曷钵复国梦彻底破灭。吐谷浑的土地、部族分别归了吐蕃和唐朝。后部族散居在青海、甘肃、陕西、宁夏等地。

据史《旧唐书·吐谷浑传》记载“吐谷浑自晋永嘉之末，始西渡洮水。建国于郡羌之故地，至龙朔三年为吐蕃所灭，凡三百五十年”。

六、国灭姻传，姓存千年

基塌国祚灭，丈人家中坐。

姓氏传千年，衍脉土族说。

退浑儿，退浑儿，朔风长在气何袭，万群铁马从奴虏，强弱由人莫叹时。退浑儿，退浑儿，冰销青海草如丝，明堂天子朝万国，神岛龙驹将与谁？——唐·吕温

一、唐、吐蕃对吐谷浑部族的统治

咸享元年，唐对吐蕃战争失败后，吐谷浑复国的梦彻底破灭。唐朝对投归女婿诺曷钵进行妥善安置，另外继续与吐蕃争夺吐故地青海地区。

公元627年（咸享三年），唐朝将居住在凉州山南的诺曷钵部迁到鄯州浩门河（今青海大通河）之南，大军护送。因地靠吐蕃不安全，而且地域狭窄，唐又将其部迁到了灵州（今宁夏灵武南），“置安乐州，以诺曷钵为刺史（今中宁县鸣沙乡）”。

公元627年（仪风三年），唐朝想夺回吐谷浑故地，高宗频发《举猛士敕》，历数吐蕃罪行，多次征讨，势力不相上下，打得不可开交，各有胜负，但也夺回一些失地，如赤岭（今明山）。公元699年左右，因吐蕃赞普器弩悉弄成年，开始不满叔父专权，迫钦陵自杀。钦陵弟赞婆子论弓仁率部降唐。随之，吐谷浑两次约万帐归唐地，得到妥善安置，其中王族均安置在灵州、安乐州和长乐州。

公元688年，诺曷钵病逝，其子慕容忠立。唐把会稽郡王道恩三女金城郡主嫁给了慕容忠。

和亲图

公元698年（圣历三年），弘化公主与慕容忠被武后赐为武姓。这年慕容忠卒，其子宣赵嗣位。三年后，唐封宣赵为左豹韬卫员外大将军，袭父可汗爵，其两个弟弟宣昌、宣彻被封为政乐王和辅国王。景龙三年宣赵卒，子曦皓继位。唐封曦皓（光）朔方节度副使、金紫光禄大夫、行光禄卿、上柱国、五原公、燕王，后敕命青海王。

公元738年（唐开元二十六年），曦皓卒，其子慕容兆嗣位。到至德后期，安乐州为吐蕃占据，吐谷浑东迁。

公元798年（唐德宗贞元十四年），唐还封慕容氏后代慕容复为朔方节度副使、左金吾大将军、长乐都督、青海国王，袭可汗号。

吐谷浑王族自咸亨三年迁到安乐州后的八十多年中，得到唐王朝优厚待遇。主要表现是青海王位世代相袭，所有的部群由其统领。官员考核与汉地没有什么区别，各种关系一直处理得很好，直到公元789年后才不见记载。

吐谷浑部众另一个分布区为夏州（今陕西靖边白城子）、延州（今陕西延安）及宁朔州（今陕西靖边东）。开元三年，吐谷浑大酋慕容道奴所部归唐。另外罗兀（今陕西米脂西北镇川堡）、抚宁故城（米脂西武镇附近）、三泉、吐浑川、开光岭（米脂南）归唐。

吐谷浑部众第三个分布区在河西，散居在凉、甘、肃、瓜西四州之南。唐对其西北诸蕃设州，如安乐州、长乐州、宁朔州、浑州、阁门州等，设刺使世袭，收贡赋，但不上户籍。

安史之乱后，吐蕃经常扰边掠掳州县。唐王朝主要精力都集中在对付从东边进攻长安的安禄山，放松了对西域防御。原居住在河陇及安乐等州的吐谷浑诸部大多东迁，主要是朔方、河东之地区，集中分布在盐、庆、夏、银诸州；河东道的太原府、潞州、岚州、石州及西北的云、朔等州；原属朔方节度使的天德、振武等地。这些地区吐谷浑大部与党项、沙沱等部杂居在一起，以畜牧业为主。各部首领大部分被唐朝封为都使、都督等，统率各部属。唐经常调集他们外出打仗，服兵役，牧民向政府交纳牲畜产品抵税，人民生活非常困苦。

唐代后期，公元9世纪40年代，吐蕃政权弱化。公元841年，吐蕃赞普热巴金被部下所杀，众臣推举其弟郎达马为赞普。五年后，郎达马被僧人刺杀，政权瓦解。唐王朝乘吐蕃混乱之机收复失地。公元848年（唐宣宗大中二年）沙州汉族大地主张议潮派人到长安，献河陇十一州地图，唐封张议潮为沙州防御使，统领归义军。公元861年，张议潮又收复了凉州。至此，河陇地区又重新归回到唐朝。

这一地区民族关系很复杂，有汉、吐蕃、吐谷浑、回鹘、羌、党项、嗢末、龙家等族系。部落多则数万人，少则几千人。民族冲突时有发生，战乱不断。加之唐代后期政治腐败，对人民的压迫和剥削严重，藩镇割锯，人民不堪重负，农牧民纷纷起义，烽火此起彼伏，波澜壮阔。

公元868年（唐懿宗咸通九年）桂林庞勋率戍卒起义，攻下徐州。

公元880年，王仙芝、黄巢起义，攻入长安。同年，沙陀李国昌、李克用父子反唐，唐朝费了九牛二虎之力才镇压下去。在这个过程中，唐王朝利用大同川的吐谷浑部赫连铎为云州刺史、大同军防御使，白义诚为蔚州刺史。

公元891年，李克用为报仇，用尽全力攻打云州赫连铎，用部将薛阿檀为先锋，设伏于河上。赫连铎率精骑追击薛阿檀，进入了包围圈。伏兵四起，铎大败逃到幽州。李克用攻下赫连铎守了15年云中城。

公元892年8月（唐景福元年），赫连铎与幽州刺史李匡威合兵八万进攻天成军（今山西天镇），攻到云州北郊，排开了一字长蛇阵，连营数十里。李克用率军由神堆（云州西北九十里）潜入云州，偷袭李匡威，打得李赫联军落花流水，死伤过半。李匡威败回幽州。

公元894年（唐乾宁元年），李克用破云州城，击杀赫连铎，擒白义诚。从此居云、朔、蔚等州的吐谷浑部代北藩镇衰落，散落在北汉族中，一厥不振。

唐龙朔三年，吐蕃灭亡了吐谷浑王国，尽收青海之地，吐谷浑绝大部分部族为吐蕃所辖。

公元670年（唐咸亨元年），吐蕃大相论钦陵在大非川大败唐军薛仁贵后，进一步巩固了对吐谷浑的统治。在这期间，土、唐争夺青海斗争十分激烈，双方未分胜负，到安史之乱为止，一部分吐谷浑投唐，被安置在河西等地。唐广德元年之后，吐蕃全部占领了河陇之地，吐谷浑又归回吐蕃统治。直到公元9世纪40年代，统一的吐蕃崩溃后，青海和河西的吐谷浑先后摆脱了吐蕃长达170余年的统治。吐蕃征服吐谷浑后，基本保持其原有的政权形式，在河陇地区实行军事部落制，以1000户为一个部落，设千户长和副千户长。千户上设万户长，千户下设小千户，小千户下设百户，再分若干个左右统领，最小的单位为十户。地方最高的政权机构为德伦会议，由四名大臣组成，决定这一地区重大军事、政务和官吏任免。地方最高的军事长官为翼长，称将军、节度使。地方军中分大小守备。地方行政的长官有万户长、节儿伦、都护、中官、小官以及大税收官、财务官、营田官、水官等。吐蕃对吐王族采取笼络与控制手段，笼络就是通婚和封王。吐蕃公主生的坌达延墀松封王，小王尚本登忽、韦悉若、逻恭禄三人为大论。吐蕃对吐谷浑的统治非常残酷，赋税、劳役、户口及财产经常被清查，欠赋役者会被严厉惩处。

公元843年（会昌三年）六月，发生了大夏川之战。赞普恐热被鄯州节度使尚婢婢大败。公元848年，沙州张议潮起义，尽收十一州，从而加速了吐蕃的灭亡。第一个回到吐谷浑故地王拔乞狸率家小返回故地。从此，一些吐谷浑部落开始独立自由生活。据敦煌文献《敦煌唐人诗集残卷》，西汉金山国（公元910年张议潮之孙张承奉建立）使者经吐谷浑去吐蕃诗中说："西行过马圈，北望近阳关，回首见城郭，黯然林树间。野烟暝林墅，初日惨寒山。步步成秋色，迢迢惟禁还。"到了墨离海（今苏干湖），其《冬日书情》写道："殊乡寂寞使人悲，异城留连不得归，万里河山非旧国，一川戎俗是新知，寒天落景光阴促，雪海穹庐物色稀。为客终朝长下泣，谁晓夕阳老容仪。"诗写出了吐谷浑故地的情况。

二、五代十国及北宋时期的吐谷浑部众

公元907年，唐朝最后一个皇帝李柷被朱全忠所废，朱全忠自己登上了皇位，改国号为梁（后梁）。中华民族历史进入了大分裂的五代十国时期，吐谷浑这个民族的人大致分布与唐没多大变化。主要聚居在今青海、甘肃、河西以及黄河的河套中前套南北、山西、河北的北部一些地区。在称谓上也有所变化，“吐浑人”“吐谷浑人”“土人”“土民”皆指吐谷浑部众。

都兰出土丝绸上的图案

公元1001年（北宋咸宁四年），陕西经略使张齐贤奏章中出现“土人”。其他奏章也多次出现土人、土民、吐浑。后简化为土、吐、浑、土胡，有时还称之为熟户、属户、生户等。

公元907年，在黄河流域建立的后梁的统治区的只是淮河以北，今山西沁源、长治，河北邢台以南，陕西兴平以东。其北是晋王沙陀人李克用的统治区，吐谷浑大部分居此地。李克用是后梁的劲敌，双方战争不断。

在河东代北的绝大部分仍为晋王李克用所统治，经常征调所部参加战争。公元911年，李存勖遣李嗣源率部与史建塘、安金全所统北部吐谷浑诸军夹击后梁军队。公元912年，李嗣源率代北诸军，生、熟吐谷浑军收山后八军。

公元922年，李存勖大破契丹，驱其于长城外。

公元923年四月，李存勖在魏州称帝，国号唐，史称后唐。十月，后唐大军攻入后梁都城东京（今开封）。梁末帝自杀，后梁亡。后唐并晋、燕、梁，进一步统一黄河流域。唐庄宗李存勖为奖赏吐谷浑部功劳，赐吐谷浑首领阴山都督白承福，以中山北石门为栅，统宁朔、奉化

（今蔚代地区）两府，以白承福为节度使，赐姓李，名绍鲁。这部人强马壮，经常与朝廷往来。有关贡马、驼等的记载就有11次之多，唐也赐赠锦帛等。双方相当长一个时期关系保持得非常好。其后，在明宗长兴元年七八月间，又有两批吐谷浑人内附，被安置在静乐县、岚州。白承福及部下也得到多次加官进爵封赏，封为光禄大夫、检校太保等。

后唐清泰二年，河东节度使石敬唐依靠契丹的帮助灭亡了后唐，建立了后晋，改年号为天福。为报恩于辽，把幽云十六州（今北京和山西、河北北部）割让给辽父耶律德光，并献帛30万匹。这时“由是吐谷浑部族皆隶于契丹”。五年后，其不堪压迫剥削，南下，投了后晋王朝，被刘知远所控。白部部下多犯军令，怕降罪，想投契丹，被刘知远得知，让部将郭威诱其到太原城中，以谋反罪杀白承福、白铁匮、赫连海龙四百余人，刘知远让别部王义宗统辖白部。自此，该部衰落无闻。

公元945年，辽大军南下，一直打到晋都开封城下，晋帝出城投降。

公元946年，晋大将刘知远在晋阳（今太原）称帝，乘辽撤军进入洛阳、开封，下诏改国号为汉，史称后汉。三月，加封吐谷浑王义宗为检校太尉、沁州刺史。

公元951年，后汉政权被刘知远部将郭威夺取，改国号为周，史称后周。此后不见王义宗部记载，只有其他吐谷浑部。有“太原吐谷浑与云中吐谷浑指挥使党富达等五十一人来投”的字样，其他记载不多。

公元960年，陈桥兵变，赵匡胤皇袍加身夺取北周的政权，建立了宋朝。各地吐谷浑附宋。

宋平定了北汉残余后，以太原为中心的吐谷浑人，加入禁军侍卫京师。太原潞州部众属禁军骑兵，首长多封为指挥使，又称“吐谷浑小底”，即指挥。

公元986年，代北吐谷浑南迁。据《宋史》记载，诸族吏民先后迁徙并代诸州，后又迁到南方诸州，即西京、河南诸州。

宋朝为了巩固政权，拉拢少数民族的上层人士，充分发挥吐谷浑将领的重要作用。

据史料记载，“麟府路有党项羌居多，土族杂居其间”。世守其地，统御诸族。

延绥土族，属宋代的延州土族。据史料记载，领熟户、蕃户、蕃兵九大族，一万二千七百余人。有李家、部道族万家、解家、刘家、高家；厥屯族、归娘族的揭家、悖家；罗勒族、苏尾族的拆家、野家；咩魏族的黄家、明家、朱家等，这些经专家学者研究主要为土族。土族多者十余万人，少者几千人。

环庆土族因与宋朝的关系友好，记载比较多并且具体，主要是环州慕容氏与庄州赵氏、李氏影响最大。环州慕容氏五门八族。胡家、罗家、旺家、王家人数最多，其中乐业镇4000户。延顺在咸平五年时被封环州都虞候、本州骑军都指挥使。庆州吐谷浑部族姓赵氏、李氏、还有张氏、胡氏。庆州赵氏（今甘肃庆阳华池）被封官的为数不少，如赵余庆、赵余德、赵怀德等。庆州李氏居庆州北境荔厘堡一带，首领思顺，赐名李元成，因功多次加封，其子孙多被封官。

宋朝后期，吐谷浑进一步汉化。因受汉文化之影响，加之自古有学习汉文化的传统，内迁后，进入了汉文化的大环境，受汉文化的薰染，在文化生活、习俗、婚姻、宗教、民族心理上与汉族的逐渐融合，汉化程度日渐加深。迁入内地的吐谷浑人，为了与汉族人共同生活，方便交往、勾通，主动按宋朝制定的《百家姓》中的姓氏改变自己的姓氏。自魏、晋、隋唐五代以来，中原统治者把文化作为政治统治的手段，在吐谷浑及其它少数民族州郡设立学校，专门教授汉学文化知识。如《论语》《孝经》等。达到“尚方慕义，化革犷俗”。让吐谷浑人识汉字，知汉文，知官法，董礼仪，信奉儒道佛教等。为了加深影响力，还在少数民族地区建造文宣庙（孔庙）。从此，吐谷浑人在史书中记载稀少，融合各民族之中。

七、政权消亡，脉化土族

政权虽灭亡，土人匀健在。
青甘大地上，仍有吐豪强。

一、唃厮啰辽金南宋西夏时期的吐谷浑——土族

1.吐谷浑各部王国和唃厮啰时期的土族，海西与海南的土族。

据《太平寰宇记》记载，海西吐谷浑与浩门河吐谷浑到宋代仍然存在，其地在青海湖以西柴达木盆地和以北以东的祁连山麓（当地土人称大鲜卑山）。公元998年（宋咸平四年）十一月，西凉府六谷部大首领折逋游龙钵到汴京说明自己所处疆界，河南吐谷浑乔氏同唃厮啰的关系，宋时吐谷浑人在青海之南、河南及洮岷流域进行活动（今尖扎、同仁、贵德等为最多），唃厮啰小国先后摆脱了李立遵、温逋奇的控制，移居青唐城之后，在土族乔氏集团的支持下自立，并嫁女于他。乔氏有姿色，美丽动人可心，深得唃厮啰的宠爱，与李立遵之女争宠。李氏生有二子瞎毡、磨角毡。乔氏生一子董毡。她为子争宠，诸子争权争位，终于导致了唃厮啰王家分裂。唃厮啰王倾向乔氏母子，贬李氏为尼，并将二子禁锢于廓州。1036年，李氏二子逃出，各为当地首领，势力也很强。西夏利用唃厮啰的内乱，重金贿瞎毡和磨角毡，攻入河湟，迫使唃厮啰乔氏母子南迁历精城。

董毡自小受到良好的教育，颇通汉家兵书韬略。《宋史》记载，“方董毡少时，择酋长子年与董毡相若与之游，衣服饮食如一，以此能附其众”。《乐全集》中说：“其人骁悍善战斗，已为众所服。”同时，他得当地土、羌部族的支持。董毡为壮大自己，采取远攻近交的策

略，于公元1081年（元丰四年）九月，遣使朝贡。同时由洛施军笃、乔阿公率兵三万攻夏国，得胜。朝中因乔氏皇亲国戚为首的王之姥爷家人，人们直呼其“乔阿公”。到金朝时，其仍为河南大族，与唃厮啰后裔保持良好关系，到今天土族的乔氏部族亦居此地。

甘凉一带的西凉府主要是吐蕃六谷部落所属原嗢末诸族，有大量土族人杂居其间。《续资治通鉴长编》记载，六谷首领吴福圣腊到宋进贡，并请求宋共同出兵攻打党项。宋封六谷首领潘罗支为朔方节度使、灵州西巡检使，吴为安远将军。唃厮啰王朝是今天的藏族人建立的一个包括各民族成分的国家，地域以河湟流域为中心，包括古渭州以西，祁连山东端及以南的河湟、兰渭、洮岷等地。自11世纪初到12世纪初，存国长达百年。土族是唃厮啰国的主要民族，分布在全国各地区，其中叱奴氏是吐谷浑子孙，其先为狼种，旧民甚众，旌旗（图腾）也为狼形，即今天的祁姓。当时土族的旺族非常之多，如河湟的甘家、民和、三川一带鄂家（亦称牢姐）；兰州一带的韩家；河湟的刘氏；熙河一带的吴家；廓州（今浩门河）一带的鲁家；河湟流域有10万人、21部族的余家；河湟流域多代人受皇封的名门望族朱家。

2.辽金南宋三朝时期的吐谷浑族

吐谷浑（土族）这个部族到辽代时在北方分布很广。辽与南宋对峙时期，有记载于史书，其从原居地外迁到宋、西夏、女真地，最后与辽并入金国。

阴山吐谷浑族，于宝宁元年投宋。宋麟府与阴山交界处的吐谷浑，为党项之中王氏吐谷浑，辽亡后，并入了金。黄龙府一带的吐谷浑，地处辽国中心，与辽国关系最好，其部据《辽史·马人望传》记载，有萧吐浑任中京留守，萧为赐姓。后辽上京原永留宫吐谷浑与越王城吐谷浑，辽亡后并入金。

白可久部据史料记载有白全德，真定人，为契丹贵将，统兵马七百多帐。白可久部属白全德部，为吐谷浑人。其部还有一个叫慕兴的人，为白部慕容复后人。辽亡归金后，仍在驻守河北北部。代北吐谷浑在北汉时期很稳定，后投太原为宋所辖，其中800帐南迁潞州和京西汴、汝、曹、孟诸州。后代北吐谷浑不堪辽的压迫纷纷起义，自发开展反辽斗争。后来西夏兴起，宋夏关系不睦，宋朝中断了两国的贸易往来，特别是马的交易。后代北吐谷浑集体逃亡到西夏。到此，代北吐谷浑自中唐移居代北，经唐末、五代、宋、辽、金两个世纪后，除东移河南外，大部重返北方。

金朝为女真族建立起来的国家。公元1125年（金太宗天会三年），金灭辽，次年灭宋，后进据秦岭淮河一线。辽贵族耶律大石带本部人西迁天山之西，称西辽。在辽宋境内吐谷浑归金所辖。保安吐谷浑刘氏望族刘延庆世为将家“雄豪有勇”，官至宋保信军节度使，曾率十万大军伐辽。金立朝后，鄜延州吐谷浑将领李永奇、李显忠父子受金封官职知州。李永奇后谋反被杀，显忠逃亡西夏，又投南宋。金朝吐谷浑知名人士党怀英（1133—1211年)善子史，工书法，曾与陈大任编《辽史》，任职翰林，是吐谷浑人有史以来第一位文史卓著者。

南宋之地没有吐谷浑居落。高宗南逃所带的皇族有慕容氏妃子，非常聪明贤惠。南渡随从有吐谷浑人，其中最著名的有李显忠、刘光、张宗颜、世解元、李永奇、李中宫、李德明。其中李显忠最著名，皇帝赐姓。为浑、宽地区吐谷浑苏尾族包括拓跋共九族，因保宋有功，封复州防御使、左金吾东路马步军副都督总管、复随州观察史、左金吾卫上将军，赐第京师，绘像阁下，死后封开府仪同三司、陇西郡开国公，食邑6100户（实封2000户），谥忠襄，有子16人，均封武功大夫。

二、元朝时期的吐谷浑——土族

公元12世纪后，社会动荡，“天下扰攘，互相攻劫，人不安生”。就在这时蒙古帝国诞生了。在蒙古统一诸部过程中，阴山吐谷浑作为汪古部之一归附。在蒙古帝国征服西域各国时，吐谷浑将领木华黎军中，有一个叫拓跋按察尔的先锋官。《元史》有记载叫按扎儿，属阴山吐谷浑人。木华黎为左万户长时，他为前军总帅，屯兵平阳（今山西临汾），金亡后，诏封为功臣，赐平阳阴户614，驱户30，猎户4。其有子忙汉、拙赤哥。忙汉于至元十五年，任管军千户。公元1287年（至元二十四年），其从征乃颜海都后以功封授蒙古侍卫亲军千户，佩金符，后又改授昭信校尉、右都威卫千户。拙赤哥从征战死，其长子阔阔术，任御史台都事、汉中廉访佥事、湖南廉访使；次子撅只海封为统军千户。阔阔术子为燕帖术儿。公元1328年（天历元年），任江南行台监察御史。因汪古部吐谷浑文化同蒙古文化相近，到元中期全部同化，为蒙古族。

西夏、吐、羌诸族顽强抵御蒙古汗国六次入侵，英勇坚守国土长达22年之久，终因寡不敌众，国破家亡。后世吐谷浑族出现了不少可歌可泣的英雄故事。

后世称吐为察罕蒙古（白蒙古、白鞑靼）。在《史集》《文史》有记载，察罕、唐乌兀密氏、兀或乌密，实际上是土族吴姓。有吴察罕将领事迹，自己为万户，其子孙兴旺，都是当大官的人。也有西夏王族后裔李祯、李维忠的事迹。李祯功封万户，赐金符。还有土族名儒高智耀，世为夏国望族名宦，曾祖为夏大都督府伊，祖父为右丞相。智耀登进士及第，《元史》为之立传。夏亡，其隐居贺兰山。元帝访，委以重任，死于任上，“帝为之震悼”，封金紫光禄大夫、司徒、柱国，追封宁国公，谥文忠。

西夏灭亡后，西夏仍然作为一个地区的名字使用，一直使用到明代。蒙古语称唐兀惕，汉语为西夏河西。西夏人，不代表民族名片。内含指土、羌、汉、回、藏、回纥、沙陀诸族人。西夏的吐谷浑人也包含在其中。西夏灭亡后，蒙元为削弱吐、羌势力，强把吐、羌诸族人迁往新占区和边塞。迁西宁青海吐族于云京外，还迁徙到中兴府、灵州一带守边。至今这一地区还保留西夏文化，有出土文物石经幢为证。

在军事上，西夏灭亡后，蒙古征调青壮吐谷浑人充当士兵，到各地参战。

三、明代时期的吐谷浑——土族

公元1368年，朱元璋建立明朝。由于战乱，分布在黄河内外的吐谷浑人，也深受其害，人民流离失所，家破人亡。为了躲避战乱，四处迁徙，流落他乡。一部分北迁蒙古境内，分布在河套、贺兰山、亦集乃一线。明朝人对北元境内的人统称为鞑靼，不加区分。文献记载对明境内的吐谷浑人主要分布在陕西边缘卫所及顺天、保定、河间诸府等地，沿用“土人”“土达”的称谓。

明朝的吐谷浑人分布及其卫所土司，主要聚居陕西境内。一小部分散居在京师顺天府及四川松藩地区。陕西境内除汉中府之外，几乎遍及各州府，如平凉府、庆阳府、宁夏卫、榆林卫、巩昌府等十六个州府卫。西安府、长安府也是聚居区。宁夏吐谷浑，几经战乱迁徙殆尽，后以贺兰山重归故地的一部分与留下来的宁夏前卫、灵州一部汇集在一起，有王氏、杨氏、李氏，朱氏，皆为大族；平凉、庆阳吐谷浑（土达）除远徙关中之外，后大多移居平、庆两府，明文献记载，固原州人最多，杨氏为大族。明末慕容氏，慕容直其子慕容三畏、慕容三让，朝廷封官，后改为“慕”“容”单姓。巩昌、陇南地区原为汪氏活动场地，元末巩昌总帅汪灵真保于洪武二年四月降明。陇南明后期已汉化。洮岷河州的吐谷浑（土人）岷州卫、洮州卫，为原河州卫分出的，是吐谷浑聚居区。这一带的吐谷浑首领明时形成很多土司，其中岷州土司为虎氏，元代虎益为徽州路总管，其子明时均封为高官。麻龙里赵土司、赵党只官布为旺族，世袭土官百户；河州卫亦属土族聚居区，明代河州的势力最强。何土司何锁南普元末为宣慰史，投明授为河州卫指挥同知，其子孙均为高官；西宁历来就为吐谷浑聚居区，明初率先归明，有13家先后受封为土司；关于西宁塞外四卫吐谷浑，明代前期四卫为安定卫、阿端卫、曲先卫、罕东卫，在柴达木盆地西部，大致在萨毗泽与疏勒河之间；庄良卫地处大通河与庄良河之间，也是吐谷浑的聚居区，有鲁土司11代人均受明封官，族旺人旺；河西凉州、永昌、山丹诸卫亦属土族祖居地；松藩卫和京师卫及顺天诸府有散居吐谷浑人。顺天府的固安、永清、东安、武清、漷县一带是吐谷浑人的集中区，而保定、定州、河间等地是散居区。

四、清代时期的吐谷浑——土族

弦涌早闻周礼乐，羌胡今著汉人冠，

三百年岁空对月，故地蓑草少人烟。

——明·杨一清

到了清代，土族分布与明代就大不一样了，由遍布陕西全境，缩小到河湟、洮岷一隅，东部中心区仅有零星少数吐谷浑人。

引起变化的主要原因是汉化。明朝经过十七帝，在长达276年中，特别是后百年，散居的长安土族、顺天诸府土族，完全自然融入到汉族汪洋大海中。其次，延绥、环庆一带的土族因受中原王朝的统治，先是宋，后是金蒙少数民族，明代起他们又充军到千里之外戍边，其势力淹没在汉民戍卒之中。金朝大多数慕容氏改为慕氏，到了元朝土族这个名字默默无闻。灵州、固原、平凉、巩昌等地的土族被蒙鞑所掠，起义失败被镇压，四散逃亡，到明中期流亡过半。

究汉化原因，除土汉杂处通婚相互影响外，明王朝故意采取同化策略。在土族居住地建立学校，讲儒学“用夏变夷，化革其俗”，编土族入里甲，输贡赋，学汉文，选科举。土族本来就无文字，自古使用汉语为官方语言，这样就加速了他们的汉化进程。“渐沐治化，安于恬嬉”，又“慕德教之风，袭我衣冠，输我贡赋，以世继世，相安于田里”。

岷州及陇南土族，《清史稿·土司传》记载，马、后、赵三土司所辖土民到清末。但三土司所辖虽号土民，与汉民无殊，钱粮命盗重案俱归州治，土司不过理寻常词讼而已。

洮州及临洮土族，该地多居藏族，其间杂居土族。地方志有记载，但笼统不详，无法辨别土、蕃，无从详考，资料记载的也不详。传说，卓尼扬土司清代所辖48旗520族。临洮《甘肃青海土司志》赵土司辖15旗，番民三族，大部清末被汉化。

西部土族，《秦边纪略》记载，“河州东有临洮之倚，北有兰、庄之厄，南有洮州之塞，西有西宁之环，四塞内地，独一隅之边”。“卫之兵虽少，其民甚强，其土人甚盛，其熟番皆辖于土官，其黄衣僧皆听命于国师”。“卫出马特多，由土人熟番、回回、生番俱以孽牧为业”。“关东二十四族之番杂土人，回回而居，有民人之众矣”。实际不下十万人。上述证明，土与其他民族杂居，难分你我了。

西宁土族，西宁是土族聚居地区，有很多土司。《秦边世略》记载：“其地自汉人、土人而外，有黑番、有回回、有西夷、有黄衣僧人、而番、回特众，岂非互市之故哉？”说明汉民和土人是当地人。李土司、西宁东祁土司等其它土司当有40万人。西宁、四川之地主要有西祁、西李、陈、纳、吉、阿诸土司及土民。西宁李土司清辖民48族，48庄，963户，近4000余人。

五、民国时期的吐谷浑人——土族

长河落日，老树昏鸦，
苍天恻隐，留下根芽。

（一）土族制度的废除

土族于清代后期逐渐衰落，进入民国，由于国势动荡，民族矛盾日益加剧，昔日黄花逢秋风，似落叶被扫进历史的尽头，被历史潮流席卷到中华民族动荡澎湃的汪洋里。

韩宝善《青海一瞥》中说：“土人相传为晋时期吐谷浑后裔，居西宁以东诸山间，民和县境内为最多，人口约有数万人。服装习俗异于他族，语言杂以蒙藏语，从事农业，为土司管辖，年纳租粮，一切诉讼政事，皆决于土司。近年土司权渐失，土人亦日见同化于汉人矣。”

1926年，西宁县农会会长蔡有渊向甘肃省政府（当时青海未建省）提出要求，呈报文书，要求废除土司制度。文中说：“碾伯、西宁等县各土司统治下之人民，大半租其土地，如农奴之于地主。又照例每年借婚嫁丧祭之名，任意摊派。现在各县又令土地改革与汉民平均负担差役，不啻两重负担。”说明事实是自清以来，争夺土地和属民的管辖权，一直是地方政府和土司之间主要矛盾。王克明在《青海省简介》中提到："惟蒙藏二族呈受省政府统辖，但其政治仍然未脱离王公制度，蒙藏人民泥于旧习，知有王公，不知有政府，政府势力不能深入。在过去汉人以部旗管蒙族，以土司管藏族，成效显著。土司的权力也相当的大，土民畏之如虎，视为唯一的长官，其对汉人或对其他民族的政令，都漠然视之。"

自元明到民国，作为土族最基本的政治组织形式的土司制度至此彻底解体，随之，原有的土族社会制度也完全土崩瓦解，结束了"自领其民""耕牧自食"的自治时代。最后一部分土民也编入国民之列，像一杯黄沙散落在中华民族的汪洋里。沉淀下来的文化，也逐渐被历史潮流冲刷荡涤，同化地烟消云散，淡尽无几，淹灭在历史的长河中。

互助县白马寺

西宁土族。1932年，不确切统计青海诸县约4万人。1935年时，"西宁土族因汉化甚深，已难区别"。1937年史学家顾颉刚先生考察西北到西宁时，日记记载说："西宁土族经十几年之后，完全同化于汉族。"据吴均《青海》一书说："1947年至西宁等县土族完全汉化，已难区别"。

互助县土族。从西宁分出设互助县。据《互助县风土调查记》记载，1932年时，土族7632人。主要分布在一、二、四区。

乐都县土族。原碾伯县，于1929年恢复古名乐都县。1930年以芦草沟为界，从中又分出一个民和县。据《乐都县风土概况调查录大纲》记载，土族312户，6330人。

民和县土族。据《民和县风土调查记》记载，新置民和县汉、回、土、番四族杂居。其中土族约2000户，约1万人。

大通县土族。据《大通县志》记载，"大通县有土人而无土司，盖土司土人之官也"。1919年时，有土族1234户，5000人。1932年，据《青海省大通县风土调查情况》，人口71508人。其中土族5000人。

共和县土族。据《共和县风土概况调查大纲》记载，共和县土族人杂处恰卜恰，上中下郭密一带，土人最少，确计24户，89人。

青海其他县，只记载有土族杂居，而无明确户数人口记载。

甘肃省的各县土族。分省后的甘肃，因行政区划变动很大，改土归流后，没有了政治中心，汉化日深，只知道是土族集中区。陈希生《青海土人为吐谷浑后人考》一文中有记载，只提及各县有土族存在，但是没有确切的人口数。

（二）土族社会关系及变化

在经济上，自清末民国以来，中国社会历经一场重大的历史变革，从政治制度到各种社会关系以至于文化思想领域都发生了深刻的变化，土族社会也随之变化。河湟、洮岷地区从清朝乾隆年间就开始，到民国时期，原有社会肌体几乎全部被肢解。

土司制度下土族属民按村庄大小，人户贫富，分为五班、四班，一切杂役供应费用，纳粮出钱，都按班分担，都按班来决定。各班由群众推举总管、乡老。一个总管，分设三个乡老。有的地区一年一换，有的地区三年一换。总管、乡老一般由富户充任，其职责收款，催税，收粮畜，支应杂役等。每年冬至时推举至来年正月初一，新旧总管接交替任。新总管上任后，须宴请地方上的乡老，行三拜礼，一拜天，二拜土司委托，三拜老者。老者由各大姓推举，一姓无论多少户，须推举老者一人，无特殊原因老者可终身任职。

社会关系。土族社会中，平民称土房，贵族称土舍或舍房。凡舍房之人，男子皆称大人，女子皆称官奶。舍房即是土司的亲人，由土司来派贵族中的人做家长（大家长，实际是宗族长）。家长在舍房中被认为是最高贵的，家长可以管理族户内部诉讼、粮差、款项、婚丧等事，家长解决不了的事项转交土司处理。

土司为武职，在土族内部统管一切事务，享有多种特权，其下设有千总、把总，有率士兵出征、驻守等军事任务。

耕种军马田，按亩数出士兵。舍房人不服兵役。

士兵分步、骑两种，战时的军装武器炊具帐房等，土司按规定置备，不由人民负担。

土族民事，刑事诉讼案件等，由土司设公堂处理。涉及面广的交由地方官府处理。日常小事一般由总管、老者调解处理。

在宗教上，各地区有区别。互助地区与佑宁寺的建立有关系，隶属于西藏佛教势力的土官。明末互助地区的十三个头人，其中藏族头人二人。宗教势力一般受土司控制，担任昂锁，一般的都是土司的家族人，常帮土司料理纠纷等。

改土归流后，土族的社会有了很大变化。首先土司被革除，革除后的土司一般设区长、村长，后编入区和乡镇建置。普遍实行保甲制度后，区长、村长也被削职，取消土司制，“粮归大仓，民归县”，土司赖以生存的经济来源没了，大部分转化为地主，地方政府又通过清理地主产权、清丈田亩等手段，使大地主变为小地主，小地主变为农民，使其经济地位逐渐削弱。从此，这个民族在政治经济上的优势变为了劣势，并逐渐消逝。

六、新中国成立后的吐谷浑——土族

在今天万山之宗、万水之源的青海互助土族自治县，民和、大通、同仁、乐都、门源等地还聚居着土族人。在甘肃天祝藏族自治县也散居些土族人。2000年，据不完全统计达土族有241196人（其中青海187362人）。

1956—1960年，中国社会科学院民族研究所就今天青海土族是否是古吐谷浑后人作为课题，先后在青海土族聚居互助、民和、乐都、大通以及甘肃天祝等地进行联合调查，编写出《土族简史简志合编》，1982年出版了《土族简史》。

编者根据大量资料，对土族族之源提出不同的看法。一种说法土族人源于蒙古人，另一种说为霍尔人。人们大都倾向是吐谷浑后裔，简史的结论也是土族为吐谷浑后人。

也有人认为蒙古族是其族源，认为源于“土达”“阻卜”、“汪古”等部人。依据《蒙古秘史》《华夷译语》等著作记载十三、十四世纪蒙古语词汇现在还保留在土族语中，其土族一半以上词汇与东蒙古语喀喇沁（考勒篾后裔）方言相近。一些地区自称为“蒙古尔”或“察罕蒙古尔（白蒙古）”，是民间传说而来的，不够准确。如成吉思汗大将格日利特（格热台）病死在互助一带（索卜滩），留下来的人与当地土人通婚。公元1604年，佐宁寺建成后，格日利特被封为尼达（土主），造铜像，当地土族人将其当祖先供奉。

霍尔为藏语，原为藏族对黄河以北的游牧民族的统称，是从北方“胡”译来的。藏族人称吐谷浑人将其为“霍尔赛”“黄霍尔”。吐蕃曾对吐谷浑统治近百年，后唃厮啰又进行一段统治。由于喇嘛教传入对文化、语言、风俗之影响，认为其祖先是霍尔人。

青海土族风情园

上述说法从时间上较晚于吐谷浑，中国史料典籍记载，在北宋时期，一个民族风俗习惯传承具有相当稳固性和说服力。今天，土族仍然保存着吐谷浑旧俗。如婚俗“富家厚纳聘，贫者窃妻去”；葬俗“丧有服制，葬讫而除”；服饰“吐谷浑扭达”，妇女头饰与古吐谷浑妇女一样，以金花为饰，辫发萦后，缀以珠贝，以多为贵。在信仰上有“护法神箭”或“五台护法”的习俗，即在家中堂前或庙上供一支四尺长的神箭，等等。以上可以证明，土族之源为吐谷浑。

关于语言问题，吐谷浑、蒙古、鲜卑等本源为东胡，均属阿尔泰语系，词语相同是很自然的事，可分三个时期：一是11世纪以前吐谷浑阿柴时期；二是到蒙古南下为止的霍尔时期；三是土人时期（12—14世纪为止）。民族融合后到元末明初形成了今天的土族。

八、甘青大地呈锦，风土人文流芳

吐浑文化千古传，只到今天仍新鲜。
江山处处有吐迹，独领风骚八百年。

一、吐谷浑国的社会政治经济制度

吐谷浑，在东北时是一个纯粹以游牧为生的鲜卑部落，迁到甘、青后仍以游牧为主“有城郭而不居”。

盛世时的吐谷浑汗国以畜牧经济和商贸经济为支柱，以农业、手工业、渔业、盐业为副业。牧业经济以饲养马为最卓著。但经济水平不高，生产力水平低，属自然经济“其俗贫多富少”。后通过学习先进生产方式、生产技术，有所发展。一、改传统自然游牧方式为相对定居、半定居的畜牧业。二、设置围栏，合理利用牧草资源，史记仅在甘松、龙固一带设有栅栏76处。三、优化繁殖，引进种畜，培育良马。吐谷浑人善养马，以养马为业，对马情有独钟。史载“其国多善马，出良马”，品种有龙种马、青海骢、蜀马。

青海湖盆地是吐谷浑最大的养马场，湖中岛海心山是培育良马基地。龙种马、青海骢就是这里培育出来的。武威汉墓出土30件铜马，其中“马踏飞燕”可反映当地马的特征。其引进波斯良马与当地龙马杂交混血后得“天之骄子”，能日行千里，举世称奇，得者如获至宝。另外，吐谷浑南夷羌地出蜀马、小马，体小而坚实，善爬山、扒雪，耐高寒。驯育出的舞马有白龙驹、赤龙驹，“有奇貌绝足，能拜善舞”。宋孝武帝曾命文臣作《舞马歌》。

农业、手工业、渔业、制盐业等产业，主要集中在洮岷、河湟、鄯善一带。农业种植芜菁、大麦、豆、菽、粟等生长期短的农作物。渔业主要由乙弗部经营，分布在青海湖一带，不宜种五谷，以捕鱼、采苏籽为业。手工业有采金、冶炼、金属制造、毛纺、制革、畜产品加工业等。白兰地区出黄金、铜、铁。屈真川有盐矿。军工煅造刀、弓、甲、矛盾等。

关于城镇建设，《梁书·河南传》载，拾寅“起城池，筑宫殿，其小王并立宅”等。1.西越城，是吐谷浑较早城之一，为牧马城，因在西倾山，因山为名，可容400人。2.浇河城，晋时吐谷浑阿豺所筑。3.曼头城（今共和县西南），兵家必争之城，十分重要。4.洪和城（泥和城，今甘肃临潭附近），吐谷浑在原址所筑。5.伏俟城，夸吕可汗建造，为吐谷浑国都（今青海共和县境内，离青海湖15里）。6.吐谷浑城，在今都兰县境内，北魏建。7.树敦城，曾为吐谷浑都城，在青海曲沟（共和县）。8.贺真城（赤水城）在屈真川（今茶卡盐池一带附近）。9.鸣鹤城、镇念城、三足城，吐谷浑筑三城（今在甘肃临潭一带）。除上述外，西部有鄯善城、且末城，东部有甘松城、洮阳城、龙涸城、昂城等。这些城除军事政治需要外，大部分建在交通要冲，逐步发展成为商业城市。

在交通建设方面，根据考古及史书记载，吐谷浑交通网络，以莫河川、伏罗川、清水川、浇河、屈真川为枢纽区，由两条干线和数条附线相互连接，由多条支线辐射而成。枢纽区以树敦城、伏俟城及赤水、曼头、贺真城为中心，辐射其它远近网点。两条干线即东南——西北向干线和东北——西南干线。东南——西北干线，从枢纽向东南经溜川、甘松、汶川，达四川盆地，再沿江通往南朝；从枢纽向西北经柴达木盆地南北缘，越阿尔金山，进入塔里木盆地，通往帕米尔高原，经准格尔盆地达蒙古高原。东北——西南线，从枢纽区向东北青海湖，出湟水流域，金城，北越祁连山达河西走廊；从枢纽区向西南，经白兰、多弥、苏毗，越唐古拉山向南通往宝髻、薄缘夷、叶波到天竺；向西至女国，越昆仑山，通往塔里木盆地，西至于阗，东至且末；在西通罽宾，远达西域诸国。

处在九曲黄河的吐谷浑人，在黄河建造了很多桥。史书有记载有清水川之东（今兴海县境内）的河历桥（飞鹰桥、鹰桥）、黄河莫河川通往赤水诸地的大母桥（骆驼桥）。

有了便利的交通网和商业城镇，产品就可以变为商品。吐谷浑将畜产品和土特产品出口到国外，将棉布、瓷器、铁器、漆器、金银器、珠宝、中草药、香料、茶叶、粮食、文化用品以及副产品进口到国内。一时期与各地的经济贸易往来日新月异。

二、传统文化

土族是慕容鲜卑的直系后裔，所谓传统文化，从狭义上来说是东胡鲜卑文化。广义上说是经过民族融合、嬗变后以鲜卑文化为核心，整合汉文化及羌藏文化因素在内的土族文化。鲜卑文化直接继承了生活在东北的东胡文化，由于西迁融入其他民族，逐渐使本民族的文化变异、融入匈奴、铁勒、高车等文化因素。7世纪后，吐谷浑人迁徙活动范围最广，同化的时间最长，先后不同程度的羌化、汉化、突厥化、藏化、蒙古化、回化的经历，到民国时期几乎全部他化了。

土族的民间文学内容丰富，体裁多样，有神话、传说、故事、童话、谚语、颂词、叙事诗，歌曲、戏剧等。这些民间文学作品具有土族传统文化内涵和独特的民族风格，反映土族先民爱情、生活、经历、思想感情，又表现各民族融合的特点和长期交往，共同生活的历史。

土族神话中最具有特色的是《阳世的形成》，将盘古开天地、女娲补天的神话与土族神话相联系，表明古东胡文化与汉文化之间血脉生衍。《混沌周末歌》有道、释、儒三教文化的内涵，唱词为：

道家留下了金木水火土，世间公平到如此；
释家留下了生老病死，人间公平到如此；
儒家留下了仁义礼智信，礼仪公平到如此。

土族的传说中汪芒氏的传说最为古老，反映东胡时代及这一古老民族的一段往事和土族起源，像史诗一般。此外，还有《丹阳公主》传说等。

土族的民间故事中，具有代表性的是一类以蟒古斯（野人）为题材的故事，具有鲜明的北方民族文化特点。同时，也流行着汉族的各种故事、小说等。《梁山伯与祝英台》《牛郎织女》《孟姜女》《秦香莲》《三国演义》《水浒传》《西游记》《封神演义》，这些都是土族人家喻户晓、妇儒皆知的文学作品。

土族叙事诗中，长篇《拉仁布与切门索》描写忠贞不渝的爱情故事，情节曲折生动；《祁家西征》描写八十岁高龄老将祁延西出征杀敌，报效祖国的历史故事。

据《新唐书》记载，土族歌曲有六章，《慕容可汗》《吐谷浑》《部落稽》《钜鹿公主》《白净太子》《白净王》《太子企命》，统称“道拉”。按演唱的场合分为“家曲”“野曲”。家曲是在家中和正式场合演唱，主要是婚礼祝福歌。野曲指山歌在野外演唱，主要指“花儿”，分喜曲和悲曲。悲曲有哭嫁、哭丧歌。喜曲道拉多是男女酬答淫词俚曲。唱词都是用汉语，调子简单。在家里喝点酒，环蹲而引吭高歌，歌声清悦，婉转动听，是传承于古鲜卑、乌桓遗俗。男子用汉语，女子多用土族语歌唱词曲，感情表达较强，土族歌曲音乐除《花儿》及少数部分歌曲之外，大多情调具有北方民族的风格，三川土族《鲜卑山之歌》是北歌的典范，其音调低沉悠长，节奏较缓，属鲜卑族古老的民歌，为退胡遗留，独具风格，自成体系，不与汉、藏诸族相似。

三川土族传唱近二千年的古歌《鲜卑山之歌》：

哎，鲜卑之山哟！鲜卑山头顶的是什么？
哎，鲜卑之山哟！鲜卑山头顶的是威严的天帝。
哎，鲜卑之山哟！鲜卑山额上捧的是什么？
哎，鲜卑之山哟！鲜卑山额上捧的是众多的神灵。
哎，鲜卑之山哟！鲜卑山眼里见的什么？
哎，鲜卑之山哟！鲜卑山眼里见的是阳世的光明。
哎，鲜卑之山哟！鲜卑山鼻中嗅的是什么？
哎，鲜卑之山哟！鲜卑山鼻中嗅的是五谷的味道。
哎，鲜卑之山哟！鲜卑山嘴里嚼的是什么？
哎，鲜卑之山哟！鲜卑山嘴里嚼的是十二样的五谷。
哎，鲜卑之山哟！鲜卑山耳中听的是什么？

哎，鲜卑之山哟！鲜卑山耳中听的是宇宙的呼息声。
哎，鲜卑之山哟！鲜卑山颈上戴的是什么？
哎，鲜卑之山哟！鲜卑山颈上戴的是东胡汗的玉珠。
哎，鲜卑之山哟！鲜卑山左肩扛的是什么？
哎，鲜卑之山哟！鲜卑山左肩扛的是北斗的七星。
哎，鲜卑之山哟！鲜卑山右肩扛的是什么？
哎，鲜卑之山哟！鲜卑山右肩扛的是南斗的六郎。
哎，鲜卑之山哟！鲜卑山左手拿的是什么？
哎，鲜卑之山哟！鲜卑山左手拿的是角骨的弯弓。
哎，鲜卑之山哟！鲜卑山右手拿的是什么？
哎，鲜卑之山哟！鲜卑山右手拿的是锋利的箭。
哎，鲜卑之山哟！鲜卑山背上背的是什么？
哎，鲜卑之山哟！鲜卑山背上背的是温暖的太阳。
哎，鲜卑之山哟！鲜卑山怀里揣的是什么？
哎，鲜卑之山哟！鲜卑山怀里揣的是皎洁的月亮。
哎，鲜卑之山哟！鲜卑山膝上镶的是什么？
哎，鲜卑之山哟！鲜卑山膝上镶的是银子的盖骨。
哎，鲜卑之山哟！鲜卑山脚下踩的是什么？
哎，鲜卑之山哟！鲜卑山脚下踩的是东胡汗的土地。

土族的戏剧中《庆稼其》《杀虎将》剧中使用面具，亦属北方民族文化传统，同契丹人、鞑靼人一样，带面具歌舞。

土族戏剧面具

土族的舞蹈与歌曲对比其他似乎不发达，显得有些单调。《会手舞》有阵舞、队舞的特点。《安昭舞》与氐羌舞蹈有关。

土族的美术有自己的特点和风格。民间绘画、刺绣内容多为龙凤、花草、人物、鸟兽，具有古风。民和、三川土族，仅塔尔寺的绘画、雕塑、堆绣就举世称奇，塔尔寺酥油花称为世界奇葩。

土族还流传集会时的演说，其逻辑性强，富有诗意。西北民族协会《青海》一书有记载，有“说家”“大说家”“小说家”。土族的童话诙谐，滑稽，幽默富有戏剧性。土族的谚语多为生活、生产实践的总结，具有很强的哲理性和启示性。

西平公主墓志铭

土族服饰装束。土族服饰男女大致与汉族相同，唯襟开左衽，袖口较窄。土族男孩满月时，舅家须送一顶八角绣花帽，前片绣一几何图纹的箭，意为牢记折箭的遗教，长大持箭保家。男孩发式，头顶两边各留一小撮辫发，其余全部剃光。老人发式，项上留编一根辫子，其余全部剃光。

女子服饰颇具民族特色，式样多。许公武《青海志略》，庄学本《青海土人考察记》，马希元《青海互助土人调查记》，马鹤天《甘青藏边地考察记》、《西北考察记》，民国《大通县志》均有详细记载。

房屋建筑与婚丧习俗。西平公主墓志铭记载土族居住房屋为平顶土木建筑，与西北汉族基本相同。不同的地方土族门窗开的方位均向日，即东南方。门顶上或屋顶上置有陶制的“哈巴”狗。门口、门上或院子中间竖有祭天杆或嘛呢旗杆。

土族人的婚姻制度，普遍为一夫一妻制，婚姻形式则常为父母包办、媒人说合的封建买卖婚姻。其特殊地方是配偶从夫，一夫亦可多妻，但不可超过三个。纳妾理由一般为妻子不生育，家中缺乏劳力。近亲禁婚，外婚同姓不婚。土族婚嫁以家族利益为重，收“彩礼”，论贫富。家贫者行服役婚和童养婚。土族中尚遗有抢婚，家贫不能娶妻者，可在日食、月食之际抢婚，但一般指寡妇，事前有约定，至少被抢者要知情。

土族还保留“戴天头”的习俗。如女子无子，且不能招婿入门，则可举行一种仪式，以天、山、树木等为夫，日后可与心上的男子相会生子。

远古时土族，是从妻而居。道拉中唱道：“先娶儿来后娶女，娶儿嫁女满堂红。”另外，存收继婚，“父兄死妻后母及嫂”等。

土族婚礼，凡明媒正娶都要举行非常隆重的仪式。嫁女行一天一夜之礼；娶妻者要行三天大礼，两天小礼。举行婚礼期间，自始至终歌舞相伴，充满民族喜悦气氛。再娶少青（处女）仪式与正婚同。童养婚，服役婚，娶寡妇、戴天头则举行简单仪式就行了。

土族葬俗主要有两种，一种是实行土葬，敛棺入坟。另一种为实行火葬，制桥火化，骨灰入坟。非正常死亡及残人去世、婴九夭折则行天葬或者行水葬。成人火葬。僧人一律火葬。喇嘛坟，坟头泥抹光涂白。

土族葬俗

土族的节日较多，可分为四类，一类为年俗节，正月有春节，以女子荡秋千为土族特有习俗；正月十五元宵节，晚上举行火把会；二月二有龙头节；三月有清社日；五月有端阳节；八月有中秋节；九月有重阳节，牧人请村中人至野外聚餐，纪念游牧生活；十月为冬至节；腊月有腊八节。第二类为地区性集会，有花儿会、擂台会、戏会等。第三类是宗教节日，即观经会（庙会）。第四类为本民族纳顿节，是土族特有的节日，七月至九月间举行，持续大约一个月，期间表演合手舞、戏剧等，人们走亲访友，相互庆贺。纳顿节当源于东北老家，鲜卑人季春月大会于饶乐水（老哈河）饮宴婚配，后因土族改牧从农，将春季的大会改为秋季举行。

附件一 东胡山戎世系一览表

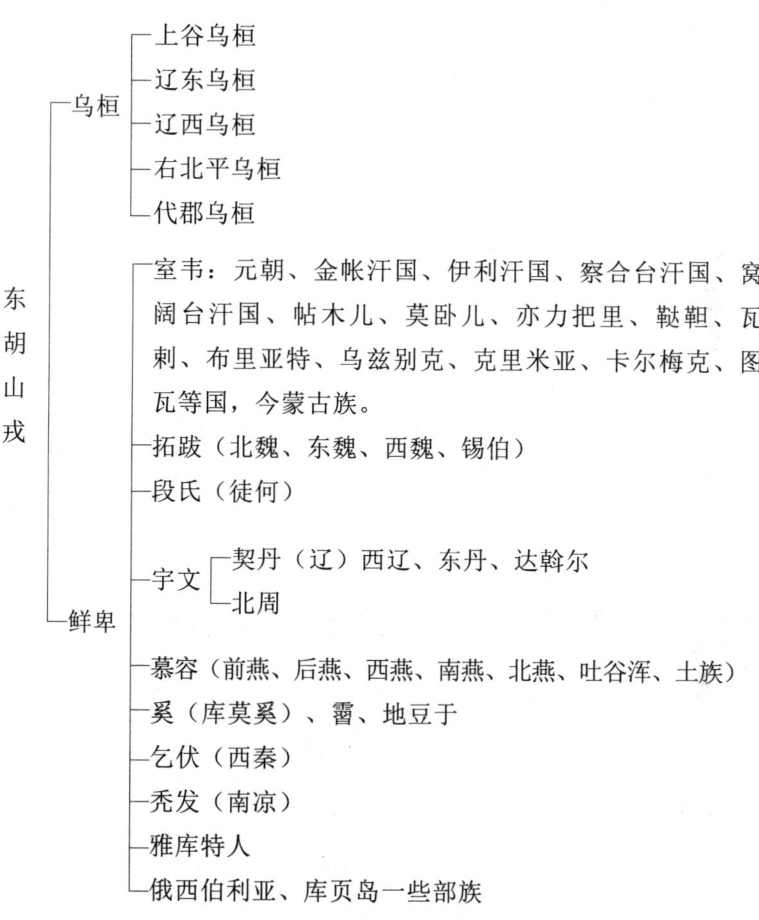

附件二 吐谷浑世系表

- 吐谷浑——吐延——叶延——碎奚——视连
  - 视罴
    - 树洛干
      - 拾虔
      - 拾寅
        - 费斗斤——仁
        - 度易侯——伏连筹
          - 贺鲁头
          - 呵罗真——佛辅——可沓振
          - 夸吕
            - 可博汗……无素
            - 鬼王诃
            - 世伏
            - 伏允
              - 慕容顺——诺曷钵
                - 慕容忠
                  - 慕容宣赵——慕容曦皓（光）——慕容兆……慕容复
                  - 慕容宣昌
                  - 慕容宣彻——慕容威（神威）
                    - 慕容全
                    - 慕容亿
                    - 慕容造
                - 闼卢摸末
              - 尊王
      - 拾归
      - 拾皮
    - 阿豺
      - 纬代（辉伐）
      - 叱力延
      - 敇来泥
    - 宕岂
    - 伏念
  - 乌纥提
    - 慕璝
      - 元绪
      - 被囊
      - 豆勿来
    - 慕利延
      - 琼
      - 焕
      - 繁暱

附件三 鲜卑吐谷浑英烈表

1. 檀石槐	鲜卑汗国创始人	（生于公元147，卒于公元181年）	
2. 和连	鲜卑汗国可汗	檀石槐之子（在位于公元182—189年）	
3. 魁头	鲜卑汗国可汗	檀石槐侄子	（在位于公元191—？年）
4. 步度根	鲜卑可汗	（在位于191—？年）	
5. 素利	东部部落长	（在位约公元190—235年）	
6. 弥加	东部部落长	（在位约公元190—235年）	
7. 厥机	东部部落长	（在位约公元90—235年）	
8. 没鹿回	西部部落长	（在位约公元190—235年）	
9. 浦头	西部部落长	（在位约公元190—235年）	
10. 育庭	西部部落长	（在位约公元190—235年）	
11. 轲比能	中部小种鲜卑	部落长	（在位于公元190—235年）
12. 慕容涉归	辽西鲜卑酋长	（在位于公元269—283年）	
13. 吐谷浑	吐谷浑国创始人	涉归子庶兄	（在位公元284—317年）
14. 吐延	吐谷浑王	吐谷浑长子	（在位于公元317—319年）

15. 叶延	吐谷浑王	吐延长子	（在位于公元320—351年）
16. 碎奚	吐谷浑王	叶延长子	（351—375年）
17. 视连	吐谷浑王	碎奚世子	（在位于公元376—390年）
18. 视罴	吐谷浑王	视连子	（在位于公元390—400年）
19. 乌纥堤	吐谷浑王	视连子	（在位于公元400—407年）
20. 树洛干	吐谷浑王	视罴子	（在位于公元407—415年）
21. 阿豺	吐谷浑王	视罴次子	（在位于公元418—424年）
22. 慕璝	吐谷浑王	阿柴弟	（在位于公元425—436年）
23. 慕利延	吐谷浑王	慕璝弟	（在位于公元437—452年）
24. 拾寅	吐谷浑王	树洛干子	（在位于公元453—481年）
25. 度易侯	吐谷浑王	拾寅世子	（在位于公元482—490年）
26. 休留代	吐谷浑王	易度侯世子	（在位于公元490—504年）
27. 伏连筹	吐谷浑王	休留代世子	（在位于公元491—540年）
28. 呵罗真	吐谷浑王	伏连筹子	（在位于公元529—530年）
29. 佛辅	吐谷浑王、河南王	呵罗真子	（在位于公元530—534年）

30. 可沓振	吐谷浑王、河南王	佛辅子	（在位于公元534—？年）
31. 夸吕	吐谷浑王	伏连筹子	（在位于公元541—591年）
32. 世伏	吐谷浑王	夸吕子	（在位于公元592—597年）
33. 伏允	吐谷浑王	夸吕子	（在位于公元598—634年）
34. 趉故吕乌甘豆（慕容顺）	吐谷浑王	伏台子	（在位于公元635—？年）
35. 乌他也拔勤豆（诺曷钵）	吐谷浑王	慕容顺子	（在位于公元636—687年）
36. 慕容忠	吐谷浑王	诺曷钵子	（在位于公元688—699年）
37. 青海宣王（宣超）	吐谷浑王	慕容忠子	（在位于公元698—700年）
38. 钟恶地	吐谷浑汗国长史		
39. 河间王弘	吐谷浑汗国太子		
40. 嵬王河	吐谷浑汗国太子		
41. 拓跋木弥	吐谷浑汗国名王		
42. 他娄屯	吐谷浑汗国赵王		
43. 可博汗	吐谷浑汗国太子		
44. 移兹裒	吐谷浑汗国辽宁王		
45. 树归	吐谷浑汗国洒南王	移之弟	
46. 慕容孝儁	吐谷浑汗国	南昌王	
47. 天柱王	吐谷浑汗国丞相		
48. 顺光	吐谷浑汗国大宁王		

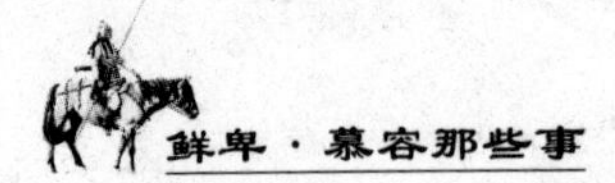

49. 拓跋赤辞	吐谷浑汗国名王	
50. 达延	西吐谷浑王	
51. 达延墀松	西吐谷浑王	（在位于公元659—694年）
52. 悉弄恭	西吐谷浑王	
53. 素和贵	西吐谷浑王	
54. 苏度摸末	东吐谷浑王	
55. 慕容羲晧	东吐谷浑王	
56. 慕容兆	东吐谷浑王	
57. 赫连铎	东吐谷浑酋长，振武节度史	
58. 白义诚	（代北人）吐谷浑蔚州酋长	
59. 白诚福（赐李绍曾）	（代北人）吐谷浑蔚州酋长	
60. 赫连公德	后唐光绿代夫	
61. 薛海金	后唐岚州刺史	
62. 薛冀堆	后唐岚州刺史	
63. 白可久	后唐宁朔、奉化校检尚书左仆射	
64. 白铁匮	后唐宁朔奉化校检右仆射	
65. 李全福	左厢都指挥使　后唐怀化司阶	
66. 赫连撒滥	右厢都指挥使 后唐怀化司阶	
67. 李金全	后晋润州（今镇江）节度使	
68. 李嗣恩（姓骆）	后晋检校太傅 右领军上将军	
69. 党富达	北周府中指挥使	
70. 王义宗	后汉检校太尉节度使	
71. 王全德	后汉汾州团练使	

72. 白秦进（字德升 ）	后汉左右厢指挥使	检校刑部尚书
73. 白文珂	后汉义成军节度使	
74. 白重赞	后汉彰义节度使	
75. 康福全	后晋大内都点检	
76. 康审登	后汉奉国都指挥使	
77. 何超	后晋单州兵马留后	
78. 梁康全	后唐历突骑奉德节度使	
79. 慕容彦超	后汉四州节度使（磁单东灌棣）	
80. 杜重威	后周护圣军校领防州刺使	
81. 卫俦	北汉辽州刺使	
82. 秦习	后汉忻州刺使	
83. 慕容道好	阴山吐谷浑酋长	
84. 王彦章	后梁左龙骧将军“铁枪王”	
85. 高万兴	后梁渤海郡王	
86. 高允权	后晋延州节度使	检校太尉
87. 拓跋思恭	后唐节度使	
88. 拓跋乾晖	银川夏州节度使	
89. 折宗本	后唐五镇都知兵马使	
90. 慕容延	钊宋殿前点校 昭化节度使	（942—963）
91. 德丰	宋蔚州刺使巡检	（947—1002）
92. 党进代北	土族宋虎捷右厢指挥使	（917—977）
93. 李万全 （太原人）	宋本军都校	
94. 马泥 （恩州人）	宋归德大将军 恩州刺使	

95. 王甲 （丰州人）		辽右千牛卫将军	
96. 李士彬	宋卢州刺使	号铁壁相公	（932—1009）
97. 刘绍能	宋	皇城使、简州团练使	（1078—1085）
98. 罗万成	宋	文思使	
99. 吴福圣腊	宋	安远将军	
100. 乌人望	辽	松山县令	（今赤峰松山翁牛特一带）
101. 党怀英	金	泰安军录事参军 进士 金史院编修 《辽史》纂官	（1133—1211）
102. 李显英（字君赐）	宋	护国军承宣使	（1109—1178）
103. 谢元（字善长） 德德寨人	宋	信保军节度使等	（1088—1142）
104. 张宗颜（字希贤）庆州人	宋	龙神卫四厢都指挥使	（1095—1139）
105. 刘光世保安人	宋	五军都提举	（1086—1140）
106. 慕容洧	金	熙河经略使 西夏太尉	
107. 余龙	土族龛谷大首领		

附件四 东部慕容部英烈人物表

1	三国魏	慕容莫护跋	（公元238—？）	封率义王
2	三国魏	慕容木延	（？—公元244年）	封鲜卑大都督
3	三国魏	慕容涉归	（公元244—283年）	封鲜卑大单于
4	西晋	慕容廆	（公元283—333年）	鲜卑都督
5	西晋	慕容遟	（公元333—？）	曾为柳城大人
6	西晋	慕容皝	（公元334—348年）	大单于前燕国王
7	前燕	慕容儁	（公元349年—360年）	前燕国王
8	前燕	慕容恪	慕容皝第四子随父兄征伐战功卓著封辅国将军侍中大司马	
9	前燕	慕容评	随慕容皝、慕容俊征战有功封辅弼将军、司州刺史、镇邺都督	
10	前燕	慕容尘	慕容俊元玺二年（353年）为镇南将军青州刺史	
11	前燕	慕容臧	慕容俊元玺二年（353年）为抚军将军安乐王	
12	前燕	慕容疆	慕容俊元玺三年（354年）为前锋都督都督荆徐二州缘淮诸军事	
13	前燕	慕容虔	慕容俊元玺六年（357年）为中军将军	
14	前燕	慕容根	慕容時建熙元年（360年）为太师	
15	前燕	慕輿干	慕容時建熙元年（360年）为左卫将军	
16	前燕	慕容忠	慕容時建熙四年（363年）为宁东将军	

17	前燕	慕容筑	慕容暐建熙六年（365年）左右中郎将，假节征虏将军洛州刺史金墉镇将	
18	前燕	慕容厉	慕容暐建熙七年（366年）抚军将军	
19	前燕	慕容垂	慕容皝第五子，后燕建立者	
20	前燕	慕容亮	（公元360—？）	吴王侍中录留台尚书事渤海王镇东将军
21	后燕	慕容农	（公元384—389年）	都督幽平二州诸军事龙城镇将录留台尚书事
22	后燕	慕容会	（公元395—？）	曾任龙城镇将录留台尚
23	后燕	慕容宝	（公元396—398年）	曾任后燕皇帝
24	后燕	慕容农	慕容垂之子，后燕（384年）封辽西王	
25	后燕	慕容隆	慕容垂之子	
26	后燕	慕容楷	慕容垂燕元元年（384年）任征西大将军、太原王、慕容垂建兴二年（387年）任兖州刺史	
27	后燕	慕容懿	慕容垂燕元元年（384年）上庸公征西大将军，后为幽州刺史	
28	后燕	慕容凤	慕容垂燕元元年（384年）建策将军	
29	后燕	慕容绍	陈留王镇南将军	
30	后燕	慕容佐	平北将军	
31	后燕	慕容和	鲁阳王	
32	后燕	慕容宙	慕容垂燕元元年（384年）任征虏将军，慕容宝永康元年（396年）封章武王	
33	后燕	慕容冲	慕容垂燕元元年（384年）任中山王，继慕容弘为西燕王建都长子	
34	后燕	慕容镇	慕容垂建兴七年（392年）任桂林王	

35	后燕	慕容国	慕容垂建兴七年（392年）任骁骑将军
36	后燕	慕容瓒	慕容垂建兴八年（393年）任丹阳王
37	后燕	慕容会	慕容宝永康元年（396年）任清河公、幽州镇将
38	后燕	慕容策	慕容宝永康元年（396年）任濮阳公
39	后燕	慕舆嵩	慕容宝永康元年（396年）任司马晋阳镇将
40	后燕	慕舆皓	慕容宝永康二年（397年）任尚书
41	后燕	慕容精	永康二年（397年）任平左卫将军北地王
42	后燕	慕容腾	永康元年（396年）任左卫将军，慕容盛建兴元年（398年）任抚军将军前军大司马
43	后燕	慕容麟	慕容盛建兴元年(386年）任卫军大将军赵王
44	后燕	慕容祥	慕容垂燕元元年（384年）封开封公
45	后燕	慕容德	慕容垂燕元元年（384年）任车骑大将军，南燕的建立者
46	后燕	慕容超	继慕容德为南燕国王，建元太上（405年）都广固，公元410年国灭被晋刘裕俘杀
47	后燕	慕容泓	淝水之战后于384年率兵据华阳建西燕称济北王
48	后燕	慕容永	继慕容冲为西燕王，慕容垂建兴九年（394年）被后燕慕容垂攻灭被杀
49	后燕	慕容崇	慕容盛建平元年（398年）为高阳王
50	后燕	慕容埌	慕容盛建平元年（398年）为东阳公
51	后燕	慕容豪	慕容盛建平元年（398年）为幽州刺史
52	后燕	慕容盛	慕容垂建兴七年（392年）为北中郎将，封长乐王镇蓟慕容宝永康三年（398年）杀兰汗为后燕国王建元建平都龙城
53	后燕	慕容元	慕容宝之四子封平原王

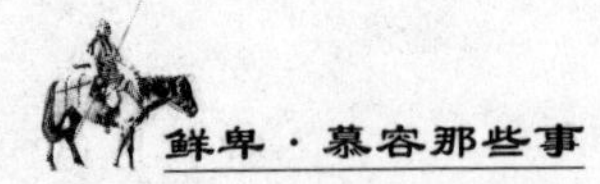

54	后燕	慕容定	慕容盛之子封辽西公
55	后燕	慕容熙	慕容垂之少子，继慕容盛为后燕国王
56	北燕	高云	慕容宝养子，初封夕阳公，慕容熙七年（407年）杀慕容熙灭后燕即天王位，国号仍称大燕
57	北燕	慕容归	慕容盛长乐元年（399年）封辽东公，高云正始二年（408年）为辽东公

附件五　鲜卑诸燕国皇帝简表

前燕：			
1. 慕容廆	涉归次子	公元283年即位，时年51岁，在位15年，卒年65岁	都城在今辽宁朝阳北票市章吉营子
2. 慕容皝	慕容廆第三子	公元337年即位，时年41岁，在位12年，卒年52岁	都城在今辽宁朝阳
3. 慕容儁	慕容皝第二子	公元348年即位，时年30岁，在位13年，卒年43岁	都城在今北京西南
4. 慕容暐	慕容儁第三子	公元360年即位，时年34岁，在位11年，卒年45岁	都城在今河北临漳西南
后燕：			
5. 慕容垂	慕容皝第五子	公元384年，即位时年59岁，在位13年，卒年71岁	都城在今河北定州市
6. 慕容宝	慕容垂第四子	公元396年即位，时年42岁，在位3年，卒年44岁	都城在今辽宁朝阳
7. 兰汗	慕容盛岳父	公元398年即位	都城在今辽宁朝阳
8. 慕容盛	慕容宝庶长子	公元398年即位，时年26岁，在位4年，卒年29岁	都城在今辽宁朝阳
9. 慕容熙	慕容垂少子	公元401年即位，时年17岁，在位7年，卒年23岁	都城在今辽宁朝阳
北燕：			
10. 高云	慕容宝养子	高句丽人，公元407年即位，在位3年	都城在今辽宁朝阳

11.冯跋	鲜卑化汉人	公元409年，即位在位22年	都城在今辽宁朝阳
12.冯弘	冯跋之弟	公元430年，即位在位7年	都城在今辽宁朝阳
南燕：			
13.慕容德	慕容垂之弟	公元398年，即位时年63岁，在位8年，卒年70岁	都城在今山东益都西北
14.慕容超	慕容德侄子	公元405年，即位时年21岁，在位6年，卒年26岁	都城在今山东益都西北
西燕：			
15.慕容泓	慕容儁子	公元384年即位，在位1年	
16.慕容冲	慕容玮之弟	公元385年，即位在位1年	都城在今陕西西安（山西长子西南）
17.段随		公元386年即位，在位不足1年	都城在今陕西西安（山西长子西南）
18.慕容顗		公元386年即位，在位不足1年	都城在今陕西西安（山西长子西南）
19.慕容瑶		公元386年即位，在位不足1年	都城在今陕西西安（山西长子西南）
20.慕容忠		公元386年即位，在位不足1年	都城在今陕西西安（山西长子西南）
21.慕容永	慕容廆从孙	公元386年，即位在位9年	都城在今陕西西安（山西长子西南）

附件六 慕容诸燕国主要事件

公元283年，慕容廆任慕容部首领。

公元285年，慕容廆攻夫余，破王城，掳万余人归。慕容廆欲讨伐鲜卑宇文部。晋武帝司马炎不许，慕容廆怒，入辽西大肆杀戮抢掠。

公元289年，慕容廆遣使进京，归附于晋。晋封其为鲜卑都督。

公元294年，慕容廆率部迁居大棘城（今辽宁省北票市章吉营子乡三官营子遗址）。

公元307年，慕容廆自称大单于。

公元319年，晋平州刺史崔毖组织宇文部、段部、高句丽联军攻慕容廆失败。慕容廆统领平州。

公元321年，东晋元帝司马睿以慕容廆为都督幽平二州东夷诸军事、车骑将军、平州牧，封辽东公。

公元329年，后赵吞并关中，统一华北大部分地区。

公元333年，慕容廆逝世，子慕容皝继位。

公元337年，十月慕容皝称燕王，前燕国建立。

公元338年，三月后赵天王石虎与前燕联军灭辽西段部。五月，后赵大军攻击前燕，包围都城棘城月余，后赵军大败。

公元342年，十月前燕都城自棘城迁至龙城。十一月，攻打高句丽，掳5万余口而还。

公元344年，前燕慕容皝消灭鲜卑宇文部。

公元346年，前燕军慕容皝攻破夫余王国。

公元348年，前燕慕容皝死，子慕容儁继位。

公元350年，二月，前燕南下，吞并幽州等地。九月，前燕军攻陷冀州中部。

公元352年，四月，冉魏冉闵与前燕慕容恪决战于常山，冉闵兵败被杀。八月，前燕军攻陷邺城，冉魏灭亡。慕容儁称帝于中山。

公元356年，前燕慕容恪攻陷青州广固，吞并青州。

公元357年，慕容儁将都城由蓟迁到邺（今河北省临漳县西南）。

公元358年，十月，慕容恪攻河南。十二月，慕容儁欲取前秦、东晋，令州郡核实丁口。前秦苻坚击败并州张平，张平降前燕国。

公元359年，东晋谢万北伐前燕失败，河南淮北诸州郡归前燕国。

公元360年，前燕皇帝慕容儁死，太子慕容暐继位。

公元364年，前燕军攻陷晋洛阳。

公元368年，前燕贵族将民众大量纳入“荫户”，以致财政困难。

公元369年，桓温第三次北伐，军抵枋头，前燕慕容垂迎击，晋军大败。十一月，前燕慕容垂遭陷害，投奔前秦。

公元370年，六月，前秦王猛率军攻击前燕。十月，前秦、前燕决战壶关。前燕军大败，被杀俘虏10万余人。十一月，王猛攻陷邺城，俘慕容暐，前燕灭亡。

公元375年，二月王猛去世。

公元383年，十月前秦与东晋淝水之战，前秦军不战而溃，苻坚负伤率残兵抵洛阳。

公元384年，一月慕容垂称燕王，后燕国建立，定都中山（今河北省定州市）。此后，北方再度大分裂，慕容弘被杀。

公元385年，一月西燕慕容冲在阿房宫称帝。西燕和前秦在长安交战，西燕战败，损失3万余人。后燕慕容麟、慕容农进攻丁零人翟真于山中，翟真兵败被杀。三月，前秦苻晖被迫自杀。前秦苟池与西燕慕容永在骊山交战，苟池战死。四月，东晋刘牢之北府兵进攻后燕，在五桥泽中慕容垂埋伏。东晋战败。五月，苻坚离开长安，逃至五将山。六月，西燕慕容冲占领长安。八月，后燕占领邺城，收复龙城。

公元386年，一月后燕慕容垂称帝于中山。拓跋珪自称代王，北魏建立（北朝自此开始）。二月，西燕内乱，慕容冲被杀，西燕宗室相互残杀。三月，西燕东迁至长子，慕容永称帝。十月，西燕进攻前秦，占领并州。十一月，慕容垂破苻丕于河东，西燕和后燕交恶。

公元387年，一月后燕击败东晋，占领山东半岛。

公元390年，一月西燕慕容永攻洛阳，被击退。

公元391年，七月后燕扣留北魏使者拓跋觚，双方关系交恶。

公元392年，六月后燕袭破滑台，灭丁零。

公元393年，十一月后燕伐西燕。

公元394年，五月后燕军进入太行山，大败西燕军，占领晋阳。八月，后燕攻陷长子，斩慕容永，灭西燕国。

公元395年，五月后燕慕容宝带精兵十万人讨伐北魏。十月，后燕军气士低落，向中山撤退，北魏乘胜追击。十一月，后燕慕容宝与北魏拓跋珪大战参合陂。后燕惨败，10万余战俘被北魏坑杀，仅数千人逃脱。

公元396年，三月后燕慕容垂进攻北魏平城，杀死守将拓跋虔。四月，慕容垂病死在官厅北。慕容宝继位。五月，慕容宝、慕容麟逼杀太后小段氏。八月，北魏拓跋珪发兵40万进攻后燕，占领并州。十月，拓跋珪占领常山。后燕冀州守军望风逃散，河北仅剩中山，信都、邺城三城。十一月，北魏兵分三路进攻后燕三城。

公元397年，一月北魏攻陷后燕信都。二月，后燕慕容宝带军十五万七千人在滹沱河被北魏击败。三月，后燕慕容麟叛变未遂，出逃，后燕中山大撤退，慕容宝逃往龙城。四月，后燕慕容会发动政变，杀死慕容隆。慕容宝和慕容农平定慕容会叛乱。慕容会逃亡，后被同族所杀。五月，北魏退兵。七月，后燕慕容祥在中山称帝，后被慕容麟杀死，慕容麟在中山称帝。十月，慕容麟放弃中山，投奔慕容德，北魏占领中山。十二月，后燕邺城守将慕容德放弃邺城，前往滑台。

公元398年，一月后燕慕容德自称燕王，建南燕，北魏占领邺城。三月，龙城乙连兵变，慕容农被杀，慕容宝出走。四月，龙城守将兰汗诱杀慕容宝，自称大单于。七月，后燕慕容盛发动兵变，杀死兰汗。十月，慕容盛称帝。

公元399年，南燕王慕容德占领青州地区。

公元400年，南燕慕容德在青州广固称帝。

公元401年，八月后燕王慕容盛被杀，慕容熙继位。

公元405年，九月南燕帝慕容德死，兄子慕容超继位。

公元407年，七月慕容云杀慕容熙，自立为天王，后燕国亡，北燕国立。

公元409年，二月南燕军攻击东晋徐州。四月，刘裕第一次北伐，攻南燕国。九月，北燕王高云被杀，冯跋继位。

公元410年，二月东晋刘裕攻陷青州，杀慕容超，灭南燕国。

公元430年，北燕政变，冯跋死。冯弘逼太子冯翼自杀，杀冯跋儿子100余人。冯弘自立为天王。

公元432年，七月北魏攻北燕，北燕战败。

公元435年，七月北魏又攻北燕，围城月余。

公元436年，五月北燕冯弘弃龙城，投奔高句丽国，北燕国灭亡。

公元438年，南朝和北魏要冯弘，无奈高句丽国长寿王命孙漱、高仇杀冯弘子孙十余口。

附件七 吐谷浑国君主在位年表

1.吐谷浑（约公元284—317年）
2.吐延（公元317—329年）
3.叶延（公元329—351年）
4.碎奚（公元351—376年）
5.视连（公元376—390年）
6.视罴（公元390—400年）
7.乌纥堤（公元400—405年）
8.树洛干（公元405—417年）
9.阿豺（公元417—426年）
10.慕璝（公元426—436年）
11.慕利延（公元436—452年）
12.拾寅（公元452—481年）
13.度易侯（公元481—490年）
14.伏连筹（公元490—529年）
15.呵罗真（公元529—530年）
16.佛辅（公元530—534年）
17.可沓振（公元534—535年）
18.夸吕可汗（公元535—591年）
19.世伏可汗（公元591—597年）
20.伏允可汗（公元597—635年）
21.趉胡吕乌甘豆可汗（慕容顺）（公元635—636年）
22.乌地也拔勒豆可汗（诺曷钵）（公元636—688年）
23.慕容忠（公元688—698年）

24. 慕容宣赵（公元698—约709年）

25. 慕容曦皓（光）（约公元709—738年）

26. 慕容兆（公元738—？年）

27. 慕容复（公元798—？年）

西吐谷浑可汗在位年表

1. 达延（公元635—659年）

2. 达延墀松（公元659—694年）

3. 坌达延赞松（公元694—727年）

4. 悉弄恭（公元727—755年）

附件八 吐谷浑（土族）主要事件

公元147年—167年（东汉桓帝时），慕容氏为漠北檀石槐鲜卑部落军事大联盟中部大人之一，居右北平（今内蒙古宁城大明城）以西至上谷（今河北怀来）一带。

公元220年—227年（曹魏初），慕容部首领莫护跋率部由右北平上谷一带迁至辽西北。

公元238年（魏景初二年），莫护跋从司马懿讨辽东公孙渊有功，被封为“率义王”，迁于昌黎棘城之北（今辽宁北票、阜新、义县一带）。

公元283年（晋康四年），涉归卒，吐谷浑分领一1700帐。

公元284年（吐谷浑元年，晋太康五年），吐谷浑西迁至阴山而居（今包头北），作为鲜卑族慕容分立新部群，走上了独立发展生存之路，吐谷浑历史就此开始。

公元295年（吐谷浑十二年，晋元康五年），吐谷浑驻牧阴山中段南坡黄河以北地。同宗拓跋部振兴，吐谷浑依附称臣。

公元315年（吐谷浑三十二年，晋建兴元年）吐谷浑率部南迁，经朔方，越龙山，渡洮河，抵达枹罕，创居广大阪。阴山陇右诸部族多半随迁。

公元317年（吐谷浑三十四年、吐延元年，晋建武元年），吐谷浑可汗病逝。长子吐延继位，出兵征服氐羌，进占漒川、甘松、白兰等地，移王庭于甘松之南。

公元329年（吐延十三年，叶延元年，晋咸和四年），吐延被羌酋姜聪刺杀身亡，叶延继位。

公元337年（叶延九年，晋咸康三年）叶延移王庭于赤水，以吐谷浑为国号，部名、姓氏、土族之名由此而确立。

公元376年（碎奚二十五年，晋太元元年），长史钟恶地诛杀国弟。碎奚忧伤而死，视连继位。

公元382年（视连七年，晋太元七年），长史钟恶地提出“以德御世，以威齐众，养以五味，娱以声色”的“治国”原则。

公元398年（视罴九年，西秦太初十一年），视罴拒战西秦于度周川，败北，退守白兰。

公元405年（乌纥堤六年，树洛干元年），树洛干轻徭薄赋，赏罚分明，沙、漒诸部纷纷归附。

公元417年（树洛干十二年，阿豺元年，晋义熙十三年），阿豺立。此后，兼并近旁氐、羌、鲜卑诸族，势力渐强，向西发展，拓疆到龙涸、平康。

公元426年（阿豺十年、慕璝元年，宋元嘉三年），阿豺折箭遗教。慕璝收聚秦、凉无业流民及羌、氐杂夷五六万人。

公元430年（慕璝五年，西秦永弘三年），慕璝袭击西秦定连城，迫使乞伏暮末焚城毁庙，率余众东迁，其土地被吐谷浑尽占。

公元431年（慕璝六年，夏胜光四年），慕利延、拾寅夹击夏赫连定于冶城黄河渡口，掠夺财物无数，人口十余万。

公元445年（慕利延十年，北魏太平真君六年），慕利延远征西域，攻破于阗，控制西域南道南端。北魏乘虚入侵，吐谷浑遂失陇西、枹罕等地。

公元449年（慕利延十四年，宋元嘉二十六年），慕利延率军出征罽宾。

公元451年（慕利延十六年，宋元嘉二十八年，慕利延出师女国，控制藏北高原。

公元469年（北魏皇兴三年），拾寅夺取鄯善，控制西域南道东端。

公元491年（南齐永明九年，北魏太和十五年），鄯善、且末之地正式纳入吐谷浑版图。

公元514年（伏连筹十一年），伏连筹在益州建造九层佛殿。

公元535年（夸吕元年），夸吕抛弃受封南北朝的惯例，自称可汗，移国都伏俟城。

公元556年（夸吕二十二年），突厥木杆可汗、西魏史宁攻掠贺真、树敦二城。

公元564年（夸吕三十年，北周保定四年），北周入侵甘松、龙涸等地，25个王子被俘。翌年，龙涸王莫昌叛降，顿失东南诸地。同时宕昌、邓至也被占领。

公元576年（夸吕四十二年，北周建德五年），吐谷浑发生内乱。北周入侵，攻入伏俟城。

公元581年（夸吕四十七年，隋开皇元年），隋大举进攻，有17位王迫降隋。

公元584年（夸吕五十年，隋开皇四年），太子可博汗争位，向隋请兵讨伐，被废杀，其部千余众投隋。

公元586年（夸吕五十二年，隋开皇六年）太子诃被废，属部党项羌族投隋。

公元597年（世伏七年，伏允元年），国内发生大乱，世伏被杀，伏允继位，续娶隋光化公主。

公元609年（伏允十三年，隋大业五年），隋炀帝大军进攻，吐谷浑溃败，故地被隋占领，隋设西海、可源、鄯善、且末四郡。

公元613年（伏允十七年，隋大业九年），伏允收复失地和部众，复国。

公元632年（伏允三十六年），吐蕃北侵，名王鲍永宗阻击失利，属部象雄陷落。苏毗投降吐蕃。

公元635年（伏允三十九年，慕容顺元年、达延元年、唐贞观九年），唐朝大举进攻，伏允败之。唐朝立慕容顺为汗王。遵王达延逃亡吐蕃，组织流亡政权，汗国一分为二。

公元636年（诺曷钵元年，达延二年，唐贞观十年），慕容顺被杀。燕王诺曷钵即位。唐朝封为河源郡王乌地也拔勒豆可汗。

公元638年（诺曷钵三年，达延五年），吐蕃北侵。汗国部队阻击失利，北撤青海、多弥、白兰等地。国都沦陷。

公元641年（诺曷钵七年，达延八年，唐贞观十五年），丞相宣王发动政变。唐出兵镇压，宣王三兄弟被杀。

公元654年（诺曷钵十九年，达延二十年，吐蕃芒松芒赞五年），吐蕃发兵北侵，攻取属部多弥等地。

公元656年（诺曷钵二十一年，达延二十二年，吐蕃芒松芒赞七年），吐蕃大伦禄东赞率大军入侵白兰，达延随迁王庭于白兰。

公元659年（诺曷钵二十四年，墀松元年，吐蕃芒松芒赞十年，唐显庆四年），达延率部进攻乌海，暴亡，子达延墀松即位，并继任吐蕃大伦，移王庭乌海城。

公元663年（诺曷钵二十八年，墀松五年，吐蕃芒松芒赞十四年，唐龙朔三年）大臣素和贵率十余部投墀松。吐蕃发兵掩袭，夺取赤水，收其部众、属民。诺曷钵率众逃亡青海西北。

公元667年（诺曷钵三十二年，墀松墀九年，吐蕃芒松芒赞十八年，唐乾封二年），吐蕃进攻生羌十二州，入侵甘松之地、党项、羌、吐谷浑所部北迁唐银、庆等州。

公元670年（诺曷钵三十五年，墀松十二年，吐蕃芒松芒赞二十一年，唐咸亨元年），大非川之战，唐军11万覆没。吐蕃尽收吐谷浑故地，统一独立的吐谷浑王国到此灭亡。

公元672年（诺曷钵三十七年，墀松十四年，唐咸亨三年），诺曷钵自凉州徙居鄯州，再东迁灵州，唐设安乐州让其定居。

公元675年（诺曷钵四十年，墀松十七年，吐蕃芒松芒赞二十五年），吐蕃赞普芒松芒赞巡游西吐谷浑，达延墀松与母墀玛伦举行盛大庆宴，并贡金鼎一尊。

公元678年（诺曷钵四十三年，墀松二十年，吐蕃都松赞三年，唐仪凤三年），凉州吐谷浑部东迁延绥，唐设浑州、宽州安置。

公元688年（诺曷钵五十二年，唐垂拱四年），东吐谷浑诺曷钵卒，葬凉州阳晖谷，长子苏度抹未（慕容忠）即位。

公元689年（墀松三十一年，慕容忠二年，吐蕃都松赞十四年），达延墀松迎娶吐蕃公主赞蒙墀邦为可敦（正宫娘娘）。

公元692年（墀松三十四年，慕容忠五年，唐长寿元年，吐蕃都松赞十七年），鄯善、且末部投唐，唐设阇甄都督府安置，归东吐谷浑管辖。

公元694年（达延墀松三十六年，赞松元年，慕容忠七年，吐蕃都松赞十九年），达延墀松被钦陵所害，达延赞松即位，国政由钦陵所控制。

公元695年（慕容忠八年，赞松二年，唐证圣元年，吐蕃都松赞二十年），耽尔乙、句贵率诸部众自河源东迁灵州。唐在安乐州附近设长安州安置。

公元700年（赞松七年，宣超三年，吐蕃都松赞二十五年，唐圣历三年），弓仁率吐谷浑7000帐到凉州投唐。另有1400帐自河西附唐，西吐谷浑可汗部队自墨离川到瓜、沙州投唐。

公元701年（赞松八年，宣超四年，吐蕃都松赞二十六年，唐大足元年），唐为内附者在沙州设从化乡，并在浩门河流域设阁门州进行安置。凉州吐谷浑部落改府。

公元715年（曦皓二年，赞松二十二年，唐开元三年），慕容道奴部从西域突厥投唐，被临时安置在云州都府。

公元727年（悉弄恭元年，曦皓十四年，吐蕃赤德祖赞二十四年），达延赞松卒，子悉弄恭即位，兼任吐蕃大论。

公元746年（悉弄恭二十年，慕容兆九年，唐天宝五年，吐蕃赤德祖赞四十三年），唐河陇节度史王忠嗣进攻积石。西吐谷浑部抗击失利，全部被俘内迁。

公元755年（悉弄恭二十八年，慕容兆十八年，唐天宝十四年），唐安史之乱发生，河陇、朔方吐谷浑诸部参与平叛。

公元760年（悉弄恭三十三年，慕容兆二十三年，唐乾元三年，吐蕃赤松德赞六年），西吐谷浑随吐蕃军进攻河陇入关中、汉梁。

公元765年（慕容兆二十八年，唐永泰元年），散居在盐、庆州的吐谷浑北迁夏州西。党项府州的吐谷浑北迁夏州东，银川北。

公元767年（慕容兆三十年，唐大历二年，吐蕃赤松德赞十三年），吐蕃军攻陷安乐、长乐二州，东吐谷浑沦亡，余部众迁环州北徙朔方。

公元786年（唐贞元二年），吐蕃率羌、浑之兵入攻关内。东吐谷浑余部北迁河外，在代北设置阴山都督府。

公元798年（唐贞元十四年，吐蕃墀德松赞元年），唐复立慕容复为东吐谷浑汗，不久死去，东吐谷浑遂绝嗣灭亡。

公元841年（唐会昌元年），潞州李万江被节度史刘丛礼诬告谋反，宗族三代300余口横遭杀戮。

公元842年（唐会昌二年），统一的吐蕃王朝瓦解。西吐谷浑独立。

公元848年（唐大中二年），张议潮起义，吐浑部阎英达率部响应。

公元868年（唐显通九年），爆发庞勋起义。吐谷浑军使赫连铎参加平乱，以功封为大同军节度使。

公元874年（唐咸通十五年），吐谷浑王拔乞狸等击败回鹘，占领甘州。沙陀李克用父子控制代北，形成割据势力。

公元880年（唐广明元年），赫连铎、白义诚攻蔚州，李克用父子亡命鞑靼。

公元894年（唐乾宇元年），李克用率大军进攻云州，赫连铎败亡，白义诚被俘，代北势力瓦解。

公元903年（唐天复三年），契丹首领耶律阿保机进攻代北，迁振武吐谷浑于西楼（即后来的辽上京临潢府）。

公元926年（后唐同光四年），归义军瓜州刺史慕容归盈入后唐贡马，封授检校刑部尚书，后迁为检校尚书、左仆射等职。

公元930年（后唐天成五年，辽天显十年），代北土族千余帐南下天池川，静乐、岚川。河西土族姚东山、鄜州土族王满儒出使后唐并附之。

公元941年（后晋天福六年，辽会同四年），后晋驱代北部落还本土。白承福率千帐回镇州，又迁太原到岚、石之间。

公元946年（后晋开运三年，辽会同九年），刘知远、郭威屠杀白承福等五族400余口，吞没其家资数万、良马千匹。从此，河东土族一厥不振。

公元947年（后汉天福十二年），晋南吐谷浑府节度使王义宗为沁州刺史，统领白承福余部。

公元956年（后周显德三年），延州土族首领高闹儿率蕃汉人民起义，被镇压，高等十人被杀。

公元960年（宋建隆元年，北汉天会四年），北汉保留吐谷浑府。汾州土族团练使王全德投宋，潞州土族也附宋。

公元979年（宋太平兴国四年，北汉广运六年），宋灭北汉，设太原吐谷浑军二部，直属禁军；又设潞州吐谷浑军一部。

公元986年（西夏太祖二年，辽统和四年，宋雍熙三年），代北土族及突厥、沙陀三部800余帐迁到并、代诸州。

公元990年（西夏太祖六年，宋淳化元年，辽统和八年），代北土族发生饥荒，辽国出粮赈济。秦川土族大小马家献地投宋。

公元1003年（西夏太祖十九年，辽太宗元年，宋咸平六年），西夏迁都灵州。李继迁进攻云谷败亡，李德明即位。凉州土族首领吴福圣腊入宋，被封为安远将军。秦川土族大王家等附宋。

公元1020年（西夏太宗十八年，宋天禧四年），延州金明土族首领李氏彬以击夏有功，受封金明都监，号“铁壁相公”。

公元1032年（西夏景宗显道元年，宋明道元年，唃厮啰二十五年），李德明死，子元昊立，颁行西夏文字，兴国学。历精城土族乔氏支持唃厮啰，在青海唐城自立。六年后，西夏元昊称帝。

公元1041年（西夏天授延祚四年，宋庆历元年），好水川之战、能家川之战，西夏大败北宋军，宋杨宗保战死。西夏攻陷丰州，迁王氏及河南三族于西夏境，河外八族皆为西夏所有。

公元1099年（西夏永安二年，宋元符二年），宋延州土族将领高永随征唃厮啰。青塘土族首领朱守贵降宋。

公元1189年（西夏乾祐二十年，金大定二十九年），金土族进士党怀英以国史院编修官奉诏主持纂修《辽史》。

公元1204年（西夏天庆十一年，元太祖二年），阴山汪古部、回纥、吐浑、突厥、鞑靼、羌诸族归顺蒙古，自称察罕蒙古。

公元1211年（西夏光定元年，金大安三年），蒙古军土族首领吴察罕因平夏功封御前千户。

公元1218年（西夏光定八年，元太祖十三年，金兴定二年），汪古部土族将领拓跋按察儿率部攻陷金河东诸州，被蒙封前锋统帅、摄国王事。

公元1273年（元朝至元十年，南宋咸享五年），土族王世显受元世宗召见，授镇国上将军，经营四川。

公元1278年（元至元十五年，南宋祥兴二年），土族李恒为蒙古汉军都元帅，经略广东。汪良臣攻取重庆，诏授行四川中书省。

公元1333年（元元统元年），庐州进士余厥入朝为翰林，转中书刑部主事、监察御史，固守安庆以身殉国，追封夏国公。

公元1352年（元至正二十年），土族高纳麟总制浙江、江西、湖广三军军马，平定江淮农民起义。

公元1369年（明洪武二年，元至正二十九年），明军入陕，环庆土族、巩昌总帅王灵真保、平凉万户八丹投明。

公元1370年（明洪武三年，元至正三十年），元军北撤。宁夏土族被迁萧关以南及长安县。西宁各地土族归明。明授千户、百户等职，设河州卫统辖。

公元1384年（明洪武二十三年），灵州设千户所，收集遗留和归附的土族。亦集乃路吴都刺率部归明。

公元1406年（明永乐八年），凉州千户虎保、张孛罗台、老的罕等起义，攻占番镇，朝野震动，被李英击败。

公元1422年（明永乐二十年），土族李英率部从征兀良哈，受成祖召见，升都指挥同知，后升荣禄大夫、柱国、会宁伯。

公元1457年（明天顺元年），土族李文昌迎英宗复辟，升为右都督、充大总兵官，击破瓦剌部众功封高阳伯。

公元1468年（明成化四年），固原满四据石城起义，响应者二万余人，被官兵镇压，平凉土族从此衰败。

公元1506年（明正德元年），西宁塞外四卫为青海蒙古所破，曲先等卫土族余众避居肃南山谷，融入裕固族。

公元1583年（明万历十一年），西宁李光先武进士及第，授锦衣卫指挥使。

公元1643年（明崇祯十六年），西宁土族、大通土族鲁永昌死战李自成农民起义军而亡；西宁祁兴周杀死农民起义军部将鲁文彬、贺锦、李洪远及家人120人。

公元1669年（清康熙八年），西宁土族祁仲豸授武进士及第。后率西宁、庄浪诸土司从征吴三桂，收复兰、临、巩、秦诸地。

公元1781（清乾隆四十六年），西宁、庄浪、保安、河州征调土兵，平定苏四十三起义。

公元1896年（清光绪二十二年），河湟事变，西宁、北川、石门庄失陷，土民殉难殆尽。长宁堡失陷，3000余人被杀。

附件九 慕容氏汉化后改汉姓唐代豆卢氏英烈表

1. 豆卢宽 礼部尚书 左卫大将军 光禄大夫 行岐州刺史 出自《豆卢逊墓志》

2. 豆卢仁业 右卫将军 出自《旧唐书 豆卢钦望传》

3. 豆卢承业 右卫将军 出自《豆卢承墓碑》

4. 豆卢怀让 金紫光禄大夫 驸马都尉 上柱国 芮国公 出自《豆卢建墓志》

5. 豆卢钦望 尚书左仆射 出自《旧唐书·豆卢钦望传》

6. 豆卢钦奭 光禄少卿 出自《宰相世系表》

7. 豆卢钦肃 晋阳令 汾州王 出自《唐睿宗贵妃豆卢氏墓志铭》

8. 豆卢逊 驸马都尉 卫尉少卿 出自《豆卢逊墓志铭》

9. 豆卢贞松 金紫光禄大夫 上柱国 邠国公 出自《豆卢建墓志》

10. 豆卢灵昭 宜州刺史 出自《新唐书 宰相世系表》

11. 豆卢光祚 正议大夫 丹、延、坊三州刺史 上柱国 开国公 出自《豆卢建墓志》

12. 豆卢志静 太中大夫 坊州刺史 开国公 出自《文苑英华》

13. 豆卢参 右卫将军 出自《新唐书·宰相世系表》

14. 豆卢回 河南少尹 出自《旧唐书·礼仪四》

15. 豆卢建 银青光禄大夫 太仆卿 驸马都尉 开国公 出自《豆卢建墓志》

16. 豆卢署 河南少尹 出自《新唐书·宰相世系表》

17. 豆卢革 宰辅 出自《旧唐书·豆卢瑑传》

附件十 传记参考篇目

1. 鲜卑传《后汉书》卷九十
2. 鲜卑传《三国志·魏书》卷三十
3. 轲比能传《三国志·魏书》卷三十
4. 慕容廆传《晋书》卷一〇八
5. 慕容廆传《太平御览》卷一二一引《十六国春秋·前燕录》
6. 徒何慕容廆传《魏书》卷九五《北史》卷九三
7. 慕容皝载记《晋书》卷一〇九
8. 慕容皝传《太平御览》卷一二一引《十六国春秋·前燕录》
9. 慕容元真传《魏书》卷九五《北史》卷九三
10. 慕容暐载记《晋书》卷一一〇
11. 慕容儁传《太平御览》卷一二一引《十六国春秋·前燕录》
12. 慕容儁传《魏书》卷九五、《北史》卷九三
13. 慕容暐载记《晋书》卷一一一
14. 慕容恪载记《晋书》卷一一一
15. 慕容暐传《太平御史》卷一二一引《十六国春秋·前燕录》
16. 慕容暐传《魏书》卷九五、《北史》卷九三
17. 慕容弘传《魏书》卷九五、《北史》卷九三
18. 慕容冲传《魏书》卷九五、《北史》卷九三
19. 慕容垂载记《晋书》卷一二三
20. 慕容垂传《太平御览》卷一二五引《十六国春秋·后燕录》
21. 慕容垂传《晋书》卷九五、《北史》卷九三
22. 慕容宝载记《晋书》卷一二四
23. 慕容盛载记《晋书》卷一二四
24. 慕容熙载记《晋书》卷一二四

25.慕容云载记《晋书》卷一二四

26.慕容宝传《太平御览》卷一二五引《十六国春秋·后燕录》、《魏书》卷九五、《北史》卷九三

27.慕容盛传《太平御览》卷一二五引《十六国春秋·后燕录》、《魏书》卷九五、《北史》卷九三

28.慕容熙传《太平御览》卷一二五引《十六国春秋·后燕录》、《魏书》卷九五、《北史》卷九三

29.慕容云传《太平御览》卷一二五引《十六国春秋·后燕录》、《魏书》卷九五、《北史》卷九三

30.慕容德载记《晋书》卷一二七

31.慕容德传《太平御览》卷一二六引《十六国春秋·南燕录》、《魏书》卷九五、《北史》卷九三

32.慕容超载记《晋书》卷一二八

33.慕容冲载记《晋书》卷一二八

34.慕容超传《太平御览》卷一二六引《十六国春秋·南燕录》、《魏书》卷九五、《北史》卷九三

35.慕容永传《魏书》卷九五、《北史》卷九三

36.慕容垂妻段氏传《晋书》卷九六

37.吐谷浑传《晋书》卷九六

38.鲜卑吐谷浑传《宋书》卷九六

39.河南传《南齐书》卷九五

40.河南传《梁书》卷五四、《南史》卷七九

41.吐谷浑传《魏书》卷一〇一、《北史》卷九六、《周书》卷五〇

附件十一 参考书目

1.《十六国春秋》《隋书》《南齐书》

2.周伟洲著《吐谷浑史》

3.吕建福著《土族史》

4.林斡《东胡史》

5.《西宁府志》《元和郡县志》《宁夏志》

6.《通鉴》《梁书》《通典》《新唐书》《旧唐书》

7.《魏书》《北史》《周书》《宋书》

8.《后汉书》《三国志》《新五代史》《旧五代史》《辽史》《元史》《明史》《清史稿》《大明统一志》《绥远通志》

9.《土族简史》《太平御鉴》《山海经》《水经注》《明太祖实录》《明史》《清史稿》《秦边纪略》

10.松田寿男（日本）《吐谷浑遗史考上》

11.《匈奴史》内蒙古人民出版社1979年再版

12.《突厥与回纥史》内蒙古人民出版社1988年出版

13.《中国古代北方民族通史》鹭江出版社

14.《中国古代北方民族通史通论》内蒙古人民出版社

15.《朝阳市志》《锦州市志》《赤峰市志》《通辽市志》《阜新市志》《承德市志》《承德府志》《辽阳市志》

16.《十六国时代少数民族的诗人和诗作》

17.王伊同著《五胡通考》

18.范长江《中国西北角》

19.《辽宁北票房申村晋墓发掘简报》

20.《内蒙古扎赉诺尔古墓群调查记》（1961年文物）

21. 丁学云 《东三盟的古代文化》
22. 《内蒙古陈巴尔虎旗共工索木发现古墓藏》
23. 张柏忠 《哲里木盟发现的鲜卑遗存》
24. 程道宏 《伊敏河地区的鲜卑墓》
25. 夏恩训 《鲜卑人的历史遗迹》
26. 宿白《东北内蒙古地区的鲜卑遗迹》
27. 《文物》《鲜卑祖先的发源地》
28. 《敖汉旗志》《北票市志》《宁城县志》
29. 《吉林榆树县老河深鲜卑墓群发掘简报》
30. 张伯忠《内蒙古科左中旗六家子鲜卑墓群》
31. 《北票西官冯素弗墓地发掘简报》
32. 范长江《中国西北角》
33. 白鸟库吉《东胡民族考》
34. 三奇良章《五胡十六国》
35. 林宝《元和姓纂》